山东省社会科学普及重点项目

案说
婚姻法

以案说法 以法评案 解疑释惑

王欣 著

中国社会科学出版社

图书在版编目（CIP）数据

案说婚姻法 / 王欣著. — 北京：中国社会科学出版社，
2015.7
ISBN 978-7-5161-6259-0

Ⅰ. ①案… Ⅱ. ①王… Ⅲ. ①婚姻法－案例－中国
Ⅳ. ①D923.905

中国版本图书馆CIP数据核字(2015)第123628号

出 版 人	赵剑英	
责任编辑	武 云　郭晓娟	
责任校对	张晓龙	
责任印制	李寡寡	

出　　版	中国社会科学出版社
社　　址	北京鼓楼西大街甲158号
邮　　编	100720
网　　址	http://www.csspw.cn
发 行 部	010-84083685
门 市 部	010-84029450
经　　销	新华书店及其他书店

印刷装订	北京君升印刷有限公司
版　　次	2015 年 7 月第 1 版
印　　次	2015 年 7 月第 1 次印刷

开　　本	710×1000　1 / 16
印　　张	17
字　　数	248 千字
定　　价	49.00 元

目 录
CONTENTS

第二章 结婚

第三章 家庭关系

第四章　**C**　**离婚**

第一章
婚姻家庭法总则

　　婚姻家庭法的基本原则，是对婚姻家庭立法具有指导作用的根本准则，它集中反映了一定社会的婚姻家庭观，体现了有关婚姻家庭立法的价值取向。在同一国家内部，有关婚姻家庭的立法、执法都必须与该基本原则相一致。

婚姻家庭法的基本原则，是对婚姻家庭立法具有指导作用的根本准则，它集中反映了一定社会的婚姻家庭观，体现了有关婚姻家庭立法的价值取向。在同一国家内部，有关婚姻家庭的立法、执法都必须与该基本原则相一致。

1949年以后我国先后颁布了三部《婚姻法》，即1950年《婚姻法》、1980年《婚姻法》、2001年《婚姻法》（修正案）。三部《婚姻法》都在开篇第一章即宣布了我国婚姻家庭立法的基本原则，在体系结构上将基本原则置于《婚姻法》的首要位置。1950年《婚姻法》在第一条就确立了婚姻自由、一夫一妻、男女权利平等、保护妇女和子女合法权益的四项基本原则。1980年《婚姻法》第二条在保留1950年《婚姻法》四大原则的基础上，将"保护妇女和子女合法权益"原则修改为"保护妇女、儿童和老人的合法权益"原则，增加了"计划生育"原则。2001年《婚姻法》（修正案）在重申、强化1980年《婚姻法》五大原则的同时，又增加了一条："夫妻应当互相忠实，互相尊重；家庭成员间应当敬老爱幼，互相帮助，维护平等、和睦、文明的婚姻家庭关系"。这六项基本原则对于抵制婚姻家庭领域的违法行为，建立平等、和睦、文明的婚姻家庭关系有着深远而重大的意义。

01

婚姻自由

婚姻自由是我国《婚姻法》的基本原则之一。婚姻自由是指婚姻当事人按照法律的规定在婚姻问题上所享有的充分的权力，任何人不得强制或干涉。婚姻自由，首先是《宪法》赋予公民的一项基本权利，我国《宪法》规定：禁止破坏婚姻自由。《民法通则》进一步规定：公民享有婚姻自主权。所以，婚姻自由成为我国婚姻家庭法的一项重要原则。

婚姻自由作为一项人身权利，具有专属性，只能由婚姻当事人本人行使，并由本人来决定行使的范围和方式，其他任何人，包括父母、子女在内，都不能侵犯这种权利。当然，婚姻自由也不是绝对的自由、任意的自由，婚姻自由权必须在法律规定的范围内行使。

婚姻自由包括结婚自由和离婚自由两方面的内容。结婚自由是指婚姻当事人依照法律的规定缔结婚姻关系的自由，不受任何人的强制和干涉。结婚自由以自愿为前提，所以当事人是否结婚，与谁结婚，是本人的权利，其他人无权干涉。在结婚自由的问题上既反对包办强迫或者干涉当事人婚姻的行为，也要反对在婚姻问题上的各种轻率行为。离婚自由是指夫妻双方或一方基于婚姻关系的破裂，无法共同生活时，依照法律规定的条件和程序解除婚姻关系的自由。婚姻的成立和维系是以感情为基础的，当双方感情确已破裂、夫妻关系无法维持时，当婚姻不仅没有给双方带来幸福感，反而带来的是痛楚与苦涩时，解除这种痛苦的婚姻，对双方、对社会可能都是一件好事，因为离婚制度为那些无法共同生活的夫妻，特别是那些因为遭受痛苦婚姻折磨的人们提供了救济的办法。结婚自由与离婚自由一起构成了婚姻自由的完整内涵，二者的关系是相辅相成、互为补充的。没有结婚自由，就没有离婚自由；没有离婚自由，也不会有真正的结婚自由。

 【案例】

子女干涉父母再婚

某退休工人马老汉，2006年妻子去世，2009年经人介绍，与比他小几岁的彭大妈结婚了。后来双方子女（均已结婚）因马老汉的房子以及二人的退休金问题产生矛盾，两人被迫离婚。但两位老人旧情难忘，一年后又重新住在一起。由于他们的户口本被子女藏了起来，无法进行结婚登记，只好成了非法同居者。即使如此，双方的子女依然三天两头地上门闹事，说"有我无他

（她），有他（她）无我"，甚至以停止赡养相威胁。虽然单位与邻居劝说过双方的子女，但收效甚微。马老汉与彭大妈为避免与子女的正面冲突，只好天天躲出去。

 【解读】

任何人婚姻自由的权利都是平等的，我国《婚姻法》规定的"婚姻自由"，不仅赋予了年轻人，也赋予了老年人。即使是耄耋老人，只要双方自愿，且符合《婚姻法》所规定的结婚的条件，他们的结合就应当受到法律的保护。为保障老年人的婚姻自由，《婚姻法》第三十条明确规定："子女应当尊重父母的婚姻权利，不得干涉父母再婚以及婚后的生活。"本案是比较典型的子女干涉父母再婚自由的案例。马老汉和彭大妈已经建立了深厚的感情基础，但他们携手共度晚年的愿望却遭到了双方儿女的强烈反对，儿女认为二老结了婚，本应由自己继承的父母的遗产如房子、退休金就会分给别人，出于经济上的考虑，他们坚决反对二老的婚事。为了阻止二位老人再婚，子女们用尽了办法：藏起户口簿使他们无法进行结婚登记，到他们的住处大吵大闹，甚至以停止赡养相威胁，这都是干涉婚姻自由的违法行为。对此，有关部门应当对双方子女进行批评教育，使他们意识到自己的行为是违法的。对于马老汉和彭大妈来说，也要大胆地追求自己的幸福，运用法律的手段来保护自己的权利。当然，在现实生活中，为了缓和由于经济问题产生的与子女的矛盾，老人们在再婚前，可以订立一个协议，将婚前、婚后的财产归属、双方的养老问题、生病后医药费的负担等问题写清楚，也许就会减少一些登记结婚的阻力。

还要指出的是，二位老人的子女提出，如果二老结婚了，他们就不再赡养老人，这是违反《婚姻法》的。《婚姻法》第二十一条第一款规定："子女对父母有赡养扶助的义务"，第三款规定："子女不履行赡养义务时，无劳动能力的或生活困难的父母，有要求子女付给赡养费的权利"；第三十条规定：

"子女对父母的赡养义务，不因父母的婚姻关系变化而终止。"这些规定告诉我们，子女对父母的赡养是其法定的义务，即使父母再婚，这种赡养的义务也不会终止。现实生活中有人认为父母再婚了，就可以甩掉赡养父母的包袱，或者以停止赡养作为要挟父母不得再婚的条件，这些认识都是错误的。如果老人再婚后，子女停止赡养，那么老人有要求子女付给赡养费的权力，并可以请求有关组织进行调解，如子女所在单位、居委会、村委会，也可以直接向人民法院起诉，人民法院应当通过调解或判决使子女履行赡养义务，从而保证老人的权利不受侵害。如果子女暴力干涉父母再婚或拒绝赡养父母的，应当按照暴力干涉婚姻自由罪和遗弃罪追究其刑事责任。

【案例】

丈夫选择离婚表达对妻子的爱

　　武汉市青山区民政部门接到一个非常特殊的离婚申请。说它非常，是因为这对夫妻离婚的理由不是感情破裂；说它特殊，是因为这对夫妻选择离婚作为表达他们爱情的方式。离婚申请人叫张庆平，1996年被确诊为尿毒症晚期，从1996年到1998年，他曾经三次向民政部门提交离婚申请书，都被民政部门拒绝登记，因为《婚姻法》规定，感情确已破裂是离婚的标准，但张庆平和妻子陈剑春感情非常深厚，张庆平要求离婚是为了不拖累陈剑春，为了让陈剑春更快建立新的幸福家庭。陈剑春最后答应与张庆平离婚，却附带了一个条件，就是离婚后仍能一如既往地照顾张庆平。双方感情没有破裂，所以民政部门拒绝为他们办理离婚登记。1999年，张庆平又提出离婚申请，青山区民政部门经过审查，最终决定为两个人办理离婚登记，民政部门的根据就是《婚姻法》离婚自由的原则和"男女双方自愿离婚，可以申请登记离婚"的规定。

【解读】

在一般人看来，离婚是一件痛苦事，因为夫妻双方无法共同生活下去了，只能选择离婚。实行离婚自由，就为那些感情确已破裂、和好无望的夫妻提供了法定的途径，解除名存实亡的婚姻关系，并使他们有可能重建幸福美满的家庭。1980年《婚姻法》的第二十四条规定："男女双方自愿离婚，准予离婚。双方到婚姻登记机关申请离婚。"2001年《婚姻法》（修正案）第三十一条对离婚登记问题，仍然沿用1980年《婚姻法》第二十四条的规定。在夫妻二人都同意离婚并且对离婚后的财产处理、债务清偿、子女的抚养等问题都做了妥善安排的情况下，就可以到婚姻登记机关申请离婚，婚姻登记机关应当准予离婚。本案中，张庆平从1996年到1998年曾三次向民政部门提交离婚申请书，都被民政部门拒绝登记，民政部门的理由是1980年《婚姻法》规定感情确已破裂是离婚的标准，但张庆平和妻子陈剑春感情非常深厚，双方感情没有破裂。在这里，婚姻登记机关错误地解读了《婚姻法》。按照《婚姻法》的规定来看，当事人可以通过两种程序解除婚姻关系：一是行政程序，如果双方自愿离婚，可以到婚姻登记机关申请离婚。婚姻登记机关查明双方确实是自愿离婚并对子女和财产问题已有适当处理时，应即发给离婚证。二是诉讼程序，夫妻仅有一方要求离婚的，就只能到人民法院提起离婚诉讼，如果双方感情确已破裂，调解无效，由人民法院判决离婚。由此可见，感情是否破裂是《婚姻法》对人民法院判决离婚规定的标准，而不是婚姻登记机关批准离婚登记的标准。1999年张庆平第四次提出离婚申请，青山区民政部门为两个人办理了离婚登记，这一做法才是符合《婚姻法》的精神与规定的。

值得关注的是，在本案中，张庆平和陈剑春两个人对离婚的感受是幸福的，他们的离婚不是为了解除痛苦的婚姻，而是考虑到了对方的幸福。在张庆平看来，妻子既是爱人更是亲人，他不能让妻子跟着自己吃苦受累，所以为了不拖累妻子，一定要离婚；而在陈剑春看来，爱是一种责任，也是一种义务，丈夫病了，她就要照顾他，所以她坚决不同意离婚。无论张庆平怎样劝说，陈剑春都不同意离婚。无奈之下，张庆平采用了一种极端的方式——拒绝打针吃药、拒绝接受治疗，这样迫使陈剑春最后答应离婚，但她附带了一个条件，就是离婚后仍能一如既往地照顾张庆平。张庆平和陈剑春的离婚案恰恰是对离婚自由原则的一种升华。

一夫一妻

一夫一妻是指一男一女互为配偶的婚姻形式。一夫一妻是我国《婚姻法》的基本原则之一，其基本内涵是：任何人不论其地位高低、财产多少，都不能同时拥有两个或两个以上的配偶；已婚者在配偶死亡（包括自然死亡和宣告死亡）和离婚之前，不能再行结婚；一切公开和隐蔽的一夫多妻和一妻多夫的两性关系都是违法的。

实行一夫一妻是人类社会进步的结果，它符合了现代婚姻的本质，顺应了男女平等、妇女解放的潮流，是社会主义道德、社会主义婚姻关系的必然要求。当今世界上大多数国家都已确立了一夫一妻制，这有利于家庭的稳定、子女的成长以及社会道德的发展与进步。

目前社会上述存在一些违反一夫一妻制的现象，如重婚、有配偶者与他人同居、卖淫嫖娼等行为，应当受到道德和社会舆论的谴责，更要承担相应的法律责任，以保证一夫一妻原则的贯彻实施。

【案例】

涉嫌重婚的局长

2010年7月26日下午，一篇商务局马局长保证要与妻子离婚的网帖引起了不少人的关注，发帖人叫李清。李清在2009年的一次同乡会上认识了马局长，没多久，马局长就对她展开了攻势，但她遭遇过情感挫折，因此在得知马局长已有妻室后曾多次拒绝与之交往。没想到马局长写下了保证书，保证彻底解决离婚问题后与李清结婚。保证书中有这样两句：本人保证于明年最迟后年同李清结婚，在这两年期间保证对李清做出一个照顾的责任和义务，否则愿意承担一切后果。李清说："他当时对我说的誓言很坚定，他说'我是一个国家公务员，不可能拿我的前途开玩笑'。他以他的前途做担保，就是一般人，时间久了，也会被他感动的。"最终李清和马局长同居到一起，2011年1月31日，马局长还和李清一起到影楼照了婚纱照，在影楼制作的结婚护照上，新郎的名字写的是马局长。李清与马局长租赁了某大学宿舍的一套房子，房东问他们："你们几人住？"他们回答说："就夫妻两个。"房东又问他们有没有小孩，他们说还没有孩子。但李清的好日子没过多久，马局长就露出了暴力的一面，经常对李清拳打脚踢，一沓厚厚的病历记录了李清被打的经历，但最让李清绝望的是双方在6月14日的吵架过程中腹中的孩子因此流产了。

【解读】

本案中，马局长在未与妻子离婚的情况下就与李清以夫妻名义一起生活，违反了《婚姻法》的一夫一妻原则，他们之间的关系属于事实重婚。

所谓重婚，是指有配偶者又与他人（无论是已婚者还是未婚者）结婚的行为。据此，有配偶者与他人结婚固然是构成了重婚，无配偶者明知他人有配偶而与之结婚也构成重婚。重婚分为两种形式：法律重婚与事实重婚。有配偶者在合法婚姻未解除前又与他人登记结婚的构成法律重婚，虽未登记结婚但却与他人公开以夫妻关系同居生活的则构成事实重婚。认定事实重婚，通常需要取得周围群众、当事人亲戚朋友的证言，以证明周围群众认为当事人是夫妻，例如，当事人日常生活中以夫妻相称，当事人同居过程中一方生病时另一方以配偶的名义签名、陪侍，女方生育孩子时男方以父亲的名义在医院签字，当事人以父母的名义为子女庆祝满月等，都可以作为认定当事人公开以夫妻关系同居生活的证据。

在现实生活中，法律重婚是少数，因为要办理结婚登记，就要接受婚姻登记机关的审查，如果不是当事人采用隐瞒、欺骗手段，一般不会形成法律上的重婚，社会上存在较多的是像马局长与李清这样的事实重婚。马局长已经有合法的婚姻在先，在未解除婚姻之前就与李清公开以夫妻名义同居生活，他和李清拍的婚纱照、结婚护照上新郎的名字以及租房子时对房东所作的二人关系的表述，都表明了他与李清以夫妻名义公开同居生活的事实；而李清虽无配偶，但她明确知道马局长有配偶，仍然与之公开以夫妻名义同居生活，他们的行为均已构成事实重婚。

重婚行为违背了社会主义婚姻道德，侵害了合法婚姻中配偶的婚姻权益，违反了一夫一妻制，影响婚姻家庭的稳定，甚至引发刑事案件，所以应当依法追究重婚者的法律责任。重婚首先会产生三项民事责任：第一，重婚是婚姻无效的首要原因；第二，重婚是认定夫妻感情确已破裂的法定理由；第三，重婚是无过错方要求离婚损害赔偿的理由之一。所以，马局长与李清虽然以夫妻名义公开同居生活，但他们之间所谓的"婚姻"并不具有婚姻的效力，是无效的婚姻；他们同居的事实还是法院判决马局长与妻子感情破裂准予离婚以及马妻要求马局长给予离婚损害赔偿的法定理由。此外，重婚者还要承担刑事责任，《刑法》第二百五十八条的规定："有配偶而重婚的，或者明知他人有配偶而与之结婚的，处二年以下有期徒刑或者拘役"，即有配偶者与他人结婚的或者明知对方有配偶而与之结婚的，应当承担重婚罪的刑事责任。如果不知对方有配偶而与之结婚的，不构成重婚罪，仅仅承担民事责任。本案中马局长和李清均已构成重婚罪，应按重婚罪追究刑事责任。而按照《行政机关公务员处分条例》第二十九条的规定："有下列行为之一的，给予警告、记过或者记大过处分；情节较重的，给予降级或者撤职处分；情节严重的，给予开除处分：（一）拒不承担赡养、抚养、扶养义务的；（二）虐待、遗弃家庭成员的；（三）包养情人的；（四）严重违反社会公德的行为。有前款第（三）项行为的，给予撤职或者开除处分"，马局长还要被撤职或开除公职。

男女平等

男女平等，是指男女两性在婚姻家庭关系上享有平等的权利、承担同等的义务。其内容有四项：第一，男女双方在婚姻方面权利平等，享有同等的结婚和离婚的自由，一方不能强迫另一方结婚或者离婚，男女双方离婚时都有分割财产的权利。第二，男女双方在夫妻人身关系、财产关系上地位平等。在人身关系上，男女双方人格独立，谁也不依附于谁；在财产关系上，双方都有平等地支配财产的权利。第三，父母应当平等对待不同性别的子女，使他们享有平等的受教育的机会以及其他发展机会。第四，不同性别的家庭成员的权利、义务平等，承担平等的赡养义务，享有平等的继承权。

男女平等原则是《宪法》所规定的重要原则。我国《宪法》第四十八条规定："中华人民共和国妇女在政治的、经济的、文化的、社会的和家庭的生活等各方面享有同男子平等的权利。"《婚姻法》规定的男女平等原则正是在这一法律框架下确立的男女两性关系在婚姻家庭领域的具体体现。

男女平等原则是社会主义婚姻制度区别于旧婚姻制度的基本原则。以男尊女卑、夫权统治为主要特征的旧的婚姻家庭制度在中国延续了几千年，新中国成立后颁布的《婚姻法》彻底废除了男尊女卑、夫权统治的旧制度、旧传统，在婚姻家庭领域禁止一切形式的性别歧视，这对于促进妇女解放、树立和维护平等、和睦、文明的社会主义婚姻家庭关系具有重要意义。

【案例】

丈夫逼妻子接受一夫二妻

牛某（男）与乔某（女）于1992年结婚，婚后生有一个女孩。2005年牛某到湖南推销产品，认识了当地的女青年吴某，后与之同居。两人对外以夫妻相称，并生育一个男孩。2009年牛某将吴某带回老家，同乔某一起生活。在家中牛某定乔某为大太太，吴某为二太太。乔某起初不同意，牛某为了维持一夫二妻的局面，就威胁乔某，如果告发就与其离婚，并且不负担孩子的抚养费。乔某由于自己身体不好，害怕失去生活来源，就忍气吞声地默认了。这样两个老婆相安无事，牛某过着"逍遥"的一夫多妻的日子。

【解读】

历史上，妇女一直是从属于男子的，无论在社会上，还是在家庭中，男女两性始终处于不平等的地位。在中国封建社会，夫为妻纲、三从四德的伦理道德束缚了女性几千年，妻子无人身权，无财产权，更尤婚姻自由权，完全依附于丈夫。对于女子来说，她只能拥有一个配偶，而对于男子来说，妻子虽然只能有一个，但是纳妾可以不受限制，因为按照封建社会的法律，纳妾不是娶妻，是合法的。男子多偶特权一直持续到20世纪50年代，1950年开始实施的《婚姻法》明确规定："废除包办强迫、男尊女卑、漠视子女利益的封建主义婚姻制度。实行男女婚姻自由、一夫一妻、男女权利平等、保护妇女和子女合法利益的新民主主义婚姻制度"，"禁止重婚、纳妾"，从而确立了婚姻自由、一夫一妻、男女平等的社会主义婚姻家庭制度。近些年来，在婚姻家庭领域出现了一些与主旋律不和谐的音符，一些人道德沦丧，利用金钱权势，追求腐化的生活方式，无视法律，公开重婚纳妾，对于这种男尊女卑、一夫一妻多妾制度的流毒，要坚决予以取缔，以维护男女平等、一夫一妻的基本原则。

在本案中，牛某无视法律，玩弄女性，公然追求一夫二妻的生活，侵害了乔某合法的婚姻权益，败坏了社会风气。牛某与乔某的合法婚姻在前，在与吴某同居后也没有解除与乔某的婚姻关系，公开与吴某以夫妻名义同居，而吴某明知牛某有配偶而与之结婚，两个人的行为均构成重婚罪，应当依法追究牛某与吴某的刑事责任。《婚姻法》第四十五条规定："对重婚的，对实施家庭暴力或虐待、遗弃家庭成员构成犯罪的，依法追究刑事责任。受害人可以依照刑事诉讼法的有关规定，向人民法院自诉；公安机关应当依法侦查，人民检察院应当依法提起公诉。"也就是说，受害人乔某可以依照《刑事诉讼法》的有关规定，直接向人民法院提起自诉，要求司法机关追究牛某与吴某的刑事责任。但是不少重婚案件的受害人，由于在经济生活上依赖于重婚的犯罪分子，她们往往不敢起诉，正如本案中的乔某，致使犯罪分子逍遥法外，逃避法律制裁。因此，即使受害人不起诉，其他公民、社会团体或有关部门也可提出控告，公安机关在接到受害人或者其他公民、基层组织的举报、控告后，应当依法侦查，并将案件移送人民检察院，由人民检察院提起公诉，追究牛某与吴某的刑事责任。

保护妇女、儿童、老人的合法权益

男女平等是我国《宪法》和《婚姻法》的基本原则，保护妇女的合法权益是对男女平等原则的必要补充，因为妇女在生理上不同于男子，有其特殊性，所以应当特殊保护和照顾。实际上，保护妇女权益原则和男女平等原则的精神是一致的，两个原则一起实施才能保证男女平等的真正实现。我国妇女在婚姻家庭领域已经获得了同男子平等的权利，但是几千年来男尊女卑的思想和传统所带来的影响，不可能在几十年的时间里彻底消除，男女两性在婚姻家庭中还存在着实际的差别，需要对妇女进行特殊保护。今天妇女已经在各行各业发挥了越来越重要的作用，保护妇女的合法权益，有利于她们创造出更大的社会价值。

我国现行《婚姻法》在保护妇女合法权益方面，有许多针对性的具体规定，例如对男方离婚诉权的限制性规定，女方在怀孕期间、分娩后一年内或者终止妊娠后六个月内，男方不得提出离婚，但女方提出离婚请求，不在此限；再如离婚时夫妻共同财产分割应照顾女方权益的规定，在离婚时，夫妻共同财产的分割，先由双方协议分割，协议不成时由法院判决，而法院在判决时应当照顾子女和女方权益，在同等条件下，可以适当地多分给女方一些财产。

儿童是社会上的弱势群体，合法权益容易受到侵害，儿童又是民族的后代和祖国的未来，保护儿童的合法权益就是保护国家和民族的未来，因此世界各国都非常重视对儿童的保护。《宪法》第四十九条规定："婚姻、家庭、母亲和儿童受国家的保护。"《婚姻法》和《未成年人保护法》秉承《宪法》的基本原则，对未成年人的保护作了集中、系统的规定，如父母应当履行对未成年子女的监护职责和抚养义务，不得虐待、遗弃未成年人，禁止溺婴、弃婴，必须使适龄未成年人接受义务教育等。

尊敬老人是中华民族的传统美德，老年人为国家和民族贡献了毕生的精力，创造出巨大的财富，在家庭中他们为下一代操劳一生，当他们年老体衰的时候，理应获得来自社会和家庭的尊敬和照顾，使他们安度晚年。这不仅是一种法律上的规定，也是道德的必然要求。因此，《宪法》第四十九条规定："成年子女有赡养扶助父母的义务"，"禁止虐待老人、妇女和儿童"。《婚姻法》、《老年人权益保障法》、《民事诉讼法》等法律中都有保护老人合法权益的明确规定，例如子女对父母有赡养扶助的义务，老年人有要求给付赡养费的权力，并可以向人民法院起诉，人民法院对追索赡养费的申请可依法裁定先予执行。

【案例】

狠心的奶奶将刚出生的孙女埋在花生地里

刘某与吴某夫妻二人去外地打工，打工期间吴某生下一个女儿。自孩子一出生，孩子的奶奶就很不高兴，整天念叨"绝后了"。孩子还没满月，在征得刘某默认之后，奶奶瞒着吴某把孩子抱了出去，在一块花生地里把孩子悄悄活埋了。恰巧那天花生地的主人来刨花生，听到地里有动静，就仔细查找，终于发现了小女孩。他赶紧把小女孩送到医院抢救，虽经医生们的全力抢救，但终因孩子的肺部、气管塞满了沙子，孩子在被送到医院24小时后死亡。

【解读】

本案是一起严重的溺婴案件。时至今天受重男轻女思想的影响，遗弃女婴、溺死女婴的现象仍时有发生，严重侵犯了未成年人的合法权益，理应引起社会的高度重视。

我国《婚姻法》在总则中确立了保护儿童合法权益的基本原则，在分则中规定了一系列的保护儿童的内容，如父母首先有抚养教育子女的义务，父母不履行抚养义务时，未成年的或不能独立生活的子女，有要求父母付给抚养费的权利。即使父母离婚，也不能免除对子女的抚养义务。同时《婚姻法》还规定："禁止溺婴、弃婴和其他残害婴儿的行为。"溺婴是他人故意非法剥夺婴儿生命的行为，不仅仅是用水溺杀婴儿，任何杀死婴儿的行为都包括在内，如将婴儿用绳索勒死、用棉被闷死等行为。弃婴是指父母对自己的婴儿负有抚养义务而拒绝抚养的行为。父母对子女的抚养是法定的义务，不得以任何理由拒绝承担自己的抚养义务，更不能因任何原因而采取溺婴、弃婴等行为。

根据我国现行法律，无论是出于何种原因，溺婴、弃婴、残害婴儿的行为都是对婴儿生命健康权的侵犯，属于违法犯罪行为。本案中刘某作为父亲，有义务抚养这个女婴直至其成年，但因受到旧思想的影响并迫于自己母亲的压力，而默认了母亲将孩子溺死的做法。孩子的生命虽然是父母给的，但孩子一旦降临到这个世界上，生命就属于自己了，即使是父母也无权任意处置，更无论是奶奶。对于有生命的自然人，即使是刚出生的婴儿，也都是刑法的保护对象。根据我国《刑法》第二百三十二条的规定，孩子奶奶直接实施的溺婴行为构成故意杀人罪，其主观动机是想致女婴死亡，存在杀人的故意，是完全符合故意杀人罪的构成要件的。而按照《刑法》的规定，故意杀人的处死刑、无期徒刑或十年以上有期徒刑；情节较轻的，处三年以上十年以下有期徒刑。孩子奶奶的犯罪行为，应当受到社会舆论的谴责和法律的制裁。但是无论这个奶奶受到怎样的制裁，那个幼小的生命都不会再绚烂绽放了。为了防止类似极端案件的再次发生，加大法制宣传的力度和受众范围仍然是一项长期而重要的社会工作。

05

计划生育

计划生育是我国的一项基本国策，也是我国《宪法》、《婚姻法》规定的基本原则。由于人口再生产的任务主要是由夫妻在家庭中实现的，所以《宪法》第四十九条规定："夫妻双方有实行计划生育的义务。"《婚姻法》作为调整婚姻家庭关系的基本法，在第二条中把"实行计划生育"作为婚姻法的基本原则以法律的形式确定下来，在第十六条中把计划生育明确规定为夫妻双方的义务。

所谓计划生育，就是通过生育机制有计划地调节人口的发展速度，使人口状况同国家的经济发展和社会发展相适应。目前我国的人口状况是人口总量过剩，所以我国的计划生育以控制人口数量、提高人口素质为主要目标，其基本要求是：少生、优生、优育，适当地晚婚、晚育；国家提倡一对夫妻生育一个子女，依法安排第二胎生育，禁止三胎及三胎以上的多胎生育；少数民族地区也要实行计划生育，但节制生育的政策可以适当放宽，具体办法由省、自治区、直辖市人民代表大会或者其常务委员会规定；对实行计划生育的夫妻，国家给予奖励，凡是违法生育二胎或多胎的夫妻，应当依法缴纳社会抚养费。

 【案例】

妻子不愿生二胎竟遭丈夫殴打

山东的李女士和丈夫大山在大学里相识相恋，大山有两个姐姐，而李还有一个弟弟，二人在2008年结婚。婚后一年，他们就生了个女孩，女儿聪明健康，他们夫妇在事业单位上班，收入也不少，有车有房，一家三口生活得很幸福。体会到养育孩子的不易，李女士对大山说不想再生了。但大山却一心盼着有个儿子，经常央求李女士再生一个。而且李女士每次跟着大山回老家，婆婆也在两个人面前念叨："趁着年轻，赶紧再生个儿子。"老家的妯子、大娘、姐姐、嫂子的，也都有意无意地说起生二胎的事。所以，李女士今年春节就犟着没有和大山一起回老家。过完春节，大山的态度强硬起来："女儿都两岁了，我决定了，咱们再生个孩子。爸妈都是这样想的。"李女士不同意。此后，婆婆也出面劝说，眼看李女士不听，婆婆也急了，恶语相加，李女士顶撞了几句，被在场的大山听到了，他冲着李女士甩了一个耳光，然后气呼呼地出门了，临走时扔下一句话："你把我惹烦了，我们就干脆离婚。我正好再找一个，生个儿子。"从那之后，大山整日板着脸，对李女士不理不睬，甚至对女儿也很冷淡，有时在单位遇到不顺心的事，回家就找茬，骂骂咧咧的，李女士和他理论，他就把吵架的原因归结到生儿子的问题上。

 【解读】

实行计划生育是我国《宪法》规定的公民的基本义务，同时也是《婚姻法》规定的夫妻双方的一项义务。我国法律规定计划生育的原则是基于我国的国情做出的，目前我国人口已接近14亿，我国的土地资源、水资源、森林资源、矿产资源等自然资源面对如此巨大的人口压力，已是不堪重负，中国人对自然资源的过度消耗，使得中国的自然环境已经非常脆弱，人口过多、生态恶化的问题成为制约中国可持续发展的瓶颈。对于家庭而言，"少生"、"优生"、"优育"可以使家庭保持较好的经济条件，可以为子女的出生、成长提供良好的物质基础，也可以使父母将有限的精力投入到对子女的培养和教育上来。总之，实行计划生育是利国利民。

我国《人口与计划生育法》第十八条规定："国家稳定现行生育政策，鼓励公民晚婚晚育，提倡一对夫妻生育一个子女；符合法律、法规规定条件的，可以要求安排生育第二个子女。具体办法由省、自治区、直辖市人民代表大会或者其常务委员会规定。"究竟本案中李女士有没有权利生第二胎呢？根据《山东省人口与计划生育条例》第二十一条和第二十三条规定，符合下列情形的可以生育第二个子女：夫妻双方均为独生子女的；经设区的市以上计划生育技术鉴定组确诊第一个子女为非遗传性残疾，不能成长为正常劳动力的；曾患不育症，依法收养一个子女后又怀孕的；夫妻双方均为少数民族的；夫妻一方从事矿工井下作业连续五年以上，现仍从事该项工作，只生育一个女孩的；夫妻一方从事外海、远洋捕捞作业连续五年以上，现仍从事该项工作，只生育一个女孩的；夫妻一方为烈士的独生子女或者六级以上残疾军人的；夫妻一方因非遗传性残疾失去劳动能力，只生育一个女孩的；再婚夫妻一方只生育一个子女，另一方未生育的；只生育一个女孩，母女均为农村居民且母亲居住在农村连续五年以上，以农林牧渔业收入为主要生活来源的。该条例第二十二条规定：夫妻双方均为农村居民且以农林牧渔业收入为主要生活来源，具有下列特殊情形之一的，可以生育第二个子女：男方到有女无儿家结婚落户，与女方父母共同生活并履行赡养义务的（女家姐妹数人，只照顾一人）；兄弟两人以上，只有一个有生育条件，且只生育一个子女，其他兄弟均已丧失生育条件并未收养子女的；在与内陆不连接的海岛定居的。显然，李女士与大山是不符合《山东省人口与计划生育条例》所规定的这些情形的，是不能生第二胎的。如果李女士最终向丈夫让步，生育了第二胎，那么县级计划生育行政部门要按照所在地的县级人民政府上一年度统计公报公布的城镇居民年人均可支配收入或者农村居民年人均纯收入的三至四倍向他们征收社会抚养费，其所在单位或者有关组织将依法给予行政处分。

另外，《妇女权益保障法》第五十一条规定："妇女有按照国家的有关规定生育子女的权利。也有不生育的自由。"一般情况下，在怀孕问题上应当是夫妻双方协商一致，但有时也存在一方愿意生育、另一方不愿生育的情形，在这种情况下，法律尊重的是妻子的意志，而不是丈夫的意志，法律赋予了妻子生育或者不生育的权利和自由，丈夫不能强迫妻子怀孕生孩子。就本案来看，即使李女士符合生育第二胎的条件，是否要生第二胎，也要由李女士决定，家人应给予尊重，大山采用暴力和冷落两种手段相逼迫的做法是不对的。夫妻双方成长的环境不同，接受的思想熏陶不同，在生育问题上会形成不同的观念，在共同生活中难免会发生摩擦，如果两人心平气和、好好沟通，有些问题是可以达成一致意见的。大山受过高等教育，其眼界应该是比较高的，重男轻女、传宗接代的旧思想应该比较容易改变，如果李女士在与大山交流时注意一下策略，把我国的法律以及强行生二胎的后果告诉大山，也许大山会听从李女士的意见，使得夫妻和好。

禁止包办婚姻、买卖婚姻以及借婚姻索取财物

婚姻自由，是婚姻当事人在婚姻问题上依法享有的权利和自由，任何人不得强迫或干涉。《宪法》规定：禁止破坏婚姻自由。《民法通则》规定：公民享有婚姻自主权。婚姻自由是法律赋予公民的一项人身权利，具有专属性，只能由婚姻当事人本人行使，任何人，包括父母在内，都不能侵犯这种权利，否则就是违法行为，如果使用了暴力手段，则构成犯罪，应当依照刑法的规定给予刑事制裁。

为了贯彻婚姻自由的原则，《婚姻法》明确规定禁止包办婚姻、买卖婚姻和其他干涉婚姻自由行为，禁止借婚姻索取财物。这是保障婚姻自由原则实施的禁止性规定。包办婚姻是指包括父母在内的第三人违反婚姻自由原则包办强迫他人婚姻。买卖婚姻是指包括父母在内的第三人以索取大量财物为目的包办强迫他人婚姻。借婚姻索取财物是指一方以索取财物作为与对方结婚的先决

条件的行为。其他干涉婚姻自由的行为，是指除了包办婚姻、买卖婚姻以外的违反婚姻自由原则的其他行为。其表现形式很多，例如父母干涉子女婚姻，子女干涉父母再婚，干涉寡妇再嫁，干涉他人离婚、复婚，干涉男方到女方家落户等。禁止包办婚姻、买卖婚姻和其他干涉婚姻自由的行为，禁止借婚姻索取财物，是保障公民婚姻自由权利的必然要求。

 【案例】

父母将女儿捆绑至男方家完婚

女青年丁某，22岁，在家务农，其父身体有病，弟弟还在上学，家庭生活很困难。同村有一屠夫安某，35岁，脾气暴躁、长相极差，一直找不到对象。安某很喜欢丁某，为了达到与丁某结婚的目的，答应给丁家一笔钱供丁某的弟弟上学，结婚后他出钱给丁某的父亲看病。丁某的父母满心欢喜，但是丁某却看不上安某，因为她与本村男青年王某已经相好多年，只是因为王某家里穷，所以丁某的父母一直不同意他们的婚事。丁某的父母逼迫丁某嫁给安某，丁某为了逃避结婚，与王某秘密私奔，不幸的是被追回。安某因为已经付给张家一笔钱，听说这件事情之后，拿着一把杀猪刀来到丁家，威逼丁某的父母立即将丁某嫁给他，否则就杀光丁某全家。丁某的父母一方面由于收了安某的钱，另一方面惧怕安某的威胁，两天后把丁某捆绑至安某家，强迫丁某与安某完婚。

 【解读】

干涉婚姻自由的违法行为在现实生活中有很多不同的表现，包办婚姻和买卖婚姻是比较常见的两种，由于历史的原因，这两种行为在社会上还大量存在。包办婚姻和买卖婚姻既有联系又有区别。二者的联系是：包办婚姻与买卖婚姻的行为主体都是婚姻当事人以外的第三人，包括当事人的父母和其他第三人；从行为的手段看，都是违背当事人的意愿采用强制手段迫使当事人结婚；从行为的性质上看，都是违反婚姻自由的违法婚姻。二者的区别在于第三人是否以索取大量的财物为目的，包办婚姻不以索取大量财物为目的，买卖婚姻必定要索取大量的财物。所以以包办婚姻不一定都是买卖婚姻，而买卖婚姻必定是包办婚姻。就本案例来说，是包办婚姻还是买卖婚姻呢？丁某的父母以牺牲女儿的婚姻自由为代价，以向屠夫安某索取大量财物为目的，包办强迫女儿的婚姻，所以是典型的买卖婚姻，其行为不仅违反了《婚姻法》关于禁止包办婚姻、买卖婚姻、借婚姻索取财物的规定，更是触犯了刑律，构成了暴力干涉婚姻自由罪。

本案中，丁某的婚姻是由其父母一手包办的，双方根本没有任何感情基础，丁某父母不顾丁某的意愿和幸福，强行将女儿嫁给安某，一方面是借女儿的这桩婚姻收取钱财，以改变自己的经济困境，另一方面也是惧怕安某的淫威。丁某嫁给这样一个丈夫，今后的生活又将是何等的痛苦。为了保障妇女的合法权益，必须坚持婚姻自由的原则，禁止包办婚姻、买卖婚姻，对于像这样的严重干涉婚姻自由的犯罪行为，必须追究行为人的法律责任。

 【案例】

新郎拿不出彩礼被新娘关在洞房外

山东省夏津县的农民阿强和一个叫菊花的女子恋爱了。经过一段时间的接触，阿强对菊花各个方面都挺满意，菊花对阿强也没有表示出反感，只是菊花的父母三番五次地要彩礼让阿强比较烦。在恋爱的一年多时间里，菊花的父母前前后后向阿强要了五万元的彩礼。阿强的家中并不富裕，五万元的彩礼让阿强家负债累累。但阿强是大龄青年，为了能讨到媳妇也就咬牙同意了。在看到阿强实在拿不出什么钱来了的情况下，菊花的父母才同意菊花和阿强登记结婚。在举行婚礼的当天，新郎被新娘关在了洞房门外，理由是菊花家的水电费、租房费、安家费等一系列费用阿强还没有给解决。新婚后没两天，菊花就跑回了娘家，阿强去叫她，她也不回来。菊花的父母让阿强先回去等着，过几天菊花的气顺了就会回去。于是阿强老老实实地回家等着，一等就是十个月。十个月之后，阿强等来的不是菊花，而是法院的传票——菊花要和他离婚。阿强急了，花了五万块钱，媳妇就和他过了两天的日子，这个媳妇也太贵了，所以他找到菊花的父母，提出如果要离婚就必须返还五万元的彩礼。菊花及其父母不同意返还彩礼，他们认为按照当地的风俗，如果阿强和菊花没结婚，他们应当返还彩礼，现在已经结婚，就不能返还了。双方为此闹到了法院。

【解读】

本案是一起借婚姻索取财物而引发的纠纷案。借婚姻索取财物是指一方以索取财物作为与对方结婚的先决条件的行为。这种婚姻基本上是自主婚姻，这与买卖婚姻有着根本的区别：买卖婚姻中当事人既不能自主也不是自愿，索取的大量财物由当事人之外的第三人获得；借婚姻索取财物中的婚姻当事人对婚姻是自主自愿的，但一方以向另一方索取财物作为结婚的先决条件，不满足就不结婚，现实生活中，通常是女方向男方索取财物，有时女方的父母也向男方索要一定的财物，男方向女方索要财物的情况比较少。

借婚姻索取财物的表现各有不同，索取的财物五花八门，索取的数量也多少不一，但是其性质是一样的，都是违反婚姻自由原则的违法行为，是不受法律保护的。借婚姻索取财物的行为，虽然违法的性质、程度、后果不如包办婚姻、买卖婚姻等行为严重，但在老百姓的日常生活中更常见，影响更大，从城市到农村，从高学历者到低学历者，都不乏借结婚收取钱财的人。当事人在择偶时适当考虑对方的经济条件本无可厚非，但是如果以财物作为结婚的唯一条件往往会给当事人的婚姻带来一些隐患，索取财物的一方只看重财物，对方的人品、才能可能就是次要考虑的，结婚后对方的缺陷表露出来，但因为已经收取了财物，就只能委曲求全了；而一方索取了大量财物，必然造成对方负债累累，双方结婚后，为了还债要紧衣缩食，也大大降低了婚后生活的幸福感。所以《婚姻法》第三条明令禁止借婚姻索取财物，希望引导婚姻当事人能正确地看待婚姻与经济条件之间的关系，避免经济因素成为婚姻家庭的主导，不利于婚姻家庭的和谐。

本案中，阿强和菊花自由恋爱，从恋爱到结婚，二人的关系都是建立在自主自愿的基础上的，应当说阿强和菊花的婚姻基础还是不错的，是可以有一个幸福的婚姻、美满的家庭的，但是正是菊花的父母前前后后的数次索要财物，断送了二人的婚姻。二人恋爱阶段，菊花的父母就要了五万元的彩礼，阿强好不容易等到洞房花烛夜，却因为没有给菊花的父母解决水电费、租房费、安家费等一系列的费用而被拒之于洞房门外，结婚两天后菊花就回了娘家再也没有回到阿强的身边，最终二人的婚姻走到了尽头。《婚姻法》第三条规定："禁止借婚姻索取财物"，菊花的父母向阿强索要彩礼的行为是不受法律保护的。

阿强要求菊花家返还彩礼的主张，能否得到法院的支持呢？最高人民法院《关于适用〈中华人民共和国婚姻法〉若干问题的解释（二）》第十条规定："当事人请求返还按照习俗给付的彩礼的，如果查明属于以下情形，人民法院应当予以支持：（一）双方未办理结婚登记手续的；（二）双方办理结婚登记手续但确未共同生活的；（三）婚前给付并导致给付人生活困难的。适用前款第（二）、（三）项的规定，应当以双方离婚为条件。"根据该司法解释，阿强与菊花办理了结婚登记，但婚前给付彩礼导致了阿强生活困难，菊花家索取的财物应当返还，所以阿强要求返还彩礼的诉讼请求，法院应予以支持。这里应当注意的是，法院判决菊花返还彩礼，是以双方离婚为前提条件的，如果在这起离婚诉讼中，法院在分析双方的婚姻基础、婚后感情、离婚原因、夫妻关系现状的基础上，认定夫妻感情尚未完全破裂，判决不准离婚，那么阿强要求菊花家返还彩礼的主张就不能得到法院的支持了。

禁止重婚、禁止有配偶者与他人同居

重婚是指有配偶者又与他人（无论是已婚者还是未婚者）结婚的行为。有配偶者与他人结婚的或者无配偶者明知他人有配偶而与之结婚的均构成重婚。重婚分为两种形式：法律重婚与事实重婚。有配偶者在合法婚姻未解除前又与他人登记结婚的构成法律重婚，或者虽未登记结婚但却与他人公开以夫妻关系同居生活的构成事实重婚。

有配偶者与他人同居，是指有配偶者与婚外异性不以夫妻名义持续、稳定地共同居住的行为。现实生活中，有些人认为，如果自己已有配偶还与他人结婚或者与他人以夫妻名义共同生活，会被认定为重婚，但是与他人共同生活却不以夫妻名义进行，如包二奶、包二爷，就不算违法了。其实，不仅重婚行为是我国《婚姻法》所禁止的行为，有配偶者与他人同居同样是《婚姻法》明令禁止的行为。

事实重婚和有配偶者与他人同居的行为都是法律所禁止的行为，都是对我国一夫一妻制的侵害，但是二者在违法情节、性质与后果上有所不同。二者在性质上是罪与非罪的区别。事实重婚是一种犯罪行为，无过错方可以依法追究过错方的刑事责任，同时还可以要求过错方承担离婚损害赔偿的民事责任。但是有配偶者与他人同居的，只承担民事责任，按照《婚姻法》的规定，有配偶者与他人同居是法院判决离婚的法定情形，因此离婚的，无过错方可以据此要求损害赔偿，但却不能追究过错方的刑事责任，因为过错方的行为只是违法行为，并未触犯刑律。

【案例】

段某包养、炸死情妇案

2007年7月9日下午，在某市建设路发生一起轿车爆炸事故，一人死亡，一人受伤。发生爆炸的是一辆私家车，女性车主在爆炸中死亡，另一辆车是出租车，司机受伤。两辆轿车的残骸堆在一起，其中发生爆炸的轿车已经成为一堆废铁，另一辆车烧得只剩下车架。

8月6日，一审法院对"7·9"爆炸案作出判决：段某因爆炸罪、受贿罪、巨额财产来源不明罪数罪并罚被判处死刑，剥夺政治权利终身；陈某、陈某兵因爆炸罪分别被判处死刑和无期徒刑，剥夺政治权利终身。一审宣判后，被告人段某、陈某、陈某兵均表示不服，当庭提出上诉。8月23日，二审法院公开开庭审理了此案，作出刑事裁定，驳回段某、陈某的上诉，维持原判，并依法报请最高人民法院核准；驳回陈某兵的上诉，维持原判。最高人民法院依法组成合议庭，经复核后依法核准了二审法院维持原判的刑事裁定。9月5日，段某被执行死刑。

在8月6日的庭审中，段某在做最后陈述时说了这样一句话："我从一个农民一步步成长为一名高级干部，是党培养的结果。之所以走到今天这样一个结局，完全是因为那个女人。"段某说的那个女人，就是其情妇柳某。柳某比段某小了整整30岁。1994年，段某挂职某地市的地委副书记时，当时年仅18岁、长相十分漂亮的柳某成了段某的专职服务员。后米段某把柳某发展成为自己的情妇，并把她的户口由农村转为城镇。段某回省城任职时，就把柳某"调往"省城，使她成了国家公务员，并为柳某购置了一套住房"金屋藏娇"。

1997年底，段某升任市委副书记兼市委组织部部长。也就是在这个时候，段某开始索贿、受贿，他需要大量金钱来供养这位漂亮的情妇。但时间长了，段某的妻子知道了。为彻底打消段某继续包养情人的念头，段的妻子通过关系，让人给柳某介绍了一个对象，并很快结了婚。但段某依然与柳某藕断丝连，柳某的丈夫发现后，与柳某大吵后离了婚。离婚后的柳某又让段某给她购买了一套130多平方米的高档商品房，作为他们幽会的地点。段某经常告诉柳某要"低调"，不要对外泄露了二人的关系，但柳某离婚后除继续索要钱财外，还流露出要与段某结婚的想法，缠着段某非要把她的后半生安排好不可，否则就要"采取必要的措施，让段某身败名裂"，这让段某大为不满。段某于是提出"分手"，柳某提出了两个条件：一是再给她100万元"青春损失费"，二是给她买一辆小汽车。段某觉得，只有除掉这个贪得无厌的女人才是上策，于是他找到了侄女婿陈某。陈某又找了某汽修厂老板陈某兵帮忙，二人联手制造了遥控爆炸装置，2007年7月9日下午将爆炸装置放在柳某的驾驶座位下，等柳某下班驾车回家时，陈某兵驾驶车辆跟踪在后面，伺机引爆了炸药。于是发生了本文开头的那一幕。

 【解读】

本案中，段某与柳某之间的关系究竟是有配偶者与他人同居还是事实重婚呢？有配偶者与他人同居和事实重婚是非常相似的。二者的相同点在于：二者的主体都是一方或双方已有配偶者，二者的当事人之间都有共同的住所或共同居住的事实，有稳定的一段时间的同居生活。二者的不同点在于：有配偶者与他人同居的当事人不以夫妻名义同居，周围的人们也不认为他们是夫妻关系；事实重婚的当事人则公开以夫妻名义同居，周围的人们也认定他们是夫妻关系。段某与柳某之间的关系属于有配偶者与他人同居，段某已有妻子，但仍然与柳某秘密地同居生活，甚至在后来柳某有合法婚姻的情况下，二人依然保持了这样一种同居生活，前后长达13年之久，二人同居时间虽然很长，但因为二人始终没有公开以夫妻名义同居生活，所以他们之间的关系只能认定为有配偶者与他人同居，而不是事实重婚。

有配偶者与他人同居的行为仅是违法行为，还不构成犯罪，但其社会危害性并不比重婚行为轻，它是破坏合法婚姻、造成夫妻离婚、家庭解体的重要原因，甚至引发了大量的情杀、仇杀以及官场的权色交易、贪污腐化等刑事案件。本案即为如此，由于段某与柳某的两性关系是不正当的、不受法律保护的，柳某不甘于情妇的地位，为了结束自己的地下生活、光明正大地和段某生活在一起，就逼迫段某与妻子离婚、然后和自己结婚。段某作为一个省部级高官，更多考虑的是自己的仕途，所以他不想离婚，而柳某不依不饶，他只好以金钱作为补偿，为了弄到钱，他就要索贿受贿。而柳某与段某同居的时间越长，其心里就越不平衡，对段某的逼迫也越紧，甚至使出杀手锏——要让段某身败名裂。为了彻底摆脱柳某的纠缠，段某产生了除掉柳某的念头，并布置自己人着手实施了杀人行为。长期的不正当的两性关系，使得二人的情感被扭曲了，一旦一方厌倦了这种生活，就会矛盾丛生、反目成仇，从情人变成仇人。

近些年来，以段某为代表的个别领导干部生活作风败坏，以权猎色、以贪养色，十分猖獗，最高人民检察院公布的数字显示，近年来查处的严重腐败的省部级以上高官，九成有包养情妇的情况，他们的行为破坏了一夫一妻的婚姻家庭制度，损害了党和政府的形象，污染了社会风气，为党纪国法所不容。

08

禁止家庭暴力、禁止家庭成员间的虐待和遗弃

家庭成员间是互享权利、共担义务的平等主体，禁止对家庭成员实施家庭暴力、虐待和遗弃行为，是保障公民的婚姻家庭权益的必然要求。

最高人民法院《关于适用〈中华人民共和国婚姻法〉若干问题的解释

（一）》，将家庭暴力定义为"行为人以殴打、捆绑、残害、强行限制人身自由或者其他手段，给其家庭成员的身体、精神等方面造成一定伤害后果的行为。"通过这一司法解释，可以看出：首先，家庭暴力作为家庭领域的一种社会现象，是发生在夫妻之间和其他家庭成员之间的，施暴人与受害人之间要求存在特定的亲属身份关系，如配偶、父母子女、兄弟姐妹等。家庭暴力行为的实施主体应当是夫妻一方，但受害人则不限于其配偶，包括家庭其他成员。其次，家庭暴力的表现形式应当是诸如殴打、捆绑、残害、强行限制人身自由或者其他手段。最后，家庭暴力的范围就是身体上的暴力以及因身体暴力引起的精神伤害，并要有一定的伤害后果。这就把家庭暴力与日常生活中轻微的打闹、争吵区别开来，家庭中存在较为普遍的打骂、争执行为并不必然构成法律意义上的家庭暴力。所以在案件中要具体情况具体分析，如果一方所实施的行为已逾越了夫妻之间通常能够容忍的程度，发生了侵害人格尊严或人身安全的行为，则应当认定为家庭暴力行为；如果仅仅是双方偶尔在争吵过程中发生肢体接触导致轻微伤害，一般不宜认定为家庭暴力。

家庭暴力是一个全球性的问题。几乎在所有的国家中，不分种族、民族、阶级、宗教信仰、文化传统、文化水平，都不同程度的存在着家庭暴力。在中国历史上，丈夫打老婆曾被认为是天经地义的，因此打骂妻子的丈夫大有人在，家庭暴力的受害者常常是妻子。现实生活中，家庭暴力的受害者往往是那些在家里缺乏独立生活能力或自卫能力的弱势成员，以妇女、儿童、老人居多，当然在一些家庭中也有丈夫是家庭暴力的受害者。

由于传统的婚姻家庭法律认为家庭暴力问题属于家庭内部的私事，所以没有作出明确规定，使得法律难以对施暴者予以制裁，这也助长了家庭暴力行为的发展和蔓延。2001年《婚姻法》（修正案）在防治家庭暴力问题上对公权力的介入作出明确规定，对正在实施的家庭暴力，公安机关应当予以制止，受害人请求的，公安机关应当依照《治安管理处罚法》的规定予以拘留、罚款或警告的行政处罚。按照《婚姻法》的规定，施暴者要承担相应的民事责任，这些民事责任包括：家庭暴力是施暴者的配偶起诉离婚的法定理由，调解无效时，法院应判决离婚；因家庭暴力而离婚的，无过错方可以要求施暴者承担损害赔偿责任。此外，实施家庭暴力构成犯罪的，应当依照《刑法》的有关规定给予刑事制裁。我国《刑法》尚无家庭暴力罪，如果实施家庭暴力，情节恶劣、后果严重，应当根据其犯罪的具体情节，按照故意杀人罪、故意伤害罪、虐待罪、侮辱罪等追究其刑事责任：施暴者对受害者经常以打骂、捆绑、冻饿、强迫超体力劳动、限制自由等方式，从肉体、精神上摧残、折磨，情节恶劣的，构成虐待罪，处2年以下有期徒刑、拘役或者管制，情节特别严重的，处2年以上7年以下有期徒刑；使用暴力公然贬低受害者人格，破坏其名誉，情节严重的，构成侮辱罪，处3年以下有期徒刑、拘役、管制或剥夺政治权利；故意非法损害他人身体健康的，构成故意伤害罪，如果致人重伤造成严重残疾或致人死亡的，最高可判处死刑。

虐待是指经常对家庭成员采取歧视、折磨、摧残等手段，使其在精神上、肉体上遭受损害的违法行为。虐待行为的方式可以是作为也可以是不作为，前者如打骂、恐吓、冻饿、禁闭、捆绑、强迫过度劳动，后者如患病不予治疗、不予衣食。虐待与家庭暴力在具体情节上有相似之处，都有打骂、捆绑、限制人身自由这样的行为，在本质上也是相同的，都是对家庭成员造成身体和心理伤害的行为。二者的不同在于：家庭暴力是以作为的形式出现，而虐待可能表现为作为，也可能表现为不作为；一两次偶然的打骂，不构成虐待，但已经构成家庭暴力，持续性、经常性的打骂，经常性的家庭暴力才构成虐待，而情节严重、后果严重的家庭暴力，如出现了受害人重伤或死亡，则不能按虐待处理。

遗弃是指家庭成员中负有赡养、抚养、扶养义务的一方对需要赡养、抚养、扶养的另一方，不履行义务的违法行为，如成年子女不赡养无劳动能力和生活困难的父母，父母不抚养未成年的子女等。遗弃行为是以不作为的方式出现的，实施遗弃行为的一方应为法定义务而不为，造成应受赡养、抚养、扶养的家庭成员衣食无着、生活困难。

虐待和遗弃行为都是侵害家庭成员合法权益的行为，都是不利于建立平等、和睦、文明的婚姻家庭关系的，应当按照《治安管理处罚法》第四十五条的规定予以行政处罚：虐待家庭成员、被虐待人要求处理的，遗弃没有独立生活能力的被扶养人的，处五日以下拘留或者警告。虐待、遗弃行为情节严重、构成犯罪的，应当按照《刑法》的规定追究其刑事责任。《刑法》第二百六十条规定："虐待家庭成员，情节恶劣的，处二年以下有期徒刑、拘役或者管制。犯前款罪，致使被害人重伤、死亡的，处二年以上七年以下有期徒刑"；第二百六十一条规定："对于年老、年幼、患病或者其他没有独立生活能力的人，负有扶养义务而拒绝扶养，情节恶劣的，处五年以下有期徒刑、拘役或者管制。"

《婚姻法》对虐待、遗弃行为的受害人的社会救助、民事救济作出了相应的规定。虐待、遗弃行为的受害人有权提出请求，居民委员会、村民委员会以及所在单位应当对虐待、遗弃行为予以劝阻、调解。虐待、遗弃行为是法院认定夫妻感情确已破裂、准予离婚的法定情形之一，因虐待、遗弃行为而离婚的，受害人有权要求加害人给予损害赔偿。

 【案例】

丈夫殴打妻子，妻子忍无可忍杀夫

董某20岁时，经人介绍与丈夫相识，那时的丈夫在董某看来是一个很憨厚的人。恋爱一年后，两个人结婚了，丈夫对她疼爱有加，周围人都很羡慕这对夫妻。但好景不长，董某生了孩子之后，既要照顾孩子又要忙着做小买卖，因此陪丈夫的时间少了。闲暇时间丈夫迷上了赌博，从那以后董某再也见不到丈夫往家里交一分钱，他的工资都输在了麻将桌上，不仅如此，丈夫还把家里所有值钱的东西全拿去赌博了。丈夫在外面赌博输了钱，就去喝酒，喝得酩酊大醉才回家。董某劝说，每次换来的都是丈夫的一顿暴打，打累了，丈夫往床上倒头就睡，留下她一人独自在黑夜里忍受折磨。有一次，丈夫殴打她时，居然抡起椅子腿砸她的头，打完了，丈夫又去呼呼大睡了。董某包扎了伤口，躺在床上，越想越可怕，自己的人生这样走下去何时是个尽头，说不定哪天就被丈夫打死了。绝望至极的董某，操起菜刀向熟睡的丈夫砍去……一审法院以故意杀人罪判处董某死刑缓期两年执行。董某入狱服刑后，刚满一岁的儿子跟随董某的公婆生活。在狱中，董某认真遵守监规，接受教育改造，积极参加学习和劳动，有重大立功表现，最终刑期被减为有期徒刑。在监狱的日日夜夜，董某无时无刻不在思念儿子，但公婆从来没有带孩子来看望过她。在董某服刑的第12年，监狱的警官陪她回了一趟公婆家，儿子已经上初中了，儿子不认她这个母亲，骂她是"凶手"，面对白发苍苍的公婆，董某长跪在地，但公婆始终不肯原谅她。最后董某悲切地回到狱中。

【解读】

家庭暴力是中外家庭常见的一种社会现象。2001年《婚姻法》将家庭暴力列为禁止行为以及离婚和损害赔偿的法定情形之一，充分体现了法律对妇女、儿童及老年人权益的保护。

家庭暴力首先是一般意义上的民事侵权行为，其构成要件应包括以下几方面：第一，主体必须具有行为能力，且为家庭共同生活成员；第二，行为人主观上具有过错，且为故意；第二，在损害后果上，有使受害人的人身、精神受到较严重伤害的事实；第四，行为人的不法行为与损害事实之间具有因果关系。本案中，董某与丈夫均有行为能力，是生活在一个家庭内的家属，董某的丈夫长期实施的家庭暴力以及董某对丈夫的最后一击，主观上都具有实施家庭暴力的故意，都造成了对方身体上的伤害或死亡，其暴力行为与伤亡后果之间具有直接的因果关系，所以他们的行为都构成民事侵权。但本案已经不仅仅是一起普通的民事案件，董某杀夫的行为、丈夫对其残忍的殴打行为均已构成犯罪，都应当按照《刑法》的规定追究刑事责任，只是董某的丈夫已经死亡，已经无法追究其法律责任了。

本案中董某既是凶手又是受害人，她有着中国传统女性的勤劳善良品质，作为社会的弱势群体又存在着无知、愚昧和过度的忍让，面对丈夫一次又一次的家庭暴力，董某最初选择了沉默、忍让，当这种沉默、忍让到了极限时，那瞬间的爆发就变得如此惊人。本案的结局令人十分痛心，董某的丈夫从一个施暴者变成了受害人，董某则沦为监狱的女犯，在这场夫妻家庭暴力对决中，最大的受害者还是老人、孩子，董某的公婆白发人送黑发人，本该颐养天年的他们还要抚养年幼的孙子，而董某的儿子刚满一岁就失去了父亲的关爱、母亲的呵护，可以说全家人都是受害者，正是家庭暴力造成了丈夫死亡、妻子入狱、父母丧子、幼儿丧父的人间悲剧。

面对本案，我们不禁要思考，如何才能避免类似悲剧的重演？

首先是提高家庭暴力受害人的自我保护意识。在受害人的权益受到伤害之初，就应该寻求各方面的保护，例如及时通报双方的父母，争取他们的支持和帮助，向对方工作单位、妇联、工会、居委会或村委会及时求助，让这些组织对施暴者进行说服教育；必要时及时向公安机关报警求助，公安机关可以对施暴者采取行政强制措施，制止家庭暴力行为的继续发展，依受害人的请求，公安机关应当对不听劝阻、屡教不改的施暴者给予行政处罚。通过多方努力，共同遏制家庭暴力的发生。如果对方屡次施暴、无可救药时，受害人应果断与其离婚，摆脱不幸的婚姻。

其次是加大法制宣传教育力度。大力宣传《宪法》、《婚姻法》、《妇女权益保障法》、《刑法》等法律，提高公民的法律意识，引导受害人运用法律武器维护自己的合法权益，而不是像董某那样最初选择沉默、忍让，忍无可忍时就采取以暴抗暴的做法，从受害人变成加害人。

最后是全社会共同构建"反家庭暴力"的体系。家庭暴力是一个社会问题，需要全社会的共同关注，需要多个部门的支持：所在单位、社区以及基层派出所形成调解、救助、处理家庭暴力的有机系统，发现情况及时解决；地方政府出资建立"家庭暴力救助中心"，为受害人提供临时的"庇护所"，为其提供临时食宿、法律咨询和心理疏导；法院也要在家庭暴力案件的审理中充分发挥受害人保护者的作用。只有这样，才能最大限度地保护受害者的合法权益。

夫妻应当互相忠实、尊重

夫妻是婚姻关系的主体，共同生活是夫妻关系的基本内容，夫妻在共同生活中互相忠实、互相尊重，是维护平等、和睦、文明的婚姻家庭关系的基本要求，因此《婚姻法》在第四条中强调了"夫妻应当互相忠实，互相尊重"的原则，体现了我国婚姻家庭立法的价值取向以及对夫妻关系的指引、导向作用。

夫妻忠实不是指夫对妻或者妻对夫的依附、占有关系，而是要求婚姻双方互相信任、坦诚相待，在感情和性两个方面都要忠实于对方，而不是一方控制、背弃、欺骗、伤害另一方，可以说忠实是爱情的核心。当前我国婚姻关系中出现的重婚、包二奶、通奸等行为，往往不是真正的爱情，而是为了满足个人的私欲，这恰恰违反了社会主义道德和法律。

夫妻相互尊重要求夫妻之间平等相待、互敬互爱、相互扶助，尊重对方的人格和权利。在现实社会中夫妻相互尊重表现为感情上的相互慰藉、体贴、关怀，生活中的相互照顾、扶助，在养老育幼、家庭理财、家务劳动等问题上

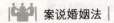

协商一致解决，不把自己的意见强加于对方。

【案例】

妻子搞网恋裸聊，感情出轨

李某与丈夫赵某2000年结婚，婚后双方感情较好。但是从2009年下半年开始，赵某发现李某迷恋上了网聊，甚至半夜都在聊，李某对他也越来越冷淡。一次偶然的机会，赵某见到了李某在网上的聊天记录，发现李某与一名男网友聊得火热，二人无话不谈，语言暧昧，甚至以"老公"、"老婆"相称。赵某十分恼火，与李某吵了一架，但李某依然我行我素，后来更发展为与对方裸聊，被赵某发现，遭到赵某的痛打。李某索性与赵某分居，在外租房单独居住，继续与网友裸聊。2010年2月，李某向赵某提出离婚，赵某坚决不同意。2010年5月，赵某以《婚姻法》第四条规定"夫妻应当互相忠实"为由提起诉讼，要求法院判令李某立即停止与男网友的网聊，排除李某与男网友对自己婚姻的妨害行为，以保护自己与李某的婚姻关系。法院受理此案，经审理后裁定驳回赵某的起诉。

【解读】

《婚姻法》第四条规定："夫妻应当互相忠实，互相尊重；家庭成员间应当敬老爱幼，互相帮助，维护平等、和睦、文明的婚姻家庭关系。"本案中李某与男网友进行网聊、裸聊，从表面上看他们之间并没有发生什么非法的性关系，似乎并不违反《婚姻法》第四条夫妻间相互忠实的规定。其实不然，夫妻之间的忠实，应当包括感情和性的关系两方面都要忠实，这是婚姻专一性、排他性、稳定性的必然要求。当事人的婚姻关系是建立在恋爱自由、婚姻自由的基础上的，如果婚后双方的感情发生了变化，感情不和导致夫妻关系无法维持时，当事人完全可以通过离婚解除现有的婚姻关系，再去寻找其他合适的异性。在婚姻自由的今天，一方在网上与异性谈情说爱、语言暧昧，甚至发展到裸聊，应该说已经从感情上背叛了自己的配偶，如果任其发展下去，其结果将会是不仅在感情上将配偶排斥在外，而且会进一步在性的关系上排斥配偶。所以李某与男网友暧昧的网聊和裸聊行为，是与《婚姻法》所规定的忠实的条款不相符的。

　　既然李某与男网友暧昧的网聊和裸聊行为违反了《婚姻法》第四条关于夫妻应当相互忠实的规定，那么赵某依据该条规定提起诉讼为什么却被法院裁定驳回起诉呢？事实上，虽然《婚姻法》第四条规定了夫妻应当互相忠实，但从严格意义上看，本条只是法律的倡导性规定，只是为了倡导建立平等、和睦、文明的婚姻家庭关系，并不是将忠实、尊重作为夫妻间的实体权利义务予以确认，所以夫妻一方单独以另一方违反该条款为由提起诉讼的，法院并不能对另一方当事人施加法律责任。最高人民法院《关于适用〈中华人民共和国婚姻法〉若干问题的解释（一）》第三条规定："当事人仅以婚姻法第四条为依据提起诉讼的，人民法院不予受理；已经受理的，裁定驳回起诉。"本案中赵某仅仅以《婚姻法》第四条的规定为由提起诉讼，要求法院判令李某立即停止与男网友的网聊，排除李某与男网友对自己婚姻的妨害行为以保护自己与李某的婚姻关系，法院受理后裁定驳回起诉，是合乎《婚姻法》及司法解释的规定的。当然，如果赵某因夫妻感情破裂，或者李某有其他违法情节，如与他人同居，赵某可以依据《婚姻法》其他条款提起离婚诉讼，追究李某的法律责任。

第二章

结婚

　　结婚，又称为婚姻的缔结、婚姻的成立，是指男女双方依照法律规定的条件和程序，确立夫妻关系的行为。夫妻之间的权利义务关系，因结婚而发生。

结婚又称为婚姻的缔结、婚姻的成立，是指男女双方依照法律规定的条件和程序，确立夫妻关系的行为。夫妻之间的权利义务关系，因结婚而发生。

结婚不仅仅是男女之间的个人私事，也是关系到整个国家、社会、民族的大事，因此各国都为结婚规定了相应的制度，我国也不例外。在《婚姻法》中规定了男女当事人结婚应当具备的条件和必须履行的程序。

结婚的条件，包括积极条件和消极条件。结婚的积极条件有男女双方完全自愿，达到法定婚龄，符合一夫一妻制。结婚的消极条件有禁止直系血亲和三代以内旁系血亲结婚，禁止患有医学上认为不应当结婚的疾病的人结婚。

结婚的程序方面，我国《婚姻法》规定实行登记制度。为了保证婚姻登记制度的实行，2003年国务院颁布了《婚姻登记条例》，对结婚登记的意义、登记机关、登记的具体程序等有关事项作出了具体规定。

2001年修订后的《婚姻法》确立了无效婚姻和可撤销婚姻制度。按照法律的规定，重婚的、有禁止结婚的亲属关系的、婚前患有医学上认为不应当结婚的疾病的婚后尚未治愈的、未达法定婚龄的婚姻都是无效的。受胁迫而结婚的当事人有权请求撤销其婚姻。无效婚姻和可撤销婚姻制度对于完善我国的结婚制度具有十分重要的意义。

《婚姻法》对结婚行为的规范，体现了国家对结婚行为的审查和监督，只有符合法律规定的条件并履行了必要的法定手续的婚姻才是受法律承认和保护的婚姻。

结婚必须男女完全自愿

我国《婚姻法》第五条规定：结婚必须男女双方完全自愿，不许任何一方对他方加以强迫或任何第三者加以干涉。这一规定是婚姻自由原则在结婚制度中的具体体现。这一规定的核心在于，在符合其他条件的情况下，是否结婚、与谁结婚、何时结婚的决定权，属于当事人本人。

所谓"男女双方完全自愿"，其要求是：当事人结婚的意思表示应当是当事人本人自主的意思表示，双方的意思表示必须完全一致。也就是说这种意思表示应是本人自愿，而不是第三人的意愿，是完全自愿，而不是勉强同意，是双方自愿，而不是一厢情愿。法律禁止他人对当事人的婚姻横加干涉，这就排除了一方对另一方的强制以及其他人对当事人的强制。

 【案例】

女方父母接受男方4万彩礼逼17岁女儿出嫁

2011年初冬的一个晚上，成都市内的一个小巷内挤满了愤怒的群众，人群包围的是一对来自安岳的父女。原来，这个父亲在收受了他人的彩礼之后竟然逼着女儿回老家嫁人。现今文明的社会里，还会发生这样的包办婚姻、逼女嫁人的事情，简直是令人匪夷所思。

17岁的小兰激愤地向记者讲述了事情的原委："他（父亲）收了人家礼钱，把我蒙到鼓里头，他（男方）就逼我跟他谈朋友。我每次给他说，我不喜欢他，我要跟他分手。他们（父母）就都骂我，他们说把我白白养那么大，把我嫁远了，一口饭都吃不到我的。"原来，小兰家住安岳县石羊镇，2009年，父母给15岁的她订下了一门亲事，并且收了男方4万元彩礼钱。2010年，小兰父亲将小兰带到男方面前，她这才知道父母已经收了彩礼，于是偷偷跑到成都，在一家餐馆当起了服务员。这一天，小兰父亲找到了她，两人在路边发生争执。而这种逼女嫁人的荒唐行为引起了周围群众的愤怒。在现场的群众纷纷指责小兰的父亲："是不对嘛。15岁就把人家逼出去（嫁人），现在哪儿还有包办婚姻吗？"指责声中，小兰父亲表示，就算小兰不同意嫁人，也要跟自己回家退还礼金。随后有热心市民拨打了110报警。争执不下的父女俩被110巡警带回当地派出所进行调解。

【解读】

今天的《婚姻法》倡导自主婚姻，这意味着任何人要结婚都必须获得双方当事人的同意，这里的同意是双方的真实的意思表示，而不是受欺诈或强迫做出的虚假的意思表示，不得附加条件或期限；双方的意思表示必须是一致的，而且应当是自主做出的，尽管法律并不反对当事人的父母及亲友出于对当事人的关心和爱护提出自己的建议和意见，但是否与对方结婚的最终决定必须由当事人本人做出。婚姻当事人之外的人，如父母、兄姐及其他人都不能对当事人的婚姻强加干涉。

现实生活中，比较典型的干涉当事人婚姻的行为是包办婚姻和买卖婚姻。包办婚姻是指包括父母在内的第三者违反婚姻自由原则包办强迫当事人婚姻。买卖婚姻是指包括父母在内的第三者以索取大量财物为目的包办强迫他人婚姻。包办婚姻不以索取大量财物为目的，买卖婚姻必定要索取大量的财物。本案中，小兰父亲贪图男方家的4万元彩礼，强迫小兰嫁给男方，是非常典型的买卖婚姻。小兰父亲的行为侵犯了女儿的婚姻自主权是毫无疑问的。有价的是彩礼，无价的是亲情和道义。这位父亲的行为实际上是把无价的亲情和道义折算成了金钱，这是我们所不能容忍的，因为他的行为涉及了我们这个社会的道德底线。小兰父亲干涉女儿婚姻自由的行为，轻者构成违法，要受到批评训诫，重者有可能构成犯罪而受到刑事处罚。

这里需要注意的是，《婚姻法》的"结婚必须男女双方完全自愿"的规定，其前提条件是当事人双方必须具有完全的民事行为能力、达到法定的结婚年龄，因此凡是未达法定婚龄的、丧失行为能力的人所作的同意结婚的意思表示，均属无效。据此，本案中，小兰即使同意与对方结婚，因为没有达到法律规定的结婚年龄——20周岁，她做出的同意结婚的意思表示也将是无效的。

结婚必须达到法定婚龄

法定婚龄是法律所规定的结婚的最低年龄。法定婚龄并不是最佳结婚年龄，也不是必须结婚的年龄，仅仅是当事人要结婚必须达到的年龄的下限，至于达到法定婚龄后何时结婚，那是当事人的自由，婚姻法在所不问。

我国《婚姻法》第六条规定："结婚年龄，男不得早于二十二周岁，女不得早于二十周岁。晚婚晚育应予鼓励。"我们国家的法定婚龄与世界各国的法定婚龄相比属于较高的。据不完全统计，当今世界各国对法定婚龄的规定，男子大体都在14—21周岁，女子大多集中在12—18周岁。各个国家对法定婚龄的规定为什么各不相同呢？主要是受两种因素的制约：一种是自然因素。在不同的地区和不同的民族中，人的发育成熟期并不完全一致，热带地区的人们生理发育成熟时间较早，所以对结婚的年龄规定的相对较低，而寒带地区人的生理发育成熟相对较晚，结婚年龄也相应的比较高。另一个就是社会因素。一个社会的政治、经济、文化、人口状况、民族风俗习惯、历史传统等，都对婚龄有不同程度的影响。我国封建社会早期，由于人口较少，为了适应征丁、服劳役的需要，就实行早婚，法定婚龄普遍较低。在我国宋朝以前，婚龄基本上是男子15岁、女子13岁，甚至对于达到了法定婚龄而不结婚的，法律还予以制裁，例如汉律规定"女子年十五以上至三十不嫁者，五算"，即女子15岁不结婚，就要交纳五倍的人头税，这是通过法律和经济的手段强制人们结婚。以后随着中国社会人口的增长，法定婚龄逐渐提高，明清两代男子是16岁、女子14岁；新中国成立前国民党政府时期，法律规定男不满18岁、女不满16岁不得结婚。1950年《婚姻法》规定的婚龄是男20周岁、女18周岁。1980年的《婚姻法》从当时我国的人口状况及经济状况出发，把法定婚龄提高了两岁，男22周岁、女20周岁。2001年的《婚姻法》（修正案）沿用了1980年婚姻法的这一规定。

在《婚姻法》第六条中还有"晚婚晚育应予鼓励"的导向性规定，男子25周岁、女子23周岁初次结婚的是晚婚，女子满24周岁生育第一个子女的是晚育。法定婚龄与提倡晚婚并不矛盾，前者是强制性规定，强制人们遵守，后者为倡导性规定，是国家对公民做出的号召，并非强迫公民晚婚。

 【案例】

未达法定婚龄而结婚，婚姻是否有效

2007年3月，男青年杨某经人介绍与女青年孙某相识。杨某出生于1984年3月，孙某出生于1988年12月。2007年5月，杨某听说所在单位要为已婚无房的职工团购商品房，价格较市场价便宜很多。为了能买上房子，杨某和孙某商量去办理结婚登记。杨某找人帮忙伪造了孙某的出生日期是1987年5月，二人在2007年6月办理了结婚登记。双方登记后，并未共同生活。2007年11月，孙

某向法院起诉称：我与杨某认识时间不长，只是为了买房子才登记结婚的，登记后双方并未共同生活，因双方性格不合，难以相处下去，要求与杨某离婚。法院经过审理认为，原告孙某在未达法定婚龄的情况下，与被告杨某登记结婚，违反了我国《婚姻法》关于法定婚龄的规定，且至起诉之日，原告孙某仍未达到法定年龄，依法宣告该婚姻无效。

【解读】

结婚年龄是结婚的首要必备条件，这对于保障结婚自由、保障当事人自身的利益以及控制人口数量、提高人口素质都有着重要的作用。我国《婚姻法》明确规定男子的法定婚龄是22周岁，女子的法定婚龄是20周岁。男女双方均须达到法定婚龄后才可登记结婚，任何一方达不到法定婚龄都不能结婚。

在确定当事人的年龄时，应当严格按照公历的出生日期，男子应当是根据公历过完22周岁生日，女子应当是根据公历过完20周岁的生日，之后才能缔结婚姻。本案中，孙某出生于1988年12月，在2007年6月办理结婚登记时并未达到20周岁，依法是不能结婚的，如果他们依照实际年龄去申请登记结婚是不会被准许的，因为婚姻登记机关要严格按照婚姻法所规定的结婚的条件进行审查。所以若非弄虚作假，他们根本不能领到结婚证。即便如本案的当事人通过欺骗手段登记结婚了，但事后被发现了，只要当事人仍然未达法定婚龄，仍然按照无效婚姻处理。无效婚姻自当事人结婚之日即属无效。因此杨某与孙某的婚姻关系无效，法院的判决是符合法律规定的。

03

近亲禁止结婚

　　古今中外各国的法律都禁止一定范围内的血亲结婚，其原因主要有两个：一是基于伦理道德的要求。近亲属结婚，有悖于伦理道德，在世界各国看来，父母子女结婚、祖父母与孙子女结婚、外祖父与外孙子女结婚，是一种乱伦的行为，是为人类道德所不齿的，因而也是各国的婚姻立法所禁止的。二是从优生学、遗传学角度出发作出这样的规定。近亲结婚容易把精神上、生理上的某些缺陷、弱点及遗传性疾病累积遗传给下一代，生出智力和体力都比较差的后代，影响人类进化、种族繁衍。

　　所谓近亲禁止结婚，是一种通俗的说法，这里的近亲包括何种亲属需要法律作出明确规定。我国《婚姻法》第七条规定禁止直系血亲和三代以内旁系血亲结婚。直系血亲是指彼此之间具有直接的血缘联系的血亲，所以生育自己的人和自己生育的人都是自己的直系血亲，例如父母与子女、祖父母与孙子女、外祖父母与外孙子女、曾祖父母与曾孙子女等。旁系血亲是指相互之间具有间接血缘联系的血亲。除了直系血亲以外，在血缘上出自同一祖先的亲属都是旁系血亲，例如兄弟姐妹，堂兄弟姐妹，姑表兄弟姐妹，姨表兄弟姐妹，伯、叔、姑、侄子、侄女、舅、姨、外甥、外甥女等。禁止直系血亲通婚是世界各国婚姻立法的通例，但对于禁止结婚的旁系血亲的范围则有所不同，我国《婚姻法》禁止三代以内的旁系血亲结婚。我国《婚姻法》中的"三代"，采用的是代数计算法，以当事人己身为一代，从己身往上数，至父母为二代，到祖父母、外祖父母为三代，往下数，到子女是二代，到孙子女、外孙子女为三代……所谓三代以内的旁系血亲，就是在血缘上同源自祖父母、外祖父母的

旁系血亲，具体说来包括兄弟姐妹，伯、叔、姑与侄女、侄子，舅、姨与外甥女、外甥，堂兄弟姐妹，表兄弟姐妹。（参见图2—1）

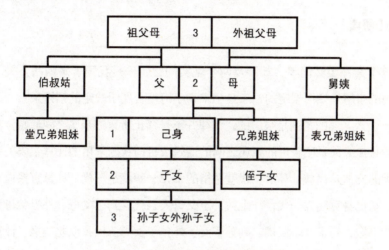

图2—1 直系血亲、旁系血亲示意图

【案例】

表叔与表侄女能否结婚

某部队战士小宋最近很苦恼，因为他碰到一件烦心事：他从小就与同村的一个姑娘小梅很要好，两个人青梅竹马，一起上小学、中学，中学毕业后他参了军，两个人一直保持联系，感情很好。现在他们打算登记结婚，但遭到双方父母的反对，理由是近亲不能结婚。原来小宋的母亲与小梅的祖母是亲姐妹，算来小梅得叫小宋表叔，双方父母认为表叔和表侄女是关系非常近的近亲属，且辈分不同，坚决反对二人结婚。面对这一现实，小宋和小梅十分痛苦，小梅甚至有了自杀的念头。小宋的战友见他情绪低落，与他交谈，得知了此事，建议他去找律师咨询一下。小宋找到了一家律师事务所，律师告诉他，我国《婚姻法》只是禁止直系血亲和三代以内的旁系血亲结婚，在此范围之外的旁系血亲是可以结婚的，小宋与小梅已经是四代旁系血亲了，是可以结婚的。

小宋将此消息告诉了小梅，小梅喜极而泣，多日的忧愁一扫而光。

 【解读】

这个案件虽然简单，却涉及两个现实问题，一是我国《婚姻法》关于禁止结婚的亲属是如何规定的？二是小宋和小梅是否属于法定的禁婚亲？

一个人亲属的范围是很广的，法律并不是禁止所有的亲属之间通婚，法律主要禁止血缘关系比较近的亲属之间的通婚。目前我国采用的计算亲属关系亲疏远近的方法是代数计算法，代就是指的辈，一辈就是一代。计算直系血亲的代数，从己身算起为一代，往上数，至父母为二代，到祖父母、外祖父母为三代，往下数，到子女是二代，到孙子女、外孙子女为三代，以此类推。计算旁系血亲的代数，首先找到自己与所要计算的亲属的血缘同源人（即双方最近的共同的长辈直系血亲），然后从己身先往上数至同源人，再从同源人往下数至要计算的亲属，两边各得一个代数，如果两个数相同，则这个数即是代数，如果两个数不同，则取较大的数为代数。需要指出的是，在计算时，己身和所要计算的亲属也要算一代。例如自己与堂兄弟姐妹，血缘同源人是祖父母，己身为一代，往上数至父母是二代，至祖父母是三代，再从祖父母往下数至堂兄弟姐妹，祖父母为一代，叔叔是二代，堂兄弟姐妹是三代，所以自己与堂兄弟姐妹也是三代旁系血亲，而按照此方法计算，自己与叔叔则是二代旁系血亲。

我国《婚姻法》第七条规定禁止直系血亲和三代以内旁系血亲结婚。三代以内的旁系血亲，就是在血缘上同源自祖父母、外祖父母的旁系血亲，所以兄弟姐妹之间，伯、叔、姑与侄女、侄子之间，舅、姨与外甥女、外甥之间以及堂兄弟姐妹、表兄弟姐妹之间都是不能结婚的。

本案中，宋某与小梅的血缘同源人是宋某的外祖父母（对小梅来说就是她的外曾祖父母），宋某是一代，到宋某的母亲是二代，到宋某的外祖父母是三代，就小梅这边来说，她的外曾祖父母是一代，到小梅的祖父母是二代，到小梅的父母是三代，到小梅是四代，所以他们之间虽然是表叔和表侄女的关系，但二人已是四代旁系血亲，不在禁止结婚的亲属之列。同时我国《婚姻法》并不禁止三代以外不同辈分的旁系血亲结婚，所以只要小宋和小梅符合《婚姻法》所规定的其他条件，是可以登记结婚的。

纵观本案出现的种种波折，无论是对禁婚亲理解的偏差，还是不同辈分的亲属间不能结婚的观念，都是法治观念淡薄和法律知识缺失造成的，所以进一步加强法制教育和法律宣传，依然任重而道远。

患有禁止结婚的疾病的禁止结婚

我国《婚姻法》第七条规定："患有医学上认为不应当结婚的疾病的禁止结婚。法律禁止患特定疾病的人结婚，这是许多国家和地区婚姻家庭立法的通例，这样做的目的是保护婚姻当事人的利益和社会公共利益的需要。关于禁止结婚的疾病的种类，各国立法的规定大体相同，一般都规定患有精神病、痴呆症的人禁止结婚。"至于哪些疾病属于医学上认为不应当结婚的疾病，我国《婚姻法》未作明确规定，依据《母婴保健法》和《传染病防治法》的相关规定，不应当结婚的疾病归纳起来主要有三种：第一种是重症精神病，主要是指精神分裂症和狂躁抑郁症。第二种是重症智力低下者，也就是痴呆症。重症精神病人和重症智力低下者，都缺乏正常人的识别能力和控制能力，不能承担结婚后夫妻间的义务和对子女的责任，而且重症精神病和重症智力低下有很高的遗传性，如果他们结婚，不仅影响夫妻和睦，而且对后代的健康和人口的优生优育都有很大的危害。第三种是正处于发病期间的法定传染病，包括未经治愈的梅毒、淋病等性病、艾滋病、甲型肝炎、开放性肺结核、麻风病以及医学上认为影响结婚和生育的其他传染病。当然，患以上传染病治愈后，是可以结婚的。

 【案例】

为了落户大城市与精神病人结婚

外地女子王某来北京打工多年，为了落户北京，与精神病人张某登记结婚，后被张某监护人发现，起诉到北京市海淀区人民法院要求确认婚姻无效。

张某的法定代理人杨某起诉称，张某自幼患有严重的精神疾病，不具备完全行为能力。2012年1月，他在张某的住处发现了一张结婚证，张某说是给外地女子王某帮忙，让她落户北京才与王某结婚。因此杨某诉至法院，要求确认张某与王某的婚姻无效。

法院经审理查明，2004年2月，首都医科大学某附属医院就做出诊断，确认张某患有精神分裂症，后来张某还办理了残疾人证。2011年3月，张某与王某登记结婚。2012年2月，首都医科大学某附属医院再次做出诊断，张某患有精神分裂症。

北京市海淀区人民法院认为，我国《婚姻法》规定婚前患有医学上认为不应当结婚的疾病，婚后尚未治愈的，婚姻无效，因此判决确认二人的婚姻无效。

 【解读】

本案中，北京市海淀区人民法院作出的二人婚姻无效的判决是正确的。

我国《婚姻法》第七条规定："有下列情形之一的，禁止结婚：（一）直系血亲和三代以内的旁系血亲；（二）患有医学上认为不应当结婚的疾病。"《婚姻登记条例》第六条规定："办理结婚登记的当事人有下列情形之一的，婚姻登记机关不予登记：（一）未到法定结婚年龄的；（二）非双方自愿的；

（三）一方或双方已有配偶的；（四）属于直系血亲或者三代以内旁系血亲的；（五）患有医学上认为不应当结婚的疾病的。"《婚姻法》和《婚姻登记条例》对禁止结婚的疾病只是作出了原则性、概括性的规定，并未具体指明哪些疾病是不应当结婚的疾病，这是因为以往或者现在被认为是不应结婚的疾病会随着医学的发展而被治愈，而现在或将来也会出现一些新的不应结婚的疾病，所以《婚姻法》只是作出了原则性的规定。

结合实践以及《母婴保健法》和《传染病防治法》的相关规定，禁止结婚的疾病主要有：未经治愈的麻风病、梅毒、淋病等传染病，精神分裂症、狂躁抑郁型精神病等重型精神病，严重的智力低下者以及严重的遗传性疾病。患麻风病、梅毒、淋病等传染病已经治愈的，法律允许结婚。患严重的遗传性疾病的，如果当事人双方同意婚后不生育的，法律也是允许结婚的。对于重症精神病患者和严重的智力低下者，由于他们缺乏正常人的识别能力和控制能力，不能正确行使婚姻自主权，婚后也不能履行夫妻间以及父母对子女的权利和义务，还会危害优生优育，所以法律是禁止他们结婚的。

本案中，张某患有精神分裂症，法院认定他的病症属于《婚姻法》所规定的医学上认为不应当结婚的疾病，根据《婚姻法》的规定对二人的婚姻作出了无效的判决，是完全正确的。

05

结婚登记

结婚登记是指要求结婚的男女双方必须按照我国法律的规定到婚姻登记机关进行登记，履行法定的手续。一般情况下，申请结婚的当事人除了要具备

《婚姻法》所规定的结婚的实质要件（双方自愿、达到法定婚龄、符合一夫一妻，排除了禁止结婚的亲属关系以及不应结婚的疾病），还应当履行必要的结婚登记的程序，其婚姻关系才能得到国家的承认和保护，才能发生相应的法律效力。

我国《婚姻法》第八条规定："要求结婚的男女双方必须亲自到婚姻登记机关进行结婚登记。符合本法规定的，予以登记，发给结婚证。取得结婚证，即确立夫妻关系。未办理结婚登记的，应当补办登记。"《婚姻登记条例》第2条规定："内地居民办理婚姻登记的机关是县级人民政府民政部门或者乡（镇）人民政府，省、自治区、直辖市人民政府可以按照便民原则确定农村居民办理婚姻登记的具体机关。"第四条规定："内地居民结婚，男女双方应当共同到一方当事人常住户口所在地的婚姻登记机关办理结婚登记。中国公民同外国人在中国内地结婚的，内地居民同香港居民、澳门居民、台湾居民、华侨在中国内地结婚的，男女双方应当共同到内地居民常住户口所在地的婚姻登记机关办理结婚登记。"

在我国，结婚登记的程序分为申请、审查和登记三个环节。要求结婚的男女双方必须亲自到一方户口所在地的婚姻登记机关提出结婚登记的请求，既不能一方单独提出，也不能委托他人代理提出或者用书面意见代替本人到场。申请结婚登记时须持有这样一些证件和证明：本人的户口簿、身份证，本人无配偶以及与对方当事人没有直系血亲和三代以内旁系血亲关系的签字声明。审查是婚姻登记机关依法对当事人的结婚申请进行审核与查证。婚姻登记员要审查当事人所持证件是否真实、完备，是否与本人的真实情况相符，同时还要审查当事人双方是否符合结婚的实质条件。婚姻登记机关对符合结婚条件的当场予以登记，发给结婚证。对当事人的结婚登记申请不予登记的，应当说明不予登记的理由，当事人不服的，可以申请行政复议，对复议决定不服，可以提起行政诉讼。

结婚证是婚姻登记机关签发的证明婚姻关系成立的法律文书，其式样应当按照民政部门规定式样制作。结婚证必须贴男女双方的照片，并加盖婚姻登记专用钢印。结婚证丢失或毁损的，当事人可以持户口簿、身份证向原办理婚姻登记的机关或者一方当事人常住户口所在地的婚姻登记机关申请补领。婚姻登记机关对当事人的婚姻登记档案进行查证，确认属实的，应当为当事人补发结婚证。

 【案例】

妹妹冒充姐姐与姐夫登记

郑某（男，24周岁）与韩某（女，22周岁）于2009年建立了恋爱关系，不久韩某即到广东打工，双方经常有书信往来。郑某希望在2010年春节与韩某结婚，韩某不同意，认为双方的感情并未到结婚的地步，而且她还想趁年轻多挣点钱。2010年春节韩某回家过年，郑某提出登记结婚，韩某不同意，双方发生了争吵。韩某一气之下回广东打工去了。郑某害怕婚事告吹，于是就做韩家的工作，给韩某的父亲送上5万元的彩礼。韩某有一个双胞胎妹妹，与韩某长得极其相像，在家务农。郑某和韩某的父亲商量后做通了韩某妹妹的工作，2010年3月，韩某的妹妹假扮韩某与郑某到县婚姻登记机关办理了结婚登记手续。事后韩某得知非常气愤，坚决不承认她与郑某之间的婚姻关系。2010年5月，韩某向法院申请撤销与郑某的婚姻登记。法院的办案人员通过调查发现，婚姻登记中的指纹、文字都与韩某的不同，韩某的妹妹承认了冒名顶替的事实。8月法院作出判决：郑某与韩某的婚姻登记无效。

 【解读】

本案是一起妹妹冒充姐姐与姐夫登记结婚的案例。韩某的妹妹冒充韩某办理结婚登记，目的只是让郑某能够骗取到结婚证，以便让父亲能获得5万元的彩礼，她与郑某虽然登记结婚，领取了结婚证，但双方并非真实的自愿结婚，双方自始都没有建立夫妻关系的真实意愿，不符合我国《婚姻法》规定的"结婚必须男女双方完全自愿"的实质要件，所以郑某与韩某的妹妹之间并没有婚姻关系。而郑某所领到的结婚证，是否表明郑某与韩某之间就具有合法的婚姻关系呢？答案同样是否定的，因为韩某起初就不同意去登记结婚，在郑某领取了结婚证之后更是坚决不承认，所以可以认定韩某与郑某之间也不具有结婚的合意，同样不符合我国《婚姻法》规定的"结婚必须男女双方完全自愿"的实质要件。这场虚假的结婚登记，只是郑某的一厢情愿而已。郑某与韩某的妹妹在登记过程中，向婚姻登记机关做虚假陈述，隐瞒真实情况骗取结婚登记，法院最终认定郑某与韩某的婚姻登记无效，是符合法律规定的。

无效婚姻

无效婚姻是指男女两性的结合因违反了法律规定的结婚要件而不具有法律效力的违法结合。无效婚姻并不是婚姻的一个类型，只是说明借婚姻之名而违法结合的一个特定概念。无效婚姻制度是对欠缺婚姻成立要件的婚姻确认其不具有法律效力的制度，是保障《婚姻法》的严肃性、权威性，保证结婚条件和结婚程序实施的必要手段。

我国法律中关于无效婚姻的规定，包括婚姻无效的原因、确认婚姻无效的程序和婚姻无效的法律后果等。

《婚姻法》第十条明确规定了婚姻无效的原因：重婚的，即有配偶者与他人结婚或明知他人有配偶而与之结婚；有禁止结婚的亲属关系的，即婚姻的当事人属于直系血亲或三代以内的旁系血亲；婚前患有医学上认为不应当结婚的疾病，婚后尚未治愈的；未到法定婚龄的。

对于婚姻无效的确认应当由婚姻当事人及其利害关系人向人民法院提起诉讼，该婚姻是否具有法律效力由人民法院依法作出判决。根据最高人民法院《关于适用〈中华人民共和国婚姻法〉若干问题的解释（一）》第七条："有权依据婚姻法第十条规定向人民法院就已办理结婚登记的婚姻申请宣告婚姻无效的主体，包括婚姻当事人及利害关系人。利害关系人包括：（一）以重婚为由申请宣告婚姻无效的，为当事人的近亲属及基层组织。（二）以未到法定婚龄为由申请宣告婚姻无效的，为未达法定婚龄者的近亲属。（三）以有禁止结婚的亲属关系为由申请宣告婚姻无效的，为当事人的近亲属。（四）以婚前患有医学上认为不应当结婚的疾病，婚后尚未治愈为由申请宣告婚姻无效的，为与患病者共同生活的近亲属。"

《婚姻法》第十二条规定："无效或被撤销的婚姻，自始无效。当事人不具有夫妻的权利和义务。同居期间所得的财产，由当事人协议处理；协议不成时，由人民法院根据照顾无过错方的原则判决。对重婚导致的婚姻无效的财产处理，不得侵害合法婚姻当事人的财产权益。当事人所生的子女，适用本法有关父母子女的规定。"据此可知，如果婚姻无效的理由成立，那么当事人之间的婚姻自始无效，从违法结合之日起就不产生法律效力，这也就意味着双方当事人之间并不存在夫妻间的权利和义务：第一，双方当事人之间没有法定的抚养义务。第二，同居期间所得的财产，不是夫妻的共同财产，但是双方共同经营所得的收入或共同购置的财产，应当按照《民法通则》有关共有的规定处理。同居期间的财产，由双方当事人协议处理，如果当事人无法就财产处理问题达成协议，由人民法院根据照顾无过错方的原则判决。第三，当事人不能以配偶的身份继承另一方遗产，对死者的父母尽了主要的赡养义务的，不适用《继承法》关于丧偶儿媳对公婆、丧偶女婿对岳父母尽了主要的赡养义务的作为第一顺序继承人继承遗产的规定。在无效婚姻中出生的子女，是非婚生子女，但《婚姻法》规定非婚生子女享有与婚生子女同等的法律地位，任何人不得危害和歧视非婚生子女。所以这些子女享有与婚生子女相同的权利与义务：他们有受生父母抚养、教育、管教、保护的权利；与他们的生父母之间有相互继承遗产的权利，都是第一顺序法定继承人；这些子女成年后对生父母有赡养的义务。在同居关系终止之后，关于这些子女的直接抚养方的确定以及子女抚养费的分担等问题，由双方当事人协商，协商不成时，法院根据子女的利益和双方的具体情况进行判决。

 【案例】

高中毕业即结婚，因生女儿闹离婚

关某与叶某是中学同学，二人在上高中期间谈起了恋爱，高中一毕业两人就同居了。不久叶某发现自己有了身孕，当时关某19周岁、叶某18周岁，两人决定结婚并生下孩子，于是两个人虚报年龄到乡政府办理了结婚登记手续。结婚6个月后，叶某生下一个女孩儿，取名阳阳。关某嫌弃叶某生了女孩，拒绝抚养女儿，对叶某和女儿不管不问，并建议将女儿送别人收养。为此两人的关系迅速恶化，在孩子4个月时，叶某向法院起诉离婚。法院经审理后查明，双方感情恶化，关系破裂，而且两人登记结婚时未达法定婚龄，直到法院审理这个案件时关某只有20周岁、叶某只有19周岁；双方共同生活期间共同出资盖有平房四间，共同存款一万元。关某同意和叶某离婚，但不同意抚养女儿，也不同意给叶某分割房屋及存款。法院对双方抚养子女和分割财产问题进行了调解，经调解无效后作出判决：第一，宣告关某与叶某的婚姻无效。第二，双方同居期间所得的房屋四间和存款一万元，按照《民法通则》有关共有原则进行分割，叶某分得房屋两间、存款6千元，关某分得房屋两间、存款4千元。第三，女儿阳阳由叶某抚养，关某负担阳阳的抚养费直至阳阳独立生活为止。

【解读】

本案是一个典型的无效婚姻纠纷案件。我国《婚姻法》第十条规定："有下列情形之一的，婚姻无效：（一）重婚的；（二）有禁止结婚的亲属关系的；（三）婚前患有医学上认为不应当结婚的疾病，婚后尚未治愈的；（四）未到法定婚龄的。"关某和叶某到乡政府办理结婚登记时分别只有19周岁和18周岁，并未达到法定的结婚年龄，在案件起诉到法院时关某只有20周岁，叶某只有19周岁，仍未达到法定婚龄，所以是典型的无效婚姻。在本案中，叶某向法院起诉离婚，法院却认定为是无效婚姻，并没有按离婚程序来处理二人的纠纷，关键在于二人的结合是欠缺结婚条件的结合，是借婚姻之名而形成的违法结合，这种结合是不受法律承认和保护的。基于此类结合而产生的纠纷与离婚在性质上有严格的区别，在司法实践中绝不能将无效婚姻按离婚来处理，否则就是默认了违法婚姻的法律效力，而这意味着《婚姻法》有关结婚条件的规定形同虚设。所以法院认定二人的婚姻无效是正确的。

本案中，宣告婚姻无效并不是处理二人纠纷的最终目的，因为关某和叶某在共同生活期间生育有一女，并且在财产处理上也出现了纷争，因此在宣告婚姻无效的同时，处理好与子女利益相关的问题，妥善地维护妇女和儿童的合法权益具有重要的意义。《婚姻法》第十二条规定："无效或被撤销的婚姻，自始无效。当事人不具有夫妻的权利和义务。同居期间所得的财产，由当事人协议处理；协议不成时，由人民法院根据照顾无过错方的原则判决。对重婚导致的婚姻无效的财产处理，不得侵害合法婚姻当事人的财产权益。当事人所生的子女，适用本法有关父母子女的规定。"据此，对子女的归属及抚养费的负担问题可以按照婚姻法有关夫妻离婚后子女抚养教育的规定来处理，因为阳阳还处于哺乳期，理应跟随母亲生活，同时法院判决关某要负担阳阳的抚养费直至阳阳独立生活为止，从而有利于孩子的成长。法院在对双方同居期间所得财产进行处理时，是按一般共有财产进行分割的，在财产问题上首先由双方协议，由于关某不同意和叶某分割房屋及存款，双方协议不成，法院根据照顾无过错方的原则进行了判决。在本案中女方是无过错方，因为生女孩而受到男方的歧视，所以在分配财产上应当受照顾，法院在平分房屋的基础上对存款采取了不均等分割。

【案例】

虚报年龄登记结婚，男方又与他人同居

石某和罗某经人介绍相识，不久即同居了。同居期间罗某发现自己怀孕了，二人用欺骗手段于2008年2月办理了结婚登记手续，当时石某22周岁，罗某19周岁。半年后罗某生下一个女孩。2009年石某外出做生意，结识了女青年杨某，两人很快坠入情网，不能自拔。从那以后，石某很少回家，在外以夫妻名义公开与杨某同居，并置罗某与女儿的生活于不顾。同时石某在杨某不断催促他离婚的情况下，采用威逼利诱各种手段让罗某和他离婚。罗某认为不能便宜了石某和第三者，坚决不同意离婚。2010年10月，罗某因病住院，花去药费五万多元，生活困难。2011年1月石某回家，罗某要求其支付药费和抚养孩子的开支。石某表示："钱可以给，但要同意离婚才行。"为此双方发生争吵。罗某没办法，于2011年5月起诉到法院，要求追究石某重婚罪的责任，并要求石某支付她的医药费及生活费。石某的诉讼代理人辩称：双方在进行结婚登记时未达法定婚龄，是无效婚姻，以后的同居，只能算作非法同居，不存在夫妻关系，所以石某对罗某没有扶养的义务，不应承担罗某的医药费和生活费；因为石某和罗某之间不存在夫妻关系，所以石某有权另行选择配偶，不发生重婚问题。同时石某反诉要求法院宣告他与罗某的婚姻无效。

【解读】

　　石某与罗某在均未达到法定婚龄的情况下，到婚姻登记机关办理结婚登记手续，违反了《婚姻法》第六条"结婚年龄，男不得早于二十二周岁，女不得早于二十周岁"的规定，二人的结合属于违法结合。但是在罗某于2011年5月起诉之日，石某和罗某都已达到法定婚龄，此时婚姻无效的原因已经消失，根据最高人民法院《关于适用〈中华人民共和国婚姻法〉若干问题的解释（一）》第八条："当事人依据婚姻法第十条的规定向人民法院申请宣告婚姻无效，申请时，法定的无效婚姻情形已经消失，人民法院不予支持。"所以石某的反诉并不能得到法院的支持，石某和罗某的婚姻应当认定为是合法的婚姻，这并不是对当事人过去非法同居行为的肯定，而是由于随着时间的推移和当事人年龄的增长，婚姻无效的原因已经不复存在，为了稳定婚姻关系，没有必要再去确认其婚姻无效了。从本案的具体情况来看，认定石某和罗某存在合法的婚姻要比宣告该婚姻无效更有利于保护无过错方罗某和孩子的利益。

　　既然石某和罗某之间存在合法的婚姻，石某与杨某的同居行为就构成重婚罪。重婚，是指有配偶者又与他人（无论是已婚者还是未婚者）结婚的行为。有配偶者与他人结婚可以构成重婚，无配偶者明知他人有配偶而与之结婚也可以构成重婚。重婚分为两种形式：法律重婚与事实重婚。有配偶者在合法婚姻未解除前又与他人登记结婚的构成法律重婚，或者虽未登记结婚但却与他人公开以夫妻关系同居生活的构成事实重婚。石某与罗某的合法婚姻在前，在与杨某同居时公开与杨某以夫妻名义同居，而杨某明知石某有配偶仍然与其以夫妻名义共同生活，两个人的行为均构成重婚罪，所以应当依法追究石某与杨某的刑事责任。

　　根据《婚姻法》第二十条"夫妻有互相扶养的义务。一方不履行扶养义务时，需要扶养的一方，有要求对方付给扶养费的权利"的规定，夫妻之间有法定的扶养义务，当一方因患病、身体残疾或者失业、下岗而失去经济来源时，另一方应提供经济上的供养，如生活费、医疗费、护理费等。石某和罗某是夫妻关系，罗某因病住院无力承担医药费并导致生活困难，她提出的由石某支付医药费及日常生活费的经济要求，法院应该予以支持。

可撤销婚姻

可撤销婚姻是指已经成立的婚姻关系，因缺乏结婚的合意，受胁迫的一方当事人向婚姻登记机关或人民法院请求撤销该婚姻。婚姻自由是我国《婚姻法》的一项基本原则，也是《宪法》赋予公民的一项基本权利，而受胁迫形成的婚姻恰恰违反了该原则，它不是双方当事人真实的意思表示，但是这种婚姻在我国法律中规定为相对无效的婚姻，不是绝对无效，也就是说当某一项婚姻关系符合法定的可撤销条件时，是否撤销使之归于无效，取决于有撤销请求权的一方当事人的态度：如果该当事人依法行使撤销请求权，该项婚姻会被撤销；如果该当事人放弃请求权，该项婚姻则是有效的。法律设立可撤销婚姻制度，体现了意思自治的基本精神，充分尊重了受胁迫一方的意愿，给予其高度的自主决定权：如果受胁迫的当事人不想接受婚姻的后果，法律会给予支持；如果受胁迫的当事人愿意接受婚姻的后果，法律也不会强行干预。

我国《婚姻法》规定婚姻被撤销的原因只有一种，就是"受胁迫"。最高人民法院《关于适用〈中华人民共和国婚姻法〉若干问题的解释（一）》第十条对胁迫进行了解释："婚姻法第十一条所称的'胁迫'，是指行为人以给另一方当事人或者其近亲属的生命、身体健康、名誉、财产等方面造成损害为要挟，迫使另一方当事人违背真实意愿结婚的情况。因受胁迫而请求撤销婚姻的，只能是受胁迫一方的婚姻关系当事人本人。"该司法解释首先界定了胁迫行为的主体是一方当事人，胁迫行为的内容就是针对对方当事人或其家人实施伤害身体、危及生命、败坏名誉、损害财产等行为，胁迫行为的目的就是迫使对方当事人违背真实意愿与自己结婚。该司法解释还界定了行使撤销婚姻的请求权人，只能是受胁迫一方的婚姻关系当事人本人，如同结婚只能是当事人自己来决定一样，是否撤销婚姻自然也只能由受胁迫的当事人自己决定，其他任何人都不能越俎代庖替当事人行使这项权利。

《婚姻法》第十一条规定："因胁迫结婚的，受胁迫的一方可以向婚姻登记机关或人民法院请求撤销该婚姻。受胁迫的一方撤销婚姻的请求，应当自结婚登记之日起一年内提出。被非法限制人身自由的当事人请求撤销婚姻的，应当自恢复人身自由之日起一年内提出。"受胁迫一方应当自结婚登记之日起1年内行使撤销请求权，如果受胁迫一方被非法限制了人身自由，应当在恢复人身自由之日起1年内提出。受胁迫一方逾期不行使撤销请求权，则该项请求权归于消灭，该当事人不能再请求主管机关撤销其婚姻，此时当事人只能向人民法院提起离婚诉讼来解除其婚姻。撤销婚姻的主管机关是婚姻登记机关和人民法院。受胁迫的当事人向婚姻登记机关请求撤销其婚姻的，应当出具本人的身份证、结婚证和能够证明受胁迫结婚的证明材料，婚姻登记机关经审查认为情况属实且不涉及子女抚养、财产及债务问题的，应当撤销该婚姻，宣告结婚证作废。如果涉及子女抚养、财产及债务问题的，就只能向人民法院起诉。人民法院审理婚姻当事人因受胁迫而请求撤销婚姻的案件，可以根据具体的案情，决定适用简易程序或者普通程序。如果法院查明情况属实，应依法作出撤销婚姻关系的判决。同时人民法院收缴双方的结婚证并将生效的判决书送当地的婚姻登记机关。

《婚姻法》第十二条规定："无效或被撤销的婚姻，自始无效。当事人不具有夫妻的权利和义务。同居期间所得的财产，由当事人协议处理；协议不成时，由人民法院根据照顾无过错方的原则判决。对重婚导致的婚姻无效的财产处理，不得侵害合法婚姻当事人的财产权益。当事人所生的子女，适用本法有关父母子女的规定。"婚姻一旦被撤销，那么当事人之间的婚姻从一开始就不具有法律效力，而在婚姻登记机关或人民法院作出撤销宣告之前，任何人或者组织都无权否认这项婚姻的法律效力。婚姻被撤销后，由于当事人之间并不是合法的配偶，所以他们之间不具有夫妻间的权利和义务：双方当事人之间没有法定的抚养义务；同居期间所得的财产，不是夫妻的共同财产，但是双方共同经营所得的收入或共同购置的财产，应当按照《民法通则》有关共有的规定处理。同居期间的财产，由双方当事人协议处理，如果当事人无法就财产处理问题达成协议，由人民法院根据照顾无过错方的原则判决；一方当事人不能以配偶的身份继承另一方遗产，对死者的父母尽了主要的赡养义务的，不适用《继承法》关于丧偶儿媳对公婆、丧偶女婿对岳父母尽了主要的赡养义务的作为第一顺序继承人继承遗产的规定。在无效婚姻中出生的子女虽然是非婚生子女，但这些子女享有与婚生子女相同的权利与义务，他们有受生父母抚养、教育、管教保护的权利，与他们的生父母之间有相互继承遗产的权利，都是第一顺序法定继承人，这些子女成年后对生父母有赡养的义务。在同居关系终止之后，关于这些子女的直接抚养方的确定以及子女抚养费的分担等问题，由双方当事人协商，协商不成时，法院根据子女的利益和双方的具体情况进行判决。

 【案例】

被拐卖的妇女登记结婚

谢某，女，1983年出生，中学毕业后在家务农，2004年2月外出打工，不慎被人贩子车某骗到一个偏远山村卖给了当地一个50多岁的农民周某为妻。谢某几次伺机逃跑，都因周某看管得紧而没能成功。周某声称自己的钱不能白花，如果谢某不同意和自己结婚，他就把谢某再卖给邻村的瞎子老头，如果同意，一年后他让谢某回家看望父母。2004年5月6日，在周某的几个男性亲戚的"陪同"下，谢某与周某办理了结婚登记手续。婚后周某对谢某的看管渐渐放松，但为了防止谢某逃走，周某不给她一分钱。谢某在与周围邻居的交谈中得知本村另有一个媳妇冯某也是被车某拐卖来的，由于已经生了孩子，男人对她还不错，就留在当地生活了。8月初，谢某找到机会给家里人通了电话，谢某家人立即向公安机关报了案，8月7日，公安机关将谢某救出。谢某的父母立即向法院提起诉讼，请求法院撤销谢某与周某的婚姻关系。

 【解读】

本案是一桩涉及可撤销婚姻的案例。可撤销婚姻是指已经成立的婚姻关系，因一方当事人采用暴力、威胁、恐吓等手段，以给另一方当事人或者其近亲属的生命、身体健康、名誉、财产等方面造成损害为要挟，迫使另一方当事人违背真实意愿而结婚，受胁迫的当事人向婚姻登记机关或人民法院请求撤销该婚姻。在本案中，谢某是被拐骗到周某家的，周某不仅对她严加看管，而且威胁她如果不同意和自己结婚，他就把谢某再卖给邻村的瞎子老头，并且由几名男性亲戚"陪同"登记。周某采用的这些手段，客观上对谢某造成了精神和身体上的威胁，使谢某被迫和他结婚，足以认定这一婚姻就是受胁迫而形成的可撤销婚姻。

在婚姻撤销的申请和认定方面，法院会严格按照法律的规定处理：

一方面，法院要对提出撤销请求的主体进行严格审查。行使撤销婚姻的请求权人，只能是受胁迫一方的婚姻关系当事人本人，即使是受胁迫一方的近亲属也无权提出撤销的请求，这一点与无效婚姻的申请有很大的不同，无效婚姻允许相关的利害关系人（包括其近亲属）提出申请。就本案来看，谢某的父母在谢某被救出后立即向法院提起诉讼，请求法院撤销谢某与周某的婚姻关系，不符合法律的规定，所以法院会裁定不予受理。由于撤销婚姻的请求权专属于受胁迫的一方当事人，谢某的父母没有这个权利，所以必须由谢某提出撤销请求，法院才会宣告撤销该项婚姻。对于另一妇女冯某的婚姻，法院能不能主动宣告撤销她的婚姻呢？答案是否定的，冯某虽然也具备请求撤销婚姻的条件，但只要冯某不行使请求权，她的婚姻就是有效的，法院不能主动宣告撤销她的婚姻。

另一方面，法院要在时效方面进行严格的审查。受胁迫的一方应当自结婚登记之日起一年内提出撤销婚姻的请求，被非法限制人身自由的应当自恢复人身自由之日起一年内提出。由于谢某被周某限制了人身自由，2004年8月7日才恢复了人身自由，所以谢某应当在2004年8月7日起一年内到法院提出撤销的请求，如果她这一年内不申请撤销，法律就视其接受了这一婚姻。

被法院依法撤销的婚姻，在效力上应认定为自始无效，也就是说双方在登记之后的"婚姻关系"存续期间只能算是同居关系，在这期间所得的财产，由当事人协议处理，协议不成时，由人民法院根据照顾无过错方的原则判决。本案不涉及子女问题，如果有的话，适用《婚姻法》有关父母子女的规定。

第三章

家庭关系

　　家庭是由一定范围的亲属所构成的社会生活单位。家庭作为社会的一个细胞，是以婚姻、血缘为纽带构成的，在这个生活单位内，家庭成员共同生活、共同居住、共同财产、共同消费，这种同财共居的特点构成了人类社会中最密切的人际关系。

家庭是由一定范围的亲属所构成的社会生活单位。家庭作为社会的一个细胞，是以婚姻、血缘为纽带构成的，在这个生活单位内，家庭成员共同生活、共同居住、共同财产、共同消费，这种同财共居的特点构成了人类社会中最密切的人际关系。

家庭关系是基于家庭的存在而产生的一些法律关系，包括夫妻之间、父母子女之间、祖孙之间以及兄弟姐妹之间在法律上的权利义务关系。家庭成员特定的亲属身份是发生法律上的家庭权利义务关系的根据，如配偶的身份是发生夫妻间人身关系和财产关系的基础，非婚同居者由于不具有这样的身份，所以他们之间并不发生夫妻间的权利义务关系。

家庭关系涉及每个丈夫、妻子、父母、子女、祖父母、外祖父母、孙子女、外孙子女以及兄弟姐妹的人身和财产利益，《婚姻法》第三章对他们之间的法律关系作出了较为明确的规定，这对于维护家庭中各方的合法权益，促进家庭的和睦，充分发挥家庭的生活职能和经济职能，促进社会的发展和进步具有重要的意义。

夫妻在家庭中地位平等

夫妻关系在家庭关系中占有重要地位，夫妻关系是家庭关系的基础，没有夫妻关系就不会产生家庭关系。男女结婚，组成一个新的家庭，也产生了新的家庭关系。夫妻生儿育女，使家庭关系得到进一步的延续、发展。夫妻关系在家庭关系中承上启下，夫妻赡养老人、为老人送终；生育、抚养、教育子女，使其成家立业，代代相传。可以说，夫妻关系在家庭中举足轻重，对整个家庭关系有着决定性的影响。从一定程度上说，家庭的稳定又是社会稳定的基础。家庭不和睦、子女教育出现问题，就会带来社会问题。因此，了解夫妻关系的内容，处理好夫妻关系，对于家庭的美满、社会的稳定具有重要意义。

我国《宪法》第四十八条规定："中华人民共和国妇女在政治的、经济的、文化的、社会的和家庭的生活等各方面享有同男子平等的权利。"《民法通则》第一百零五条规定："妇女享有同男子平等的民事权利。"《婚姻法》第二条规定："实行婚姻自由、一夫一妻、男女平等的婚姻制度。"《宪法》、《民法通则》、《婚姻法》的上述规定体现了一个共同的精神，就是在我国实行的是男女平等的原则，而男女平等原则应当体现在社会的各个方面，在家庭关系中也不例外，也需要贯彻执行这一原则。《婚姻法》第十三条规定的"夫妻在家庭中地位平等"正是男女平等原则的具体体现，这一规定指明了在我国的婚姻家庭中夫妻双方的家庭地位是平等的。

夫妻在家庭中地位平等，其基本含义在于双方的权利义务平等、人格平等，如夫妻有独立的姓名权、人身自由权等，夫妻对共同财产有平等的占有、使用、收益和处分的权利，有相互扶养的义务等。夫妻在家庭中地位平等不能简单地理解为双方承担家务劳动的平等，只要夫妻在家庭中人格平等，承担家务在自愿平等的基础上进行，即使分担的家务不平均，也不能认定为双方家庭地位不平等。

《婚姻法》第十三条只是一个原则性的规定，并不是夫妻具体权利义务的规定，它是确定夫妻双方各项权利义务、处理夫妻关系的基础，也是法院处理夫妻家庭纠纷的法律依据。《婚姻法》的家庭关系一章只有十几条的规定，而现实生活是复杂的，在家庭关系中会出现各种各样的情况，在司法实践中，要解决矛盾、处理纠纷，在法律没有具体规定的情况下，对夫妻关系的处理，就要依据夫妻在家庭中地位平等这一原则作出裁判。因此，这一条规定也为司法实践中处理纠纷提供了依据。

【案例】

结婚之日丈夫给妻子立规矩

俞某（女，25周岁）经人介绍与在某事业单位上班的彭某（男，27周岁）相识，在谈了一段时间的恋爱之后，二人就登记结婚了。结婚的当天，彭某专门给她定了规矩：不能和陌生人说话；没有他的同意，不能和男同事、男同学有来往，即便是公务也不行。彭某订的这些规矩，俞某起初还认为是因为她长相出众，丈夫害怕失去她。但没想到的是，彭某不光骂她，有时三句话说不到一起，彭某抬手就打。有一次，一位陌生的邻居和她说了几句话，彭某知道了先是一顿呵斥，在俞某辩解了几句后又扇了俞某两巴掌。

婚后俞某被彭某指派了众多的家务劳动。婚后不久，俞某就怀孕了。一天，因为强烈的妊娠反应，俞某起床稍晚了一会儿，没来得及给彭某做早饭，又遭到彭某的一顿呵斥。俞某感觉丈夫不应该是这样的人啊，他是个知识分子，而且还有一个体面的工作，怎么能这么粗鲁？俞某也想到了离婚，但是一想到孩子快出生了，她又心存幻想，也许有了孩子彭某就会对她好些，于是俞某就忍了。可孩子的出生并没有给俞某带来好运，俞某的委曲求全，并没有使彭某有任何的改变。心灰意冷的俞某在结婚一年后向法院起诉离婚。

【解读】

夫妻是以永久共同生活为目的结合的伴侣，在共同生活中，承担着养育子女、赡养老人的重任，所以夫妻关系是家庭关系的基础和核心，忠于爱情、互敬互爱是夫妻关系和睦、婚姻生活幸福的基石。在中国传统文化中，历来用"举案齐眉"、"琴瑟和鸣"、"比翼鸟"、"连理枝"等词语来形容夫妻之间的和睦关系。在封建社会，夫妻的和睦往往是妻子对丈夫绝对依从的结果，封建社会夫妻之间地位是不平等的，妻子地位低于丈夫，完全听命于丈夫：妻子没有独立的姓名权，出嫁后要在姓氏前冠以夫姓；妻子没有独立的财产权，对财产只有使用权而没有处分权，也不能享有遗产继承权；在婚姻方面，虽然夫妻都没有缔结婚姻的自主权，但在解除婚姻方面，丈夫有休妻的权利，妻子却只能从一而终，没有解除婚姻的自由。封建社会这种夫权思想的影响可以说根深蒂固，从1950年《婚姻法》倡导、实施夫妻在家庭中地位平等以来，已经六十多年，但直到今天，这种思想的残余仍不时出现，本案就是一个典型的例子。

《婚姻法》第十三条"夫妻在家庭中地位平等"的规定，是对旧中国婚姻制度的否定，是对旧中国夫权婚姻的否定，是对男尊女卑旧观念的否定。夫妻平等原则意味着夫妻在共同生活中平等地行使法律规定的权利，平等地履行法律规定的义务，共同承担对家庭和社会的责任。法律规定夫妻在家庭中地位平等的意义在于强调夫妻在人格上的平等以及权利义务的平等。夫妻双方应当互相尊重对方的人格独立，不得剥夺对方享有的权利，特别要保护妻子在家庭中的人格独立，反对歧视妇女，反对以打骂等方式虐待妇女，重点是要保护妇女在家庭中的各项权益。当然，夫妻在家庭中权利义务的平等，不是指夫妻要平均承担家庭劳务，平等不是平均，家庭劳务要合理分担，对于家庭事务，夫妻双方均有权发表意见，应当协商作出决定，一方不应独断专行。

本案中，彭某虽然受过良好的教育，但头脑中的夫权思想却是极其顽固，在他看来，妻子属于自己的私有财产，所以他要用暴力限制、剥夺俞某的人身自由，限制俞某参加社会活动；在家务劳动方面，彭某专横独行，让俞某承担更多的义务，而他却像老爷一样，不仅不做家务，还对俞某肆意辱骂，这些都是与法律的规定相违背的。由于彭某不能平等对待俞某，不尊重俞某的人格，打骂、虐待俞某，最终导致他们的婚姻走到了尽头。

通过本案，我们应当看到：俞某最后毅然走出这个屈辱、暴力的家庭，是一个明智的选择，在夫妻关系中的任何一方，在遇到自己的权益受到伤害的时候，首先应懂得保护自己，求助于法律，尽快走出过去婚姻的阴影，还自己、还孩子一个宁静的生活环境。

夫妻都有各用自己姓名的权利

姓名是自然人特定化的社会标志，是公民的"符号"。姓名是由"姓"加"名"组成，"姓"是其家族的标志，"名"是本人的标志。有了姓名，就与其他公民区别开来，便于公民参加各种社会活动、行使法律赋予的权利并承担法律义务。与姓名相对应的姓名权是一项重要的人身权利，有无独立的姓名权是公民有无独立人格的标志。

姓名权是公民依法享有的决定、变更和使用自己姓名并排除他人干涉或者非法使用的权利。姓名权包括决定权、变更权、专用权。姓名决定权指自然人决定其姓名的权利。为自己命名是自然人的基本权利之一。公民可以自己决定随父姓还是随母姓，亦可采用其他姓，也有权决定自己的名。公民未成年时，姓名决定权由其监护人代理行使。姓名变更权是指自然人变更其姓名的权利。公民变更姓名有可能影响到他人的权益，因此变更姓名不得任意为之，必须到户口登记机关依法变更。姓名专用权是指自然人依法使用或者不使用自己姓名，以及禁止他人使用的权利，但重名不在其列。

在古代，无论是中国还是西方，都要求妻从夫姓，这是夫权婚姻的产物。旧中国的婚姻基本上都是男娶女嫁，女子嫁到男家后要将丈夫的姓放在自己的姓之前，如"张王氏"，即姓王的女子嫁给了姓张的男子之后的姓名。这是夫权婚姻中妻子对丈夫依附关系的表现。新中国成立后，1950年《婚姻法》第11条规定"夫妻有各用自己姓名的权利",因此妇女结婚后有权使用自己的姓名,如果结婚后男方到女家落户的,男方也不必改变自己的姓名。当然这并不排除当事人结婚后自愿选择姓氏,因为自然人都有独立的姓名权。1980年《婚姻法》以及2001年修订后的《婚姻法》重申了这一规定。我国《婚姻法》作出夫妻双方有各用自己姓名的权利的规定,立法意图就在于赋予已婚妇女独立的姓名权,维护已婚妇女独立的人格,这对于推翻旧传统,破除旧婚姻习俗的影响,促进夫妻地位的平等,有着积极意义。今天,在中国内地,女子结婚后使用自己的姓名已经成为习惯。

 【案例】

倒插门的女婿该不该改姓

安徽人小李在八年前来到广东一家私人工厂打工。小李从一个普通的打工仔干起,现在已经变成了副总经理。老板和小李的感情很深,这八年里,小李就吃住在老板家里,和老板的家人处得像一家人一样。老板只有一个女儿,比小李小几岁,两人相处多年,也很要好。老板看在眼里、喜在心上,就让小李做了上门女婿。结婚时,"嫁入"女方家中的小李因家中比较贫困也没有出多少钱,大部分费用都是由女方承担的。婚后小李夫妇和岳父母住在一起,岳父送给小李一辆汽车。小李很感谢妻子和岳父,决心通过自己的努力,好好过日子。但是,婚后没多久,岳父提出了两个要求:第一,以后生下小孩必须跟女方姓;第二,小李也要改姓,跟女方姓。对这两点,小李都无法接受,他觉得这样的要求太过分,对自己是一种侮辱。在岳父母的压力下,小两口发生了争吵,最后竟然闹到了法院——小李起诉离婚。法院受理后,经调查认为:小李夫妇婚后感情较好,婚前双方非常了解,婚姻的基础是好的,夫妻感情并未完全破裂。据此,决定进行调解,法官把当事人召集到一起,对双方进行耐心的疏导、教育,指出了小李岳父母的错误,最终小李夫妇和好如初,小李的岳父母也不再要求小李改姓了。

【解读】

　　姓氏问题并非孤立存在，往往与身份乃至财产关系紧密相连，也往往受男女社会地位的制约。不同社会制度下，男女社会地位不同，往往决定夫妻双方在家庭中的不同地位，也就必然会影响夫妻双方姓氏的变更问题。古代社会，"妻从夫姓"是中外各国的通例，在中国则表现为在妻出嫁后必须在姓氏前"冠以夫姓"，它标志着已婚妇女归属于夫的亲族，且被置于夫权之下，同时，为了维护父系血缘关系，子女亦随父姓。男子从来都是使用自己的姓名，"行不更名、坐不改姓"，只有在男子"入赘"的情况下，丈夫才从妻之姓，子女亦随妻姓，这主要是无儿之家为传宗接代而采取的变通办法。赘婿的社会地位和家庭地位很低，被世人瞧不起。

　　今天，在我国的社会主义制度下，法律确立了男女两性平等的社会地位、夫妻平等的家庭地位，为夫妻平等的姓名权奠定了基础。《婚姻法》第十四条规定："夫妻双方都有各用自己姓名的权利。"该条规定既体现了男女平等原则和充分保护公民姓名权的精神，也体现了"夫妻在家庭中地位平等"这一夫妻关系的基本原则。夫妻双方对姓名权的享有并不受婚姻关系的影响，不因婚姻生活的具体环境、双方的职业、收入和彼此间的扶养关系而发生变化。结婚后，双方仍保持各自姓名的独立性，既不要求妻冠夫姓，也不要求夫冠妻姓。当然，法律也允许夫妻双方在平等、自愿的基础上就姓名问题另行约定，只要双方协商同意，无论是妻从夫姓、夫从妻姓还是相互冠姓抑或共用第三姓，都是可以的。在婚姻关系存续期间，夫妻中的任何一方都有权使用或依法改变自己的姓名，他方不得干涉。

　　夫妻享有平等的姓名权还表现在子女姓氏的确定上。《婚姻法》第二十二条规定："子女可以随父姓，可以随母姓。"这就否定了子女只能随父姓的旧传统，子女的姓氏由夫妻协商确定，进一步表达了夫妻在姓名权上平等的法律意义。子女在成年以后可以依法决定保留原姓名或者是变更原姓名，包括父母在内的其他人不得非法干涉。

本案中，小李依法享有姓名权，有权决定是继续使用自己的姓名还是变更自己的姓名，他的妻子以及岳父母是无权强迫他改姓的。由于子女与父母是血缘最近的直系血亲，所以法律赋予了父母对未成年子女的姓名决定权，在小李的孩子出生后，应当由小李夫妇协商解决孩子的姓名问题，孩子的外祖父母无权决定。小李的岳父要求到自己家落户的女婿改姓以及外孙子女必须随自己姓的习惯，在形式上贬低了男方的人格，实际上仍然是封建宗法观念以及传宗接代思想的一种表现，是不符合我国法律的规定的。人民法院在处理这一案件时，能够积极引导双方当事人，让他们了解我国法律，使小李的岳父母认识到自己的错误，化矛盾于无形，使双方和好如初，法院的调解无疑是非常成功的。

需要指出的是，在今天的现实生活中，因为很多年轻的夫妻都是独生子、独生女，所以双方父母争夺小孩姓氏的情况发生的很多，造成了很多的婚姻危机。为了防止这一情况的发生，最好是在婚前通过协商达成一致，从而避免今后不必要的麻烦。

03

夫妻都有生产、工作、学习和社会活动的自由

人身自由权是每个公民的权利，《婚姻法》第十五条规定了夫妻的人身自由权："夫妻双方都有参加生产、工作、学习和社会活动的自由，一方不得对他方加以限制或干涉。"这里规定的夫妻人身自由权并不是公民人身自由权

的全部内容，而是与夫妻关系有关的人身自由权的内容，涉及从事社会职业、参加社会活动、进行社会交往的权利。《婚姻法》第十五条的规定对于夫妻双方都是适用的，但从立法针对性来看，更是意在保护已婚妇女参加生产、工作、学习和社会活动的自由，禁止丈夫横加干涉和限制。

法律规定夫妻人身自由权对妇女有着重要的意义。我国封建社会长期实行夫权统治，妻子受到各种约束，被囚禁在家庭牢笼之中，排除在社会活动之外，在家庭中伺候丈夫、老人与儿女，从事家务劳动，无权过问、更无权参与社会公共管理事务。由于妇女不参加社会工作，经济上依赖丈夫，在家庭中也不能享有与丈夫真正的平等地位。由于妇女不能从事社会活动，在社会上也没有地位。因此妇女只有积极地投身到社会生活中去，才能使自己的家庭地位和社会地位得到提高，也才能真正与男子平等。因此，1950年《婚姻法》规定："夫妻双方均有选择职业、参加工作和参加社会活动的自由。"这一规定对推动妇女参加工作和社会活动起到了积极的作用。1980年《婚姻法》对这一条进行了完善，增加了参加学习的自由。2001年《婚姻法》修正案对这一条未作修改。

所谓生产，泛指一切生产活动，工作指社会性工作，主要指一定的社会职业，夫妻双方（尤其是女方）并不因结婚而丧失参加社会劳动的权利。只有已婚妇女享有与丈夫同等的生产、工作的权利，才能使她们从无偿的家务劳动中走入有偿的社会劳动，才能使她们获得良好的经济基础，真正获得和丈夫平等的家庭地位、社会地位，否则男女平等、夫妻平等就是空中楼阁。

所谓学习，不仅包括正规的在校学习，也包括扫盲学习、职业培训以及其他各种形式的专业知识与技能的学习。保证妇女学习的自由权，对于提高妇女的文化素质、提高妇女的就业率，促进妇女在家庭中与丈夫的平等地位都是必不可少的。

所谓社会活动，主要是指的参政、议政活动，科学技术、文学艺术、体育和其他文化活动，还包括各种形式的群众团体及社会公益活动等。公民只有通过参加各种社会活动，才能实现其民主权利及其他权利，才能体现其自身的价值。

从1950年《婚姻法》规定夫妻平等的人身自由权，中国妇女的自由、人格尊严受到了保护，60多年来，中国女性被禁锢了几千年的聪明才智极大地释放出来，她们成为创造今天社会主义物质文明和精神文明的伟大力量，成为改革开放和现代化建设的生力军，成为名副其实的"半边天"。

当然，《婚姻法》第十五条规定夫妻的自由权，并不意味着夫妻可以一味地参加社会活动而置家庭、子女于不顾。公民婚前与婚后截然不同，对配偶、子女、家庭有不可推卸的责任，如果夫妻一方对家庭、子女漠不关心，只顾参加各种社会活动，那也是与本条的立法精神不相符合的。夫妻之间应当互谅互让、互相协商，将参加工作、学习和社会活动的权利与尽家庭的义务协调统一起来。

 【案例】

丈夫要求妻子放弃工作安心做全职太太

夏先生从事服装批发生意，而他的妻子是一名小学教师，由于职业的原因，妻子经常要早出晚归，家庭的负担更多的是落在夏先生的身上。2010年以后，夏先生的生意日渐红火，常常需要工作到很晚才能回家，没有太多的时间和精力去照顾家庭，这让夏先生的妻子在工作、家庭之间忙得焦头烂额，二人因此吵过很多次。争吵之后，夏先生想出了解决的办法：让妻子做一名全职太太。妻子辞去工作后一心一意相夫教子，做做家务、照顾老人，自己在外打拼，回家后就能吃上热乎乎的饭菜，两个人都不必为工作和家庭不能兼顾而烦恼，一家人各得其所、其乐融融，不是很好吗？但让夏先生始料不及的是，他的提议刚一出口，就遭到了妻子的极力反对。夏先生的妻子认为自己还年轻，自己的同学、同事、亲戚朋友此时此刻都在创业或工作，她如果变成了家庭主妇会被别人耻笑的，更谈不上经济独立了。夏先生觉得自己的主意兼顾到夫妻二人，本是一片好心，却被妻子误解他是大男子主义。夏先生满腹疑问：作为一家之主的他难道不能要求妻子做全职太太吗？

【解读】

夏先生的疑问反映了如何看待夫妻人身自由权的问题。夫妻双方有无人身自由权是夫妻家庭地位是否平等的标志。旧社会，妇女受三从四德、男尊女卑思想的束缚，只能从事家务劳动，不能到社会上参加学习、劳动和社会活动，使女性被禁锢在家的范围之内，离开了丈夫就根本不能生存下去，因此妻子在家庭中的地位是十分低下的。现代社会，广大女性获得了同男子同等的权利。我国《宪法》第四十八条规定："中华人民共和国妇女在政治的、经济的、文化的、社会的和家庭的生活等各方面享有同男子平等的权利"，《婚姻法》除了规定男女平等的原则外，还在"家庭关系"一章中特别规定"夫妻在家庭中地位平等"，这就从根本大法和婚姻家庭基本法两个层次上规定了社会主义社会夫妻之间的平等关系。在此基础之上，《婚姻法》规定夫妻双方都有参加生产、工作、学习和社会活动的自由，并强调一方不得对另一方进行限制和干涉。法律赋予夫妻双方平等的人身自由权，是公民民主权利在家庭领域的集中体现，也是社会主义夫妻关系本质的反映。

本案例所反映的纠纷源自于夏先生对妻子忙于工作不能更好照顾家庭的不满。在夏先生的内心深处，他还是持传统的"男主外、女主内"的思想，在他看来，丈夫的责任就是在外打拼养活全家人，妻子的责任就是照顾好全家人，所以妻子根本没有必要出去工作。但是夏先生显然并不理解妻子，妻子并不想让自己的价值仅仅体现在家庭中，作为一名教师，即使是平凡的工作，即使是默默无闻，也应当在教书育人中体现出一个教师、一个知识分子的价值，也要体现出其人生的价值。当然妻子还有一个担心，就是做了全职太太之后，一切钱财都要向夏先生伸手，经济不能独立，在家里还能不能有独立、平等的家庭地位？因为现实生活中全职太太最终被丈夫无情抛弃、落得人财两空的情况太多了。而正是这样一些原因，使得妻子不愿放弃自己的工作。夏先生认为，他是一家之主，他说的话妻子应当听。但是夫妻之间是一种平等的人身关系，不是领导与被领导、管理与被管理的关系，即使是一家之主的户主也不能将自己的意志强加于其他家庭成员，丈夫与妻子之间更应该相互理解、彼此尊重，妻子愿意工作，夏先生应当予以尊重、支持，不能强迫她做全职太太，除非妻子自己同意放弃工作。对于家务事和工作之间的关系，也是令很多年轻夫妻头疼的事，上有老、下有小，工作压力很大，在上下、内外的挤压之下，很容易产生出夫妻之间的矛盾，关键是怎样协调好家庭与事业的关系，尽量减少矛盾。像本案例中的夏先生夫妇，完全可以请一个家政人员帮助做家务，使两个人都可以有更多的时间去从事自己的事业，还可以从繁杂的家务中抽身腾出一些时间和精力去关心一下对方、老人和孩子，这样岂不是更好？！

夫妻都有实行计划生育的义务

生育权是指公民基于合法的婚姻关系而依法享有的生育子女或不生育子女的权利。生育是夫妻双方共同的行为，是建立在双方协商的基础上的，生育权的实现应当是夫妻二人共同的意愿。从这个意义上说，夫妻在生育问题上享有平等的权利。计划生育是生育权的一部分，因此，在计划生育工作中，夫妻也是平等的，应当承担共同的责任。我国《宪法》规定："夫妻双方有实行计划生育的义务"，《婚姻法》也规定："夫妻在家庭中地位平等"，"夫妻双方都有实行计划生育的义务"，从而明确了在计划生育工作中，在是否生育、何时生育、采取何种方式避孕、由谁来承担避孕措施等问题上，夫妻双方有共同的参与权、决定权，也有共同的责任。

夫妻双方都有实行计划生育的义务，其基本精神在于：首先，计划生育是夫妻的法定义务。国家用法律形式将计划生育确定为夫妻双方的法定义务，就具有一定的强制性，育龄夫妇应当按照国家有关计划生育的政策和法律规定生育子女，不得计划外生育。如果夫妻违反了计划生育的法律，要承担相应的法律责任。其次，那种将计划生育的义务片面地理解为妻子单方面责任的认识是错误的。2002年开始实施的《人口与计划生育法》第十七条规定："公民有生育的权利，也有依法实行计划生育的义务，夫妻双方在实行计划生育中负有共同的责任。"第三，计划生育虽然是作为夫妻间的义务来规定的，但并不否定公民享有计划生育的权利。我国《母婴保健法》规定医疗保健机构必须为公民提供婚前保健辅导，为育龄妇女和孕妇产妇提供孕产期保健服务等。最后，计划生育的义务也并非要求夫妻必须生育，而只是要求夫妻有计划地生育子女。《妇女权益保障法》明确规定："妇女有按照国家有关规定生育子女的权利，也有不生育的自由。"是否生育，在结婚后什么时间生育，由夫妻自行决定，但生育子女的数量必须遵守国家的法律法规。

 【案例】

妻子擅自流产是否侵犯丈夫的生育权

林某（男）和李某（女）于2008年结婚，婚后感情较好，林某希望妻子尽快给他生个儿子，但结婚好几年了妻子也没有怀孕。2011年8月，李某怀孕了，林某欣喜若狂，但李某却高兴不起来，因为当时正值单位任职调整的关键时候，李某不愿失去此次升职的机会，在思考许久之后，李某瞒着林某悄悄到医院做了流产手术。此举引起林某的强烈不满，双方发生了激烈的争吵。林某认为李某剥夺了他做父亲的权利，于是以李某的行为侵犯了自己的生育权并给他的精神造成了一定的伤害为由向法院提起诉讼，要求法院依法保护自己的生育权，判令被告赔礼道歉并支付精神损害抚慰金2万元。法院审理后认为，《妇女权益保障法》第五十一条明确规定了妇女有生育的权利，也有不生育的自由，因此，被告做流产手术，不构成对原告生育权的侵害；本案中原、被告之间系夫妻关系，双方虽有矛盾，但夫妻只要互相尊重，互相爱护，矛盾是能够解决的，原、被告夫妻和好后仍然可以生育儿女，原告方的生育权仍然可以实现。故法院判决驳回原告林某的诉讼请求。

 【解读】

这是一起因生育权而引发的纠纷案，该案件涉及三个问题：一是在婚姻关系中丈夫是否享有生育权？二是如果丈夫享有生育权，那么当丈夫的生育权与妻子的生育权发生冲突时如何平衡？三是对丈夫的生育权如何加以保护和救济？

生育权是一种带有自然属性的权利，是公民的基本人权，从属于公民人身权。我国《宪法》第三十三条第二款规定："中华人民共和国公民在法律面前一律平等"，《婚姻法》第十三条规定："夫妻在家庭中地位平等"，《婚姻法》第十六条规定："夫妻双方都有实行计划生育的义务"，《人口与计划生育法》第十七条规定："公民有生育的权利。"从男女平等及法律面前人人平等的角度看，男性和女性所享有的生育权是一致的，男性当然也享有生育权。本案中原告林某作为一个有合法婚姻关系的成年男性，理所当然享有法定的生育权，而且，其生育权与其妻子是平等的。

尽管丈夫和妻子享有同等的生育权，但是当两个人在要不要生育或何时生育的问题上难以达成一致时，这两种生育权发生了冲突，如何平衡这两种生育权也是法律需要解决的重要问题。在中国历史上，封建社会把妇女看作生育的工具，把生育的责任单方面加在妇女身上，妇女婚后不生育或没有生育儿子，往往受到公婆、丈夫及其他家人乃至周围人们的歧视，无子也成为封建社会男子休妻的法定理由之一。由于受这些旧的思想和传统的影响，在今天的家庭生活中，妇女的生育意愿也常常被忽视，权利常常被剥夺。另外，女性在照顾、抚育子女方面要履行更多的义务，在怀孕、生育和哺乳时更是要独自面对和承担无法由丈夫替代的艰辛和风险。由于这些历史的和现实的原因，法律理应更多地保护弱势方——妻子的人身权益，因此《妇女权益保障法》明确规定"妇女有按照国家有关规定生育子女的权利，也有不生育的自由"，进一步强调妇女在生育权问题上的自主地位，更多地赋予女性生育的自由，体现了法律对妇女群体的人文关怀和特殊保护。最高人民法院《关于适用〈中华人民共和国婚姻法〉若干问题的解释（三）》第九条规定："夫以妻擅自中止妊娠侵犯其生育权为由请求损害赔偿的，人民法院不予支持；夫妻双方因是否生育发生纠纷，致使感情确已破裂，一方请求离婚的，人民法院经调解无效，应依照婚姻法第三十二条第三款第（五）项的规定处理。"这一司法解释不是要否认男方的生育权，而是要明确这样一个问题：生育权是一种人格权、绝对权、支配权，而不是身份权，妻子堕胎并不会侵犯丈夫的生育权，而是在行使自己的一种人格权，这种人格权是妻子独立享有的。妻子的生育权包括生育以及不生育的权利，法律赋予妻子生育以及不生育的权利，在于保障妻子能独立地支配自己的身体，如果女性不能支配自己的身体、不能拥有拒绝生育的权利，那么就等同于生育的工具。因此妻子对自己身体的支配权要高于夫妻之间的知情权和身份权，妻子堕胎不需要征得丈夫的同意。就本案来看，李某在2011年单位任职调整的关键时期无论是选择继续怀孕还是堕胎，都是在行使自己的权利，而经过慎重考虑最终她选择了不要孩子，这是她在依法行使自己不生育的自由权，是对自身权利的一种处分，不能因此就认定是侵犯了丈夫的生育权。所以林某以李某中止妊娠侵犯了其生育权为由提出的损害赔偿的要求，人民法院不予支持。

但是在妻子坚持不生育而丈夫又想生育的矛盾中，如果法律始终不能给男方以救济，那也是不公平的。为了保护丈夫的权益，最高人民法院《关于适用〈中华人民共和国婚姻法〉若干问题的解释（三）》第九条把因为是否生育发生纠纷致使感情破裂规定为法定的离婚事由，从而为男方的权利救济打开了通道，这样双方离婚后男方可以重新选择其他愿意生育子女的异性再结婚生子，从而实现其生育权。本案中原、被告虽在生育的问题上有矛盾，但矛盾是可以解决的，随着时间的推移，妻子将来也许会同意生育，丈夫的生育权仍然可以实现，所以法院判决驳回原告林某的诉讼请求是正确的。如果未来二人在生育的问题上始终无法达成一致，导致夫妻感情破裂了，那么林某可以通过离婚、再婚来实现其生儿育女的愿望。

05

夫妻的共同财产

夫妻财产制是指确立夫妻婚前财产和婚后所得财产的归属、管理、使用、收益、处分、债务的清偿以及婚姻关系终止时财产的分割等问题的法律制度。我国《婚姻法》规定了夫妻财产制的两种形式，即法定财产制和约定财产制。

法定财产制是指法律明文规定的财产制形式，即在夫妻双方对婚前或婚后财产没有作出约定或者所作出的约定无效的情况下，依据法律的规定而直接适用的夫妻财产制形式。设置法定夫妻财产制的目的，是解决在夫妻没有选择约定财产制或约定无效等情况下的夫妻财产的归属问题，以保证夫妻在婚姻家庭生活中的需要和民事交易的安全。约定财产制，是指夫妻通过协商就婚前财产和婚后所得财产的归属、管理、使用、收益、处分、债务的清偿以及婚姻关系终止时财产的分割等问题达成协议，并排斥法定夫妻财产制适用的夫妻财产制。只要存在婚姻关系，就必然存在夫妻间的财产法律关系。婚姻关系当事人要么选择事先约定夫妻间的财产关系，要么就直接适用法律关于夫妻财产制度的规定。从这个意义上说，法定财产制的适用也是当事人对夫妻财产关系的一种选择。

我国法律所确立的法定夫妻财产制由夫妻共同财产制和夫妻特有财产制构成。按照《婚姻法》的规定，在婚姻关系存续期间夫妻一方或双方所获得的财产和收入，归夫妻双方共同所有，但法律规定的属于夫妻一方个人所有的财产除外。根据这种制度，夫妻财产共有关系开始于婚姻关系成立之时，即从夫妻二人登记结婚之日起，终止于夫妻离婚或配偶一方死亡时。恋爱或者订婚期间，不属于婚姻关系存续期间。夫妻分居或离婚判决未生效的期间，仍为婚姻关系存续期间。夫妻财产共有的形式是共同共有，夫妻二人对共有财产不分份额大小平等地享有所有权，无须考虑各方对共同财产的积累所做贡献的大小、实际开支有多少等，即使一方有工作、有收入，另一方没有工作、没有收入，只在家庭中从事家务劳动，也不影响无收入一方对夫妻共同财产享有与对方平等的权利。

在婚姻关系存续期间夫妻一方或双方所获得的哪些财产和收入归夫妻双方共同共有呢？根据《婚姻法》第十七条及最高人民法院作出的三个司法解释，下列财产属于夫妻的共同财产：

①工资、奖金。工资是指作为劳动报酬按期付给劳动者的现金或实物，奖金是用人单位为了鼓励或表扬劳动者而给予的金钱或财物。

②生产、经营的收益。是指夫妻一方或双方以农村承包经营户的名义从事农副业生产活动、以个体工商户的名义从事工商业生产活动、以个人合伙的名义从事合伙经营以及依据《独资企业法》或《公司法》的规定从事生产经营活动所获得的货币或实物。

③知识产权的收益。夫妻一方或双方因著作权、专利权、商标权等知识产权而实际取得的或者已经明确可以取得的财产性收益，如专利转让费、作品的稿酬。

④因继承或赠与所得的财产。无论继承人或受赠人是一方还是夫妻双方，其继承或受赠的财产都是共同财产，但遗嘱或赠与合同中确定只归一方所有的财产属于该方个人所有。

⑤其他应当归共同所有的财产。包括一方以个人财产投资取得的收益；男女双方实际取得或者应当取得的住房补贴、住房公积金；男女双方实际取得或者应当取得的养老保险金、破产安置补偿费；夫妻一方个人财产在婚后产生的除孳息和自然增值之外的收益；婚姻关系存续期间以夫妻共同财产缴付的个人实际缴付的养老保险费；由一方婚前承租、婚后用共同财产购买的房屋，房屋权属证书登记在一方名下的，应当认定为夫妻共同财产。

夫妻对共同财产享有平等的占有、使用、收益、处分的权利。最高人民法院《关于适用〈中华人民共和国婚姻法〉若干问题的解释（一）》第十七条："婚姻法第十七条关于'夫或妻对夫妻共同所有的财产，有平等的处理权'的规定，应当理解为：（一）夫或妻在处理夫妻共同财产上的权利是平等的。因日常生活需要而处理夫妻共同财产的，任何一方均有权决定。（二）夫或妻非因日常生活需要对夫妻共同财产做重要处理决定，夫妻双方应当平等协商，取得一致意见。他人有理由相信其为夫妻双方共同意思表示的，另一方不得以不同意或不知道为由对抗善意第三人。"由于日常家事非常烦琐，该司法解释第1项规定承认了夫妻的日常家事代理权，夫妻双方互为代理人，即一方因日常生活需要所作出的处分共同财产的决定可以视为夫妻双方共同作出的处理决定，这样就扩张了夫妻的意思自治能力，方便了交易。同时，对一方作出的财产决定，夫妻二人负连带责任，这对于第三人来说也是公平的，这是商品经济社会保护交易安全的需要。但是如果非因日常生活需要对夫妻共同财产作出重要的处理决定，例如生产、经营、投资、处分不动产等，双方应当协商一致后作出，任何一方擅自作出的违背对方意志的重大财产处分行为，都是对对方合法财产权利的侵害。同时为了保护正常的市场交易行为，司法解释第二项规定，一方以夫妻名义对外实施的民事行为，交易的第三人有理由相信是夫妻双方共同的意思表示的，另一方不得以不同意或不知道为由对抗善意第三人。但是如果一方和第三人恶意串通，损害另一方的合法财产权益，行为人和恶意第三人应承担相应的法律责任。

 【案例】

丈夫擅自卖掉房子的行为是否有效

张某与丈夫高某结婚后购置了一套房产，产权登记在高某名下。他们的儿子在5岁时得了一场大病，病好之后成了残疾儿童。高某从那之后开始嫌弃儿子，夫妻两个经常为儿子的事争吵，后来高某干脆不回家了。半年后的一天，一个姓赵的陌生男子找上门，说高某已经把房子卖给了他，手续一应俱全，让她立刻腾房。得知丈夫背着自己将房子卖掉了，张某当时震惊得说不出话来。面对张某，买主赵某同样感到很惊讶："高某和他老婆跟我一块去办的房产证，他老婆怎么变成是你了？"

为什么丈夫卖了房，妻子却被蒙在鼓里呢？按照我国的房地产交易程序，在办理房产过户时，必须要出示产权人的房产证、身份证、户口簿，如果卖方已经结婚，必须要出示结婚证和夫妻双方同意买卖的证明，夫妻双方还要亲自到场办理这些手续。那么，在张某不知情的情况下，谁作为高某的妻子在卖房合同上签的字呢？

原来当赵某向高某询问房屋情况时，高某请了另外一个女子冒充妻子张某。在决定买房前，赵某去看过好几次房子，每次都是高某和那个女子领着他趁张某去上班、孩子去上学的时候去看房。赵某还谨慎地提出看看高某的证件，高某很主动地拿出房产证、户口簿、身份证，但当赵某要看结婚证时，高某说结婚证找不着了，答应去开个证明。后来高某和那个女子拿着街道办事处出具的夫妻关系证明，和赵某一起去房屋交易中心办理了过户手续。

从赵某去看房开始，高某的那些看上去不经意的行动，其实都是预先设计好的，先是妻子被偷梁换柱，然后高某带上假妻子瞒天过海地去房地产交易中心走一趟，事情就办成了。一张名不副实的结婚证明，使高某如愿以偿地卖了房，而张某面临的尴尬是：与残疾的儿子没有了栖身之地。在他们的婚姻还没有结束之前，她只能眼睁睁地看着丈夫私自卖房并独占房款吗？于是张某愤然将丈夫高某和赵某一起告上法庭，要求法院确认买卖合同无效。

法院经审理认为，被告赵某曾几次到原告家中实地看房，并且按照市场价格与被告高某签订了买卖合同，可以认定被告赵某有理由相信出卖该房是被告高某夫妻双方共同的意思表示，从保护善意第三人及维护交易安全的角度考虑，该房屋买卖合同有效。最终，法院判决驳回原告的诉讼请求。

 【解读】

在这起房屋纠纷中，高某私自卖房，自然侵犯了妻子张某的权益，但当妻子想要回房子时，却又涉及买主赵某的权益。那么，当这两种权益同时受损的时候，法律又该首先保护谁呢？

我国《婚姻法》第十七条规定："夫妻对共同所有的财产，有平等的处理权。"根据最高人民法院《关于适用〈中华人民共和国婚姻法〉若干问题的解释（一）》第十七条"夫或妻非因日常生活需要对夫妻共同财产做重要处理决定，夫妻双方应当平等协商，取得一致意见。他人有理由相信其为夫妻双方共同意思表示的，另一方不得以不同意或不知道为由对抗善意第三人"的规定，如果房屋的买主是善意的而且按照市场价支付了交易款，那么另一方不能以不知道、不同意为由对抗善意第三人，因此房屋的买卖是有效的。最高人民法院《关于适用〈中华人民共和国婚姻法〉若干问题的解释（三）》第十一条进一步明确了这一点:"一方未经另一方同意出售夫妻共同共有的房屋,第三人善意购买、支付合理对价并办理产权登记手续,另一方主张追回该房屋的,人民法院不予支持。"这两个司法解释的规定就与《物权法》第一百零六条的规定一致起来,夫妻一方擅自出售夫妻共有的房屋,第三人善意购买、支付了合理的对价且办理了房屋产权的变更登记,就应当按照《物权法》对不动产善意取得的规定,认定善意第三人取得该房屋的所有权。不动产的善意取得应当符合四个条件:第一,不动产转让人对该不动产无权处分;第二,受让人是善意的,如对转让人无处分权并不知情;第三,以合理的价格转让;第四,转让的不动产依照法律规定已经登记。在符合这四个条件时,受让人即依法取得该财产的所有权,原所有权人不得要求受让人返还财产。由此可见,法律对于保护善意第三人的程度要高于保护夫妻对共同财产的处理权。

本案中,诉争房屋系张某与高某婚后共同出资购买,属于夫妻共同财产,诉争房屋的买卖行为应属于非因日常生活需要对夫妻共同财产做重要处理决定,高某应当与张某取得一致意见,但高某未征得张某同意就擅自出卖房屋确实侵犯了张某的合法权益。第三人赵某仔细察看了高某出示的房屋产权证等证件,已经履行了与他审验能力相符的查验行为,尽到了善意第三人的审慎注意义务,他有理由相信该房屋买卖是高某夫妻双方共同的意思表示,可以判定赵某主观是善意的,而赵某又是按照市场正常价格购买的房屋,可以认定为善意取得。并且该房屋已经办理了过户登记手续,所以该房屋就属于赵某合法取得的财产,其合法权益应予保护。法院从保护善意第三人及维护交易安全的角度考虑作出驳回原告诉讼请求的判决是正确的。因此赵某和高某签订的房屋买卖合同有效,张某不能追回自己的房产。

这里需要注意的是,丈夫未经妻子同意擅自将共有房屋卖于他人的,如果该买房人是恶意的,例如明知卖房人没有完全处分权还购买或者以不合理的低价购买等,那么妻子可以追回已出售的房屋;另外,丈夫与善意第三人还必须是就房屋已经办理了过户手续,此时物权已经发生了转移,妻子就不能再主张要回房屋，如果房屋还没有过户，即使第三人善意购买，妻子仍然可以主张自己的权利。

在高某擅自出售夫妻共同所有的房屋后，妻子张某的权益如何保障？《关于适用〈中华人民共和国婚姻法〉若干问题的解释（三）》第十一条中还规定："夫妻一方擅自处分共同共有的房屋造成另一方损失，离婚时另一方请求赔偿损失的，人民法院应予支持。"所以张某在离婚时可以就自己的损失向高某主张赔偿，索要一半的房屋款。因为高某出卖房屋时，她和高某的夫妻关系依然存在，卖房所得的房款是夫妻的共同财产。

 【案例】

离婚后补发的工资、获得的转让费如何定性

刘某（男）是一名小学教师。2003年他与朋友合伙投资开办了一家小型印刷厂，后见经营不好、赚不着钱，便于2005年11月将工厂交合伙人继续经营。2006年1月，刘某与田某办理了结婚手续。从2011年开始，两人经常为了一些家庭琐事发生争吵，甚至大打出手，最后闹上了法庭。2012年5月，法院判决准许两人离婚，孩子跟随田某生活，刘某每月支付350元抚养费，直到儿子长大成人，二人的婚后财产也一并进行了分割。同年9月，刘某所在单位给刘某补发了2011年全年教师绩效工资1万元，而刘某的朋友也将工厂卖掉，并分给了刘某15万元。田某认为，补发工资和转让工厂的费用应视为夫妻共同财产，她有权分一半。刘某拒绝分割，他认为补发的工资是自己离婚后所得，不是夫妻的共同财产，而转让工厂的费用是自己的婚前财产，田某也无权分割。为此，两人再次闹上了法庭。法院经审理，判决刘某补发工资中的5千元归田某，驳回了田某分割工厂转让费15万元的诉讼请求。

【解读】

我国《婚姻法》第十七条规定："夫妻在婚姻关系存续期间所得的下列财产，归夫妻共同所有：（一）工资、奖金；（二）生产、经营的收益；（三）知识产权的收益；（四）继承或赠与的财产。……夫妻对共同所有的财产，有平等的处理权。"该法第十八条规定："有下列情形之一的，为夫妻一方的财产：（一）一方的婚前财产；（二）一方因身体受到伤害获得的医疗费、残疾人生活补助费等费用；（三）遗嘱或赠与合同中确定只归夫或妻一方的财产；（四）一方专用的生活用品；（五）其他应当归一方的财产。"

本案中，刘某补发的1万元工资，虽然是在二人离婚后获得，但该工资的所有权取得时间应追溯到应得劳动报酬权的取得时间，即2011年，此时二人尚未离婚，1万元属于婚姻关系存续期间获得的夫妻的共同财产，2012年9月刘某领取补发工资仅仅是财产实际占有的时间，所以1万元依法应予平均分割。转让工厂的15万元，也是在离婚后获得，但这笔钱的所有权取得时间应追溯到2005年11月，其财产权利在二人尚未结婚时就已取得，所以15万元属于刘某的婚前个人财产，按照最高人民法院《关于适用〈中华人民共和国婚姻法〉若干问题的解释（一）》第十九条规定："婚姻法第十八条规定为夫妻一方的所有的财产，不因婚姻关系的延续而转化为夫妻共同财产。但当事人另有约定的除外。"刘某的个人财产不因婚姻关系的延续而转化成夫妻共同财产，离婚时不应分割。在实践中，我们一定要注意，当所有权的取得时间与财产实际取得时间不一致时应当以所有权取得时间为准。

【案例】

妻子辛苦挣财产，离婚时好吃懒做的丈夫要分割

2010年3月，刘女士与丈夫登记结婚。婚前刘女士拥有一套价值60万元的房产，婚后二人居住在这套房屋内。结婚之初，丈夫的表现还很不错，家务活抢着干，在单位也是中规中矩。但时间长了，丈夫好吃懒做的毛病就表现出来了，不做家务，不管孩子，喜欢喝酒赌博，输了不少钱，后来干脆不上班了，天天和一群麻友混在一起。家里的家具电器、孩子的学费、家里的伙食费、现有的5万元存款，都是婚后刘女士辛苦挣来的。刘女士多次劝说丈夫，换来的只是丈夫的呵斥。几年下来，刘女士对丈夫心灰意冷，提出离婚，丈夫同意离婚，但要求分割夫妻财产，包括那套房子，少一分也不离。由于房价飞涨，这套房子此时已经增值到90万元。刘女士认为房子是她的婚前财产，不能分割，家具电器和存款都是自己挣来的，丈夫好吃懒做就不应当分得财产。丈夫认为房子在婚内增值部分以及所有的婚后财产，都属于夫妻的共同财产，他有权分一半。双方争执不下，诉至法院。

【解读】

按照我国《婚姻法》的规定，我国的法定财产制是夫妻共同财产制，也就是说婚姻关系存续期间，夫妻一方或双方所得的财产，除法律另有规定和双方另有约定的财产之外，均归夫妻共有。在这里，划分夫妻财产归属的决定因素是看财产的取得是否在婚姻关系存续期间，即从夫妻二人登记结婚之日起，到夫妻离婚或配偶一方死亡时为止。恋爱、订婚期间或者离婚后、一方死亡后，不属于婚姻关系存续期间。夫妻分居但并未离婚或离婚判决未生效的期间，仍为婚姻关系存续期间。因此，双方登记结婚后即使没有共同生活，一方

或双方的合法所得也是夫妻的共同财产，夫妻分居两地或离婚判决未生效期间获得的财产是夫妻的共同财产。

本案中，家里的家具电器之类的日常家用物品以及存款等，是刘女士和丈夫在婚姻关系存续期间获得的财产，根据《婚姻法》规定的夫妻财产制的内在精神，凡是在婚姻关系存续期间获得的财产，只要符合法律的规定，不论这些财产以什么形式表现出来，也不论双方各自的贡献大小，都属于夫妻的共同财产，双方都有权利分割。刘女士认为家具电器和存款都是自己挣来的，丈夫好吃懒做就不应当分得财产，这种认识是错误的，婚姻中一方好吃懒做没有收入，不是离婚时少分或不分夫妻共同财产的法定事由，根据《婚姻法》的规定，这些财产在婚姻关系存续期间获得，属于夫妻的共同财产，丈夫有权分割。

至于刘女士的房产，由于是在婚前获得的，按照《婚姻法》第十八条的规定："有下列情形之一的，为夫妻一方的财产：（一）一方的婚前财产；（二）一方因身体受到伤害获得的医疗费、残疾人生活补助费等费用；（三）遗嘱或赠与合同中确定只归夫或妻一方的财产；（四）一方专用的生活用品；（五）其他应当归一方的财产。"毫无疑问，房产是刘女士的个人财产，丈夫无权分割。刘女士的丈夫认为房屋增值部分（30万元）是在婚姻关系存续期间实现的，所以这30万元他有权分得一半，这个认识是否正确呢？刘女士的房产增值部分属于自然增值。所谓自然增值是指财产在不改变状态的情况下实现的增值，这种增值不是来源于投资、经营、管理、劳动所得，更多的是来自市场价格的上涨，如黄金、珠宝、古董会随市场行情的变化而自然增值。刘女士的房屋在她结婚后只是用于居住，不存在改变状态的情况，30万元的增值是由于房地产市场价格上涨导致的，不是来自二人共同的经营、管理。最高人民法院《关于适用〈中华人民共和国婚姻法〉若干问题的解释（三）》第五条规定："夫妻一方个人财产在婚后产生的收益，除孳息和自然增值外，应认定为夫妻共同财产"，该条明确了婚前财产的自然增值不是夫妻的共同财产，所以案例中房屋增值的30万元是刘女士的个人财产，不应按照夫妻共同财产进行分割，刘女士丈夫的认识是错误的。

夫妻的个人财产

夫妻的个人财产，是指依照法律的规定或双方的约定，夫妻各自保留一定范围的财产为个人所有，独立地享有对该项财产的占有、使用、管理、收益和处分的权利。夫妻个人财产，是在共同财产制的前提下独立于夫妻共同财产之外的财产，该制度的设定是对夫妻共同财产制的补充和限制。

根据《婚姻法》第十八条，下列财产属于夫妻的个人财产：

①一方的婚前财产。一方的婚前财产是指一方结婚前已经取得的财产，包括动产和不动产。不论是动产还是不动产，不论是婚前通过劳动、继承、受赠所得，还是知识产权的收益、资本收益，抑或是债权、孳息等，只要是合法的财产，在结婚后仍然归原财产所有人个人所有。这是因为夫妻一方婚前拥有的财产，与结婚行为无关，更与另一方无关，当所有人在拥有这项财产时，另一方尚未与之缔结婚姻，所有人拥有的财产中并不包含另一方的贡献，所以这份财产归所有人个人所有。

②一方因身体受到伤害获得的医疗费、残疾人生活补助费等费用。因人身受到侵害所获得的损害赔偿费用，是用于保障受害人生活、治疗的基本费用，因其具有严格的人身性质，所以只能作为受害者一方的个人财产，不得作为夫妻共同财产。

③遗嘱或赠与合同中确定只归夫或妻一方的财产。遗嘱或赠与合同体现

了遗嘱人或赠与人强烈的个人意愿，如果遗嘱人、赠与人在遗嘱或赠与合同中指明了财产只能归夫或妻一方，那么这份财产就应当认定为这一方的个人财产，而排除在夫妻共同财产之外，这体现了《婚姻法》对遗嘱人、赠与人意愿的尊重，充分保护了夫或妻一方的个人利益。

④一方专用的生活用品。一方专用的生活用品是指结婚以后以夫妻共同财产购置的供丈夫或妻子个人使用的日常生活用品，如衣物、鞋帽、化妆品、手表、自行车、残疾人使用的轮椅以及其他专用物品等。但需要注意的是，贵重物品和其他奢侈品不是一方的个人财产。

⑤其他应当归一方的财产。这是夫妻个人财产的一个兜底条款，是指法律不宜也难以穷尽的具有人身性质的应当属于夫妻个人的财产，如一方因为对社会的某种特殊贡献而获得的奖章、奖牌、奖杯，因记载着优胜者的荣誉，所以这些奖章、奖牌、奖杯的所有权应当归获得荣誉的一方个人所有。

另外，根据最高人民法院作出的《关于适用〈中华人民共和国婚姻法〉若干问题的解释（二）》、《关于适用〈中华人民共和国婚姻法〉若干问题的解释（三）》的相关规定，下列财产也是夫妻一方的个人财产：军人的伤亡保险金，伤残补助金，医药生活补助费；婚后由一方父母出资为子女购买的、产权登记在出资人子女名下的不动产。

 【案例】

因伤获得的残疾人生活补助费是共同财产还是个人财产

2010年1月，方某到广东珠海打工，在工作中不幸被机器砸断了腿，虽经医院抢救也未能保全，只能截肢，从此不能再从事重体力劳动。为此，老板赔偿了方某医疗费、残疾人生活补助费等共计100万元。方某把这笔钱存了起来，用于今后的后续治疗和生活所需。2011年8月，方某从自己的这笔钱中拿出1万元资助侄子读大学。妻子知道后，大发雷霆，说那笔钱是夫妻的共同财产，方某无权单独处置。因方某身体已经残疾，不能再外出挣钱，而老板赔偿的费用方某自己保管，妻子拿不到，方某的妻子渐渐厌烦了方某，二人的感情发生了裂痕。2012年方某以感情破裂为由向法院提起诉讼，请求法院判决离婚。在法庭上，方某的妻子认为医疗费、残疾人生活补助费等赔偿金是他们婚后共同所得，自己在方某出事后也尽到了扶养义务，100万元应作为夫妻共同财产进行分割，另外她还要求平分婚后购买的一套价值50万元的房产。法院在审理后认为，方某夫妻感情确已破裂，判决准予离婚；由于方某是残疾人，所以判决价值50万元的房产归方某所有，由方某支付给对方20万元；方某获得的100万元赔偿则属于方某的个人财产，不予分割。

 【解读】

本案是一起涉及夫妻个人财产范围的纠纷案。《婚姻法》第十七条规定："夫妻在婚姻关系存续期间所得的下列财产，归夫妻共同所有：(一)工资、奖金；(二)生产、经营的收益；(三)知识产权的收益；(四)继承或赠与所得的财产，但本法第十八条第三项规定的除外；(五)其他应当归共同所有的财产。夫妻对共同所有的财产，有平等的处理权。"《婚姻法》第十八条规定："有下列情形之一的，为夫妻一方的财产：(一)一方的婚前财产；(二)一方因身体受到伤害获得的医疗费、残疾人生活补助费等费用；(三)遗嘱或赠与合同中确定只归夫或妻一方的财产；(四)一方专用的生活用品；(五)其他应当归一方的财产。"由此可见，并非所有的婚后所得都属于夫妻共同财产。

本案中，方某因工伤使身体和精神受到严重伤害而获得的赔偿依法当属个人财产，不能将这些赔偿金作为夫妻的共同财产，因为如果将它作为夫妻的共同财产，一旦婚姻关系解体，其妻子将分走二分之一的赔偿金，那么方某将来可能出现救治无门、生活困难的情况。所以，方某的妻子是没有权利分割这笔100万元的赔偿金的。另外，按照《婚姻法》的规定，夫妻有相互扶养的义务，在方某残疾后其妻子对他进行照顾是她的义务所在，不能因此而要求分割方某的个人财产。婚后购买的房屋，双方对于该房产是夫妻的共同财产并无异议，离婚时应予分割，但法院考虑到方某是残疾人，将来可能会生活困难，所以在分割时照顾了方某，法院的判决是符合法律保护弱者的原则的。

由于方某获得的医疗费、残疾人生活补助费属于他的个人财产，而非夫妻共同财产，所以他对自己的个人财产有完全的处理权，他拿出1万元资助侄子读大学正是在行使自己的财产权利，他的妻子无权干涉。当然，现实生活中，为了维护家庭的和睦稳定，公民在处分属于自己所有的财产时，最好能与配偶协商一致，听取并尊重对方的意见，以免"后院起火"。

 【案例】

妻子向母校捐赠奖牌、奖金是否有效

王某是某田径项目的著名运动员，2004年与何某结婚后仍然坚持参加比赛，在2005年的比赛中获得了省冠军和全国冠军。2009年，王某正式退役。王某的公婆一直希望早早抱孙子，每次王某回老家，两位老人总是向王某与何某提孩子的问题，何某也跟王某说了好多次，但是王某每次都回答："刚刚到地方上工作，先不考虑要小孩。"自此他们的婚姻开始出现危机，而且危机一再升级。2011年10月，因为夫妻关系实在无法维系，何某提出离婚。两个人婚后共有存款25万元；结婚后何某的父母赠予的一套100平方米的住房，登记在何某的名下；王某在婚后获得金牌2枚、银牌1枚、奖金10万元（在2009年底，王某已将奖牌赠送给自己母校的校史陈列馆，并用10万元奖金在母校建立了"王某奖学金"）。二人对离婚均无异议，但在财产分割上存在分歧。丈夫何某认为25万元存款是夫妻的共同财产，应当平均分割；100平方米的住房是父母赠予自己的，应当是自己的个人财产；而王某之所以能多次获奖牌和奖金，与自己对她的支持和照顾是分不开的，王某未征得自己的同意即处分了属

于共有财产的奖牌和奖金，其捐赠行为无效，王某应以别的财产对自己进行补偿。王某对25万元的存款属于夫妻的共同财产没有异议，但认为何某父母赠予的住房，是在婚姻关系存续期间获得的，所以属于夫妻的共同财产，她有权分割；至于参加比赛获得的奖牌和奖金，那是通过自己的努力获得的，与何某无关。

【解读】

本案中，有两个关键问题值得注意：一是结婚以后何某父母赠与的、登记在何某名下的住房究竟是何某的个人财产还是夫妻的共同财产？二是如何看待王某在体育比赛中获得奖牌、奖金的属性？如果奖牌和奖金认定为是夫妻的共同财产，那么双方离婚时应当分割；如果认定为是个人财产，则离婚时奖金和奖牌只能归王某。

由于王某与何某对财产并无约定，应该按法定夫妻财产制来划分夫妻财产。而我国的法定夫妻财产制是由夫妻共同财产制和夫妻个人特有财产制构成的，按照这一财产制度，在婚姻关系存续期间，除了法律规定属于夫妻个人所有的财产外，夫妻一方或双方所获得的财产都归夫妻双方共有。我国《婚姻法》第十七条规定："夫妻在婚姻关系存续期间所得的下列财产，归夫妻共同所有：(一)工资、奖金；(二)生产、经营的收益；(三)知识产权的收益；(四)继承或赠与所得的财产，但本法第十八条第三项规定的除外；(五)其他应当归共同所有的财产。夫妻对共同所有的财产，有平等的处理权。"《婚姻法》第十八条规定："有下列情形之一的，为夫妻一方的财产：(一)一方的婚前财产；(二)一方因身体受到伤害获得的医疗费、残疾人生活补助费等费用；(三)遗嘱或赠与合同中确定只归夫或妻一方的财产；(四)一方专用的生活用品；(五)其他应当归一方的财产。"25万元是夫妻双方婚后的存款，系二人在婚姻关系存续期间获得的共同财产，离婚时应由双方平分。

在现实生活中，婚后一方父母出资给子女买房，父母出于人情、亲情的考虑一般不会明确地做出这样的表示：房子只赠给自己的儿子或女儿，儿媳或女婿可以住，但没有所有权。但几年后小两口离婚时，如果将房屋一概认定为共同财产来分割的话，势必会违背父母为子女购房的初衷，实际上也损害了出资的父母的利益。因此，最高人民法院《关于适用〈中华人民共和国婚姻法〉若干问题的解释（三）》第七条第一款规定："婚后由一方父母出资为子女购买的不动产，产权登记在出资人子女名下的，可按照婚姻法第十八条第（三）项的规定，视为只对自己子女一方的赠与，该不动产应认定为夫妻一方的个人财产。"按照该司法解释，本案中，何某的父母在何某与王某结婚后赠与的100平方米的住房，虽然何某的父母在当初并未明确表示只赠与何某，但也没有明确表示赠与何某、王某夫妻二人，且该房产登记在何某的名下，应视为只是对何某的赠与，所以该房产应认定为何某的个人财产。

王某所获的奖牌，是比赛主办方对取得优异成绩者个人的一种精神奖励，是代表运动员的一种荣誉象征，在法律上表现为其享有荣誉权，而荣誉权属于人身权的范围，是与特定的人身密不可分的。虽然奖牌本身含有一定的经济价值，但颁发奖牌的主要目的是对取得成绩的运动员进行精神激励，其所包含的精神价值远远高于经济价值。由于奖牌这种特定的人身属性及其很高的精神价值，所以奖牌虽是婚后所得，但只能归属于王某本人，不是夫妻的共同财产。既然奖牌是王某的个人财产，所以王某当然有权按照自己的意志进行处分，她将奖牌捐赠给母校的行为是有效的，并没有侵害到何某的财产权利。

至于王某在比赛期间所获得奖金是属于夫妻共同财产还是个人财产，存在很大争议，笔者认为应该属于夫妻共同财产。因为奖金是一种物质奖励，不具有人身专属性，根据《婚姻法》的规定，婚后一方所得的奖金属于夫妻共同财产，这里的奖金应理解为既包括工作中获得的、由单位发给的物质奖励，也包括由于个人出色的业绩而获得的来自政府部门或社会其他机构的物质奖励。

王某作为一个职业运动员，因为她出色的运动成绩，社会给予她的奖金，应当属于劳动收入的一部分，自然应该认定为夫妻共同财产。因此，王某未经何某同意，就将属于夫妻共同财产的奖金捐献给了母校，实际上侵害了何某的财产权。由于捐赠行为已经完成，财产权利已经转移，所以10万元奖金不能要求母校返还，离婚时王某应以其他的个人财产对何某的应得部分进行补偿。

夫妻约定财产

约定财产制，是指夫妻通过协商就婚前财产和婚后所得财产的归属、管理、使用、收益、处分、债务的清偿以及婚姻关系终止时财产的分割等问题达成协议，并排斥法定夫妻财产制适用的夫妻财产制。

近些年来，夫妻财产关系日益复杂，夫妻双方以约定的形式将财产的归属确定下来，有利于减少家庭纠纷，双方离婚时，由于有事先的约定，所以分割财产时比较便利。在现实生活中，为了保障一方的财产所有权不受离婚的影响，也为了防止骗婚骗财现象的发生，在很多家庭中也需要根据实际情况对婚前和婚后财产作出约定。

《婚姻法》第十九条规定了我国的夫妻约定财产制："夫妻可以约定婚姻关系存续期间所得的财产以及婚前财产归各自所有、共同所有或部分各自所有、部分共同所有。约定应当采用书面形式。没有约定或约定不明确的，适用本法第十七条、第十八条的规定。夫妻对婚姻关系存续期间所得的财产以及婚前财产的约定，对双方具有约束力。夫妻对婚姻关系存续期间所得的财产约定归各自所有的，夫或妻一方对外所负的债务，第三人知道该约定的，以夫或妻一方所有的财产清偿。"依此规定，约定财产制的内容主要有以下几点：

①约定的财产可以是婚前个人财产，也可以是婚姻关系存续期间所得的财产。

②约定财产应当以书面形式作出。

③约定财产的时间可以是结婚前、结婚登记时或者是结婚后。

④约定财产时夫妻双方应当具备完全民事行为能力，应当是双方自愿作出的真实的意思表示。

⑤约定财产的内容应当符合法律和社会公德，不能借约定规避法律或损害国家、集体和他人的利益。

⑥财产约定的效力包括对内的效力和对外的效力。对于婚姻内部而言，只要夫妻之间达成了财产约定，就对双方当事人具有约束力，双方按照约定享有财产所有权以及管理权，如果夫妻一方或双方要求变更或撤销原约定，必须经双方协商同意，并采用书面形式予以变更或撤销；在夫妻离婚时，如果有约定，应当按照约定的内容对财产加以处理。夫妻的财产约定对第三人并不发生当然的效力，只有约定为第三人明知时，才发生效力，即如果第三人不知道夫妻间的财产约定，该约定对第三人不发生效力，夫妻一方对第三人所负的债务，应作为夫妻的共同债务，以夫妻共同财产清偿。

 【案例】

为什么丈夫的工资是共同财产而妻子的工资却是个人财产

2004年张某（男）与王某（女）登记结婚。张某为了表达对王某的爱意，结婚时主动向王某提出：婚后王某的工资归王某本人所有，由王某负责支配。双方签订了书面的财产约定。婚后，王某把每月的工资存入银行，张某因收入较高，对王某的工资从不过问，而张某每月从自己的收入中拿出一部分用作家庭生活开支，剩余部分也存入了自己的银行存折，王某也未进行干涉。

2007年王某生育一子，王某的婆婆便从老家过来帮助照看孩子，因家庭琐事和经济问题，王某与婆婆发生了矛盾，导致夫妻关系日渐紧张。2008年在一次夫妻吵架时，张某一气之下与王某口头约定：今后个人挣钱个人花，个人财产由本人负责管理。2009年张某出国工作。2011年王某提出离婚，要求由自己抚养孩子，张某按月支付抚养费1000元，直至孩子年满18周岁止，同时还要求分割张某婚后以及出国期间的工资共50万元。张某同意离婚，但不同意分割50万元工资，他认为双方的工资在婚后都是各自支配，实际上已是个人财产，而2008年时又约定今后个人所得财产归个人所有，因此王某无权要求分割工资收入。而王某否认双方在2008年做出过分别财产的口头约定。

 【解读】

根据我国《婚姻法》第十九条的规定，夫妻双方可以就夫妻财产关系另行约定，从而排除法定夫妻财产制的适用。夫妻约定财产时，可以约定婚姻关系存续期间所得的财产归各自所有，也可以约定婚姻关系存续期间所得的财产归双方共同所有，还可以约定婚姻关系存续期间所得的财产部分各自所有、部分共同所有。夫妻依法对财产做出约定应当尽量全面、明确，凡是没有约定或者约定不明确的，才适用法定夫妻财产制。这意味着约定财产制可优先于法定财产制适用。

按照法律的规定，夫妻约定财产时，双方应当具有完全的民事行为能力，必须是在平等协商的基础上自愿做出的，约定的财产不得超出夫妻个人财产和共同财产的范围，不得损害国家、集体和他人的利益。因为约定的财产涉及夫妻双方重大的财产处理，而且有可能影响到第三人的财产利益，所以法律要求夫妻进行财产约定时采取书面形式。

夫妻就财产进行约定后，该财产约定就对双方当事人都具有约束力，双方都应遵守，在夫妻离婚时，应当按照约定的内容对财产加以处理。

本案中，张某与王某结婚之时，就对王某婚后所得的工资作了书面约定——王某的工资归王某本人所有，根据前述财产约定成立的有效条件，具有完全民事行为能力的夫妻自愿订立约定，且约定的内容合法，就是合法有效的，因此张某与王某结婚之初订立的这个约定对夫妻双方发生法律效力，王某婚后的工资应当依书面约定认定为王某的个人财产。而张某结婚后至2008年双方吵架订立口头财产约定之前的工资，由于双方没有作出约定，所以应当适用夫妻共同财产制，即该财产属于夫妻共同财产，离婚时应予分割。

现实生活中，很多夫妻进行约定财产时没有采用书面形式，就像本案中的张某与王某，二人在吵架时，一时兴起随口订立了财产约定，事后也没有及时补充订立一个书面协议，像这样的口头约定是否具有法律效力呢？在不影响第三人财产利益的情况下，如果夫妻双方都承认这个口头约定，那么也应当承认它的效力；但是口头协议如果影响到第三人的财产利益的，或者夫妻二人对口头约定有争议的，则视为没有约定。在没有约定或者约定不明确时，就只能适用法定夫妻财产制了。本案中，张某与王某在2008年有过口头财产约定，但因为双方事后没有补订书面协议，以至于离婚时发生了争议，张某认为有约定，而王某否认订立过这样的约定。在这种情况下，法律只能视为没有约定，既然没有约定，2008年吵架之后张某的财产包括张某出国期间的工资只能认定为夫妻共同财产，离婚时应当进行分割。在此，笔者也提醒读者，为了避免今后产生纠纷，一定要使自己的财产约定有确定的依据，制作书面的财产约定并由夫妻双方签字，这是最好的办法。

 【案例】

夫妻对财产的约定能否对抗债权人

刘某是一经营烟酒的个体工商户，2007年10月因经营之需向朋友靳某借款2万元。因逾期未还，靳某向法院起诉。法院判决刘某于判决生效后10日内付清欠款。但刘某未按期给付。靳某无奈之下，申请法院强制执行，刘某仍未按法院的执行通知规定的期限履行义务。靳某于是申请法院对刘某百货店中的商品予以查封、变卖。刘某的妻子向执行法官称，早在2007年5月，她就已与刘某约定，店中的烟酒属其所有，并出示了双方的协议，店中的财产归其所有，不同意用于清偿刘某的债务。刘某同意妻子的说法，但夫妻二人未提供有关证据，而靳某声称刘某从未向其出示过协议，他根本不知道刘某夫妇之间已有财产约定。

法院经研究后，裁定查封刘某店中的全部商品，并在刘某仍拒不履行的情况下，委托拍卖行把商品予以变卖，所得价款清偿了刘某的欠款。

【解读】

本案是一起涉及夫妻的财产约定对第三人效力的案件，本案的关键在于夫妻财产约定的对外效力及举证责任分担问题。

夫妻财产约定对第三人的效力，是指夫妻对婚姻财产的约定可否对抗第三人（主要是债权人），如果承认其对外效力，则可依约定对抗第三人，如果不承认其对外效力，则不能依约定对抗第三人。根据《婚姻法》第十九条第三款，在夫妻财产约定中，凡第三人事先知道夫妻财产约定的，则该约定具有对抗第三人的效力，由举债的夫或妻一方以个人财产清偿债务；反之，第三人不知道该夫妻财产有约定，则该约定不得对抗第三人，夫妻任何一方不得以债务不是自己欠的、夫妻有约定为借口拒绝承担该债务。夫妻中未举债的一方只要不能证明作为债权人的第三人知道该财产约定的，均得以夫妻共同财产和个人财产先行对第三人清偿债务，清偿后，夫妻中未举债的一方再向另一方追偿。所以，夫妻之间财产约定并不必然对抗第三人。

在现实生活中，对夫妻婚姻关系存续期间所得的财产进行约定，外人是很难知道的。当前，我国法律也没要求必须进行公示，所以即使夫妻对这种财产约定进行了公证，或者有其他形式的登记，第三人也是很难知道的。事实上，对大多数夫妻来说，他们也不愿将这种约定进行公示。因此，在夫或妻一方对外负有债务时，债权人很难知道他们在婚姻存续期间所得的财产是否有约定。在此情况下，如果要求债权人知道，或者推定他们应当知道，就势必损害债权人或第三人的利益，使其合法债权得不到法律的有效保护，也容易使夫或妻以有约定为借口而逃避债务。最高人民法院《关于适用〈中华人民共和国婚姻法〉若干问题的解释（一）》第十八条规定："婚姻法第十九条所称'第三人知道该约定的'，夫妻一方对此负有举证责任。"所以，第三人是否明知夫妻间的财产约定，应当由夫妻负举证责任，如果有确凿的证据证明第三人知道夫妻财产约定，比如在债权债务文书中注明债务方夫妻实行约定制，且注明了约定内容的，那么夫妻财产约定的效力及于第三人，该第三人不能要求未举债的夫妻一方承担另一方不能偿还的债务，只能要求债务人用个人财产清偿。如果夫妻没有这样的证据，就不能以有约定为由对抗第三人，这样一方的债务也必须以夫妻共同财产清偿。

本案中，难有充分的证据证明第三人（债权人）靳某在借钱给刘某时已经知道刘某夫妻关于财产归属的协议，他有理由相信刘某夫妇的财产是共有的，刘某一方的举债就是夫妻双方共同的举债，在债务清偿时，他有权要求刘某清偿，也有权要求刘某夫妻以共同财产清偿。债务人刘某的妻子称刘某已将其夫妻财产约定的协议向债权人靳某出示过，对于这一主张，刘某夫妇应承担举证责任。而刘某夫妇并未提供出充分的证据证明靳某在将钱出借时确知刘某夫妇已有财产约定。因此，法院通过法定程序将刘某店中的商品予以处理，用于清偿刘某欠靳某的债务，是完全合情合理合法的。

夫妻间互相扶养的义务

《婚姻法》第二十条规定："夫妻有互相扶养的义务。一方不履行扶养义务时,需要扶养的一方,有要求对方付给扶养费的权利。"

夫妻间的扶养义务是相互的、对等的,一方向另一方所负的扶养义务,也是另一方所享有的权利。夫妻双方应自觉地履行扶养义务,特别是在一方年老、多病或丧失劳动能力、生活困难的情况下,有负担能力的一方,更应主动承担扶养义务,任何一方都不能只强调自己应享有的受扶养的权利而拒绝承担对对方的扶养义务。

夫妻间的扶养义务是基于夫妻双方婚姻的效力而产生的,因此扶养的权利义务开始于婚姻缔结之日,消灭于婚姻终止之日,不论当事人婚后的感情如何,婚姻的实际情形如何。

夫妻间扶养义务的内容包括夫妻之间相互为对方提供经济上的供养、精神上的安慰和生活上的扶助,以此维系婚姻家庭日常生活的正常运行。

夫妻间的扶养义务属于民法上的强行性义务,夫妻不得以约定形式改变这种法定义务。尽管婚姻法允许夫妻约定在婚姻关系存续期间所得财产的归属,但是无论夫妻就财产问题作出何种约定,都不能免除夫妻间相互扶养的法定义务。在现实生活中,有的夫妻约定各自的工资归各自所有,这并不意味着丈夫和妻子只负担各自的生活费用而可以不承担扶养对方的义务。

当夫妻一方没有固定收入、缺乏生活来源,或者无独立生活能力而生活困难,或因患病、年老等原因需要扶养,另一方不履行扶养义务时,需要扶养的一方有权要求对方承担扶养责任。如果双方因扶养问题发生纠纷，可以请有关部门进行调解，或者直接向人民法院提起诉讼。人民法院在审理扶养纠纷案件时，可首先进行调解，如调解无效，人民法院应当及时依法判决，强制义务人履行扶养义务。义务人拒不履行扶养义务，情节恶劣构成犯罪的，应按刑法有关规定追究其刑事责任。

 【案例】

一个农家妇女的悲剧人生

2010年5月，某市人民法院民事审判庭的李法官接到了一份起诉书，原告在起诉书上自称胡某是一个绝症患者，可能只剩下几个月的生命了。起诉书中胡某并没有透露太多的情节，只是表明她在该市某镇一处山坡上的窑洞里养病，已经很长时间没见过丈夫和孩子了。起诉书的最后，胡某要求她的丈夫张某对她承担扶养责任。

胡某和丈夫张某1999年结婚，第二年生下女儿，小日子过得安稳幸福。由于当地经济发展比较滞后，夫妻俩人主要依靠打工维持家庭，而且从事的都是传统的体力工作。由于胡某的吃苦耐劳勤俭持家，结婚几年以后，夫妻两人就在原有房子的基础上，盖起了前后带院子的大房子。胡某和张某也是人们公认的好夫妻。

胡某命运的逆转发生在2005年，她开始出现恶心、发低烧等症状，起初谁都没有在意，直到2008年，胡某的身上出现明显的红斑，才确诊患上了红斑狼疮。得了这个病的人，自身免疫系统发生了紊乱，病因不详，而且几乎无法治愈。但是如果得到正确及时的控制，可以延缓病情，让患者有很长时间的寿命。胡某没有这么幸运，她的病发展特别快。与疾病随之而来的，不仅是身体的改变。胡某发现，丈夫也和从前不一样了。在家养病的日子里，她总觉得丈夫张某找各种借口外出，不愿意陪伴在她身边。

自从胡某的病情被确诊以后，大大小小的医院她进过八九家，以前辛苦攒下的积蓄，也渐渐花光了。但是治疗的效果并不好，胡某的病情一天天恶化。最后一次住院，夫妻两人产生了严重的分歧。张某倾向于让胡某回家休养，因为他没钱支付住院费了。把胡某接回家以后，张某就外出打工，几乎不回家，他请了一个保姆照顾胡某的生活起居。四个月后，保姆被辞退了，张某的理由还是没钱支付保姆费。

2009年年底的一天，胡某的母亲去探望女儿，却看见女儿一个人在家，忍受病痛的折磨。胡家的老母亲不放心自己的女儿一个人留在张某家，她执意将胡某接到了自己家住。从此，两家的矛盾就激化了，后来张某就停止了对妻子的供养，胡某失去了经济来源，同时被切断的，还有与丈夫、孩子的血脉亲情。2010年3月，张某以妻子长时间住在娘家，夫妻感情破裂为由，向市人民法院提起离婚诉讼。虽然张某很快就撤诉了，但是他的这个举动无疑激怒了胡某和所有胡家的人。2010年4月，胡某委托代理律师向市人民法院提起诉讼。但是她要起诉的不是离婚，而是让丈夫尽扶养义务，给她治病。经过李法官的调解，2010年6月，张某主动把胡某接回了家中。那是胡某生命的最后一段时光，她的快乐和悲伤外人不得而知，但是她终于回家了，最起码她可以看到自己的孩子，这可能是她仅能得到的一点安慰了。2010年10月，胡某离开了人世。

【解读】

任何社会都存在着老弱病残等丧失劳动能力、没有生活来源的弱势群体，而法律所设定的扶养制度对于这些弱者起着重要的保护作用。所谓扶养，是指一定亲属之间相互供养和扶助的法定权利与义务，它既包括经济上的供养，如生活费、患病者的医疗救治费用、护理费用等，还包括精神上、体力上的扶助。在我国，法律上的扶养有广义和狭义之分。广义的扶养是指特定亲属间相互供养的法律责任，并没有身份、辈分的区别，如父母与子女间的、夫妻间的、兄弟姐妹间的相互供养。狭义的扶养，是专指同辈的亲属之间相互供养的法律责任，包括夫妻之间和兄弟姐妹之间的相互供养。扶养关系存在于哪些亲属之间、扶养关系的具体内容和发生扶养的条件都由法律作出明确的规定，凡是与法律规定情形相符合的，则必然地发生扶养的权利义务关系。本案中，胡某之所以能够向人民法院起诉，要求张某承担扶养责任，并能获得法官的支持，原因就在于依据《婚姻法》的规定，胡某与张某之间存在这种法定的扶养关系。

夫妻间的扶养责任是基于夫妻双方婚姻的效力而产生的。夫妻间的相互扶养既是义务又是权利，即夫妻都有扶养对方的义务，也都有接受和要求对方扶养的权利。在现实生活中，当双方都有经济来源、身体健康时，通常不需要这种扶养的责任，但当一方因患病、身体残疾或者失业、下岗而失去生活自理能力、经济来源的时候，另一方必须给予扶助，不得附加任何条件，这不仅是一种道义上的要求，也是法律规定的强行性义务，即使这时双方感情出现裂痕或者正处于分居状态，只要婚姻关系存续，这种扶养的义务就不能免除。本案中，胡某患有红斑狼疮，无法工作，无任何经济收入，而张某身体健康，有扶养能力，依法应对胡某尽扶养义务。但是张某弃妻而走，外出打工，几乎不回家，使丧失生活能力的妻子无法正常生活。而在胡某被母亲接回娘家后，张某断绝了一切供给，使重病中的胡某得不到及时治疗。张某没有履行对妻子的扶养义务，这是法律所不允许的。

夫妻间扶养的方式和数额，需要按照扶养权利人的需要和扶养义务人的能力来均衡确定。实践中，确定扶养费的标准一般要参考以下情况：被扶养人扶养费用的实际缺口；当地的最低生活标准；扶养人的收入给付能力。需要指出的是，扶养义务人每月除了按时支付钱款外，在实际生活中还应当给予扶养权利人生活上的照料和精神上的抚慰。本案中，胡某的人生结局还不算太糟糕，在法官的努力下，张某认识到自己的过错，主动把胡某接回家，履行了他作为丈夫应当履行的扶养义务，使胡某终于在人生最后的日子里感受到了夫妻之间的恩情。

父母有抚养教育子女的义务

父母子女关系是家庭关系的重要组成部分，因为父母子女是血缘最近的亲属。《婚姻法》所调整的父母子女关系内容非常广泛，不仅包括婚生的父母子女关系、非婚生的父母子女关系，还包括养父母与养子女的关系以及继父母和接受其抚养教育的继子女的关系。

《婚姻法》第二十一条规定："父母对子女有抚养教育的义务；子女对父母有赡养扶助的义务。父母不履行抚养义务时，未成年的或不能独立生活的子女，有要求父母付给抚养费的权利。子女不履行赡养义务时，无劳动能力的或生活困难的父母，有要求子女付给赡养费的权利。禁止溺婴、弃婴和其他残害婴儿的行为。"

所谓抚养，是指父母从物质上、经济上对子女的养育和照料。所谓教育，是指父母在思想品德、学业等方面对子女的关怀和培养，父母应当以良好的道德品质和适当方法教育未成年子女，并且尊重未成年子女受教育的权利，保证未成年子女按照规定接受义务教育，不得迫使在校学习的未成年子女辍学。抚养教育好子女，不仅是父母对子女应尽的法律义务，同时也是对社会应尽的义务。

父母对未成年子女的抚养教育是无条件的、必须履行的义务，即使父母离婚，无论子女随哪一方共同生活，也不免除另一方对子女的抚养义务。当子女年满18周岁且能够独立生活，或子女已满16周岁未满18周岁，能以自己的劳动收入维持当地生活水平的，父母不再负担抚养义务。如果成年子女不能独立生活，父母仍有抚养的义务。最高人民法院《关于适用〈中华人民共和国婚姻法〉若干问题的解释（一）》第二十条规定："婚姻法第二十一条规定的'不能独立生活的子女'，是指尚在校接受高中及其以下学历教育，或者丧失或未完全丧失劳动能力等非因主观原因而无法维持正常生活的成年子女。"

父母不履行抚养义务时，未成年的或不能独立生活的子女，有要求父母付给抚养费（包括子女生活费、教育费、医疗费等费用）的权利。追索抚养费的要求，可以由扶养义务人所在单位和有关部门调解，也可以通过诉讼程序直接向人民法院起诉。对于子女的诉讼请求，法院应予支持，人民法院根据子女的需要和父母的抚养能力，通过调解和判决方式确定扶养费的数额、给付期限和方法。对于拒不履行扶养义务、恶意遗弃未成年子女，情节严重构成犯罪的，应当依法追究刑事责任。

 【案例】

妻子生产死在医院，丈夫一怒将女儿丢弃在医院

2010年7月的一天，高先生的妻子到医院住院分娩，第二天生下一女婴，但因羊水栓塞、产后出血、弥散性血管内凝血及多脏器功能衰竭，高先生的妻子于入院的第三日死亡。高先生认为是医院的医疗事故导致妻子死亡，而医院不承认，高先生一怒之下将刚出生的婴儿丢弃在医院，长达数月之久。医院多次找他协商解决无果。无奈之下，医院诉至法院，要求高先生将其女儿从医院接走并支付医院抚养他女儿的抚养费9000元。

医院在法庭上出示了高先生妻子的尸体解剖报告书，证明她的死亡原因不属于医疗事故。高先生说，自己离开医院后，再没有见过女儿，因为医院告诉他，等尸体火化之后才让见孩子。医院则告诉法官，孩子每天都检查很正常，他们多次与高先生协商接走孩子，但对方要求医院高额赔偿，否则不接走孩子。

　　审理结束后，原被告双方都表示愿意庭外协商解决问题。最终，在法官的劝说下，双方和解，高先生接回了女儿。

【解读】

　　今天的中国，由于实行计划生育政策，家庭中的子女很少，大多数子女在家中都是小皇帝、小公主，被父母视为掌上明珠，呵护备至，而本案中的女婴却因一场医患纠纷被抛弃在医院，不仅没有享受到父母的关爱与呵护，反而成为父亲往外踢的"球"和向医院讨要高额赔偿的砝码。

　　《婚姻法》第二十一条规定："父母对子女有抚养教育的义务"，"父母不履行抚养义务时，未成年的或不能独立生活的子女，有要求父母付给抚养费的权利"，明确了父母对未成年子女和不能独立生活的子女的抚养责任，即父母对这些子女应提供经济上的供养和日常生活上的照料，以保障子女的生存和健康成长。父母对未成年子女的抚养是无条件的，除法律另有规定外，任何情况下都不能免除父母的抚养义务。父母对子女的抚养教育义务，从子女一出生就开始了，通过每天对子女的点点滴滴的照顾、教育，使子女能够茁壮成长，父母不论何种原因都不能危害子女的生命健康，因此《婚姻法》特别规定："禁止溺婴、弃婴和其他残害婴儿的行为。"

　　本案中，女婴刚刚出生，由于其母亲已经去世，女婴的父亲担负起抚养的义务责无旁贷，高先生不仅要向女儿提供在医院的医疗费，还要提供她成长过程中的一切物质费用。需要指出的是，即使高先生提供了这样一些经济上的费用，还不能认为他已经尽到了做父亲的职责，因为他必须负责照料女儿的日常生活，孩子太小了，吃、喝、拉、撒等一切都不能离开家长的护理。高先生把女儿扔在医院，不仅不提供经济上的费用，也没有履行日常照顾的职责，他的行为属于弃婴行为，显然违背了法律的基本要求。当然，高先生把女儿遗弃在医院，也有自己的想法，他认为妻子生产时死在医院，医院就应当对他进行赔偿，不赔偿，就让医院抚养女儿，直到医院赔偿为止，在这里女儿成为他处理与医院的医患纠纷的砝码，他的这种做法是错误的。他与医院之间的医患纠纷可以通过诉讼途径解决，但绝不能靠牺牲女儿受抚养的权利来解决。

 【案例】

高中毕业的待业青年要求父母支付生活费

罗某，女，1990年出生，2009年参加高考，但落榜了，2010年参加招考空姐的考试，因成绩不好，未被录取，于是在家待业，整天无所事事。罗某的父母因家中生活困难，多次劝罗某去做临时工，但她嫌累不愿干。后来罗某提出要父母每月给她300元的零花钱，父母不给，她就大吵大闹了一番，然后离家出走了。一个月之后罗某以父母不抚养不能独立生活的子女为由将父母告上法庭，请求法院强制其父母给付抚养费。法院查明事实后，对罗某进行了教育，经调解无效，作出判决：在原告罗某就业前，由二被告——罗某的父母一次性给予原告生活补助费300元钱。在判决生效后不到3天，罗某就去一家饭店做了临时工。

 【解读】

父母对子女履行抚养的义务，本是道德和法律的双重责任，但是如果子女已经成年，父母生活困难，子女还能要求父母履行抚养的责任吗？

《婚姻法》第二十一条规定："父母对子女有抚养教育的义务；子女对父母有赡养扶助的义务。父母不履行抚养义务时，未成年的或不能独立生活的子女，有要求父母付给抚养费的权利。子女不履行赡养义务时，无劳动能力的或生活困难的父母，有要求子女付给赡养费的权利。"父母对子女的抚养期限是从子女出生至其18周岁时为止，父母对这一阶段子女的抚养是无条件的。

子女满18周岁之后，父母对他们的抚养就是有条件的，父母只对不能独立生活的子女有抚养的义务，根据最高人民法院《关于适用〈中华人民共和国婚姻法〉若干问题的解释（一）》第二十条的规定，父母只对尚在校接受高中及其以下学历教育的成年子女，以及丧失或未完全丧失劳动能力等非因主观原因而无法维持正常生活的成年子女有抚养的义务。据此，当子女年满18周岁且能够独立生活，或子女已满16周岁未满18周岁，能以自己的劳动收入维持当地生活水平的，父母不再有法定的抚养义务，当然，父母自愿供给，法律也不禁止。

本案中，罗某所理解的父母对子女抚养义务是错误的，在她看来，只要她没有就业，没有收入，那么她就是不能独立生活的子女，即使她已成年，父母也应当支付她的生活费。按照我国法律的规定，父母只对未成年的子女和不能独立生活的成年子女有抚养的义务，不能独立生活的成年子女，一是指无劳动能力的，如身体有残疾，二是指由于客观原因不能立即就业的人，如因为上高中而不能立即就业因而生活上不能独立，对于这两种子女，父母必须负担抚养费。但罗某不属于这两种情况，她已成年，且身体健康、有劳动能力，可以自己养活自己，能够独立生活，只是因为好吃懒做、不去就业才使得自己没有生活来源，因此，她已经不再享有向父母索要生活费的请求权了。法官判决罗某的父母一次性给她生活补助费300元，也是为了促使罗某能自食其力、不再依赖父母生活。而果真如法官所预料的，在判决生效后不到3天，罗某就去一家饭店干了临时工，迅速走上了自食其力的道路。

 【案例】

孩子玩闹伤人，究竟由谁赔偿

小明和小宇是某小学三年级学生，二人是好朋友，放暑假了，二人相约到他们家附近的小树林去玩。在小树林里，小明发现不远处的树上有一只小鸟，就立即掏出弹弓瞄准。恰好此时小明的邻居高中生小周（18周岁）路过这里，小周打算和小明开个玩笑，不想让小明打中小鸟，就猛地捅了小明的胳膊一下，恰在此时小明弹出了弹弓上的小石子，小石子歪向一边，射中了小宇的右眼，小宇当场昏了过去。小周和小明赶紧把小宇送到医院抢救，虽然医院采取了种种治疗方案，但小宇的右眼还是失明了。小宇先后花去医疗费、交通费、护理费共计138000元。小明的父母早已离婚，小明与父亲共同生活，小明的父亲是下岗工人，每月打零工的收入仅能维持父子的生活。小宇的父母先找到小明的父亲要求赔偿，小明的父亲认为如果不是小周捅了小明一下，弹弓就不会射偏，小宇也不会受伤，所以应当由周家赔偿，况且自己收入不高，根本无力承担赔偿费。小宇的父母又找到小周的父母，小周的父母认为小宇的眼睛是由小明的弹弓射伤的，出了事应当找小明的父母。最后，小宇的父母找到小明的母亲，小明的母亲认为是小明的父亲没有教育好孩子，孩子又不跟着自己生活，不能承担赔偿责任。小宇的父母多次找两个孩子的父母，要求他们承担相应的费用，都遭到拒绝。无奈之下，小宇的父母起诉到法院。法院判决小宇的医疗费、护理费、交通费等138000元，由小明的父母共同承担82800元，小周的父母承担55200元。

【解读】

这是一起未成年人致人损害的纠纷案件。小明家和小周家都拒绝赔偿，那么小宇受到的伤害，到底应当由谁负责呢？本案的关键问题是确定致害人的责任问题。

我国《婚姻法》第二十三条规定："父母有保护和教育未成年子女的权利和义务。在未成年子女对国家、集体或他人造成损害时，父母有承担民事责任的义务。"所谓保护，是指父母防范和排除来自自然界和社会对未成年子女的人身和财产权益的非法侵害。当未成年子女的人身和财产权益受到他人侵害时，父母有权以法定代理人的身份提起诉讼，请求排除侵害、赔偿损失。在子女从事与其年龄不相称的民事活动时，应当由父母代理或取得父母同意，以切实保障子女的健康和安全以及交易的安全。所谓教育，是指父母按照法律和道德的要求，对未成年子女的言行给予必要的约束，这里的教育主要侧重于管教。由于未成年子女的理解能力和自我控制能力相对较差，法律赋予父母保护和管教未成年子女的权利和义务，一方面可以保障子女的安全和利益，另一方面也可以有效地防止未成年子女损害他人和社会的利益。父母对未成年子女的保护和教育，既是权利又是义务，保护不等于溺爱迁就，教育也不等于粗暴体罚，对孩子只养不教的做法是错误的。

由于父母对未成年子女有保护和教育的权利和义务，当未成年子女给国家、集体和他人造成损害时，因为他们属于无民事行为能力或限制民事行为能力人，没有承担民事责任的能力，因此他们的父母要承担民事责任。我国《民法通则》第十六条规定："未成年人的父母是未成年人的监护人"；第一百三十三条规定："无民事行为能力人、限制民事行为能力人造成他人损害的，由监护人承担民事责任。监护人尽了监护责任的，可以适当减轻他的民事责任。有财产的无民事行为能力人、限制民事行为能力造成他人损害的，从本人财产中支付赔偿费用。不足部分，由监护人适当赔偿，但单位担任监护人的除外。"据此，未成年子女对国家、集体或他人造成损害时，由父母共同承担民事责任。本案中，小明打弹弓的行为和小周用手碰弹弓的行为共同导致了小宇眼睛失明这一损害结果的发生，是共同侵权行为，但小明手持弹弓，应承担主要责任，小周只是捅了小明一下，应承担次要责任。

小明尚未成年，是无民事行为能力人，应由其监护人——小明的父母承担民事责任。但当时，小明的父母已经离婚，小明跟随父亲生活，在此情形下，小明致伤他人的损失是应当由小明的父亲一人承担呢，还是由小明的父母二人共同承担呢？小明的父母是未成年人小明的法定监护人，虽然二人已经离婚，但他们与小明的父母子女关系并没有改变，对小明的监护责任并没有免除。最高人民法院《关于贯彻执行〈中华人民共和国民法通则〉若干问题的意见（试行）》第一百五十八条规定："夫妻离婚后，未成年子女侵害他人权益的，同该子女共同生活的一方应当承担民事责任；如果独立承担民事责任确有困难的，可以责令未与该子女共同生活的一方共同承担民事责任。"按照此规定，父母离婚后，未成年子女给他人造成损害的，与该子女共同生活的父或母一方首先承担民事责任，因为伤害毕竟是在该方对子女直接抚养、监护时发生的。如果该方承担民事责任没有困难，则另一方可不承担责任，但如果该方承担民事责任有困难、缺乏赔偿能力，则不与未成年子女共同生活的另一方就必须一起承担民事责任。本案中，小明致伤同学后，首先由直接抚养他的父亲承担赔偿责任，但由于小明的父亲承担赔偿责任的能力有限，因此法院判决小明的母亲和小明的父亲一起赔偿小宇的医疗费、护理费、交通费等费用。

根据最高人民法院《关于贯彻执行〈中华人民共和国民法通则〉若干问题的意见（试行）》第一百六十一条规定："侵权行为发生时行为人不满十八周岁，在诉讼时已满十八周岁，并有经济能力的，应当承担民事责任；行为人没有经济能力的，应当由原监护人承担民事责任。行为人致人损害时年满十八周岁的，应当由本人承担民事责任；没有经济收入的，由扶养人垫付；垫付有困难的，也可以判决或者调解延期给付。"小周在发生侵权行为时已满18周岁，应由其本人承担民事责任，但由于小周尚在校学习，没有经济收入，所以应当由小周的父母垫付。

法院判决小明的父母承担赔偿费中的82800元（赔偿总金额的60%），小周的父母承担55200元（赔偿总金额的40%），是完全正确的。

需要指出的是，父母承担的责任以民事责任为限，当未成年子女的行为触犯刑律时，父母不能代其承担刑事责任。

子女有赡养扶助父母的义务

《婚姻法》第二十一条规定："父母对子女有抚养教育的义务；子女对父母有赡养扶助的义务。父母不履行抚养义务时，未成年的或不能独立生活的子女，有要求父母付给抚养费的权利。子女不履行赡养义务时，无劳动能力的或生活困难的父母，有要求子女付给赡养费的权利。禁止溺婴、弃婴和其他残害婴儿的行为。"《婚姻法》在这一条中既规定了父母对子女的抚养义务，又规定了子女对父母的赡养义务，说明了父母子女间的权利和义务是对等的，养老育幼是建立在亲子关系平等的基础之上的。

赡养是指子女对父母的供养，即在物质上和经济上为父母提供必要的生活条件。扶助是指子女对父母在精神上和生活上的关心、慰藉、帮助和照料。当父母抚养了子女，对家庭和社会尽到了责任时，父母年老以后子女应当尽赡养扶助的义务。由于我国目前社会福利事业相对不足，国家和社会对老年人的物质帮助，还不能完全取代家庭的职能，因此我国现阶段赡养老人仍然主要依靠家庭。

赡养扶助义务的主体是已经独立生活确有赡养能力的成年子女，已满十六周岁不满十八周岁的但以自己的劳动收入作为主要生活来源并维持当地一般生活水平的子女也是赡养的义务主体。未成年子女或没有独立生活能力的成年子女不在法律规定的赡养义务人之列。

赡养扶助义务的具体内容有：赡养人应当对父母提供经济上的供养、生活上的照顾和精神上的慰藉，照顾老年人的特殊需要；赡养人对患病的父母应当提供医疗费用和护理；赡养人应当妥善安排父母的住房，不得强迫父母迁居条件低劣的房屋，父母自有的或者承租的住房，赡养人有维修的义务；赡养人有义务耕种父母承包的田地，照管父母的林木和牲畜等，收益归父母所有。

子女对父母的赡养是法定的义务，不得附加任何条件，赡养人不得以放弃继承权或其他理由，拒绝履行赡养义务。当子女不履行赡养义务时，法律赋予父母有向子女索要赡养费的权利，父母可以直接向子女索要赡养费，也可以请求有关组织调解，说服子女给付赡养费，父母还可以通过诉讼程序，由法院通过调解和判决方式，确定子女给付赡养费的数额和给付办法。赡养费的数额要达到同子女本人同等的生活水平。对追索赡养费的请求，法院可以依法裁定先予执行。赡养义务人有能力赡养而拒绝赡养，情节严重，构成遗弃罪的，应依法追究其刑事责任。

 【案例】

养老协议能否免除儿子的赡养义务

家住农村的贾老汉与老伴共生育三个儿子金山、银山、玉山，儿子们都已成家立业。两个老人身体不好，需要儿子们的照顾，于是三兄弟在2007年签订了一个养老协议，该协议约定：父母的全部房产归金山所有，金山负赡养义务，今后父母的一切生活事宜都由分得财产的金山负责；因为没有分得财产，银山和玉山不再对父母承担赡养义务。此后，贾老汉与老伴就一直与金山生活在一起。2010年，贾老汉生病住院，前后共花去医疗费3万元。住院后，他一直由金山照顾，银山和玉山不仅拒绝承担任何费用，而且从不去医院照顾患病的父亲。无力承担医药费的贾老汉只得诉至法院，请求判令三个儿子共同支付医疗费。银山和玉山也是一肚子的委屈："当初说好的财产归金山，养老也归金山，怎么能事后反悔呢？我们一分钱没捞着，怎么还要我们养老？"2012年3月，县法院审理后认为，贾某夫妇对巨额的医疗费无力支付，三个儿子给予帮助是其法定应尽义务，鉴于有分家协议中的约定及被告大儿子的实际经济状况，可由金山适当多承担一部分。遂判决金山给付原告医疗费1.5万元、银山、玉山分别给付原告医疗费0.75万元，案件受理费100元由三被告均担。

 【解读】

父母不分给财产，子女是否可以不养老？赡养义务是否可以通过签订养老协议免除？这是很多人都十分关心的问题，不少人对此还存在误解。

在本案中，三个儿子之间就养老问题订立了养老协议，协议也就是合同，我们老百姓都知道这样一个朴素的道理：一诺千金，签订了合同就应当信守合同。但是养老合同是不适用《合同法》的，因为《合同法》只调整平等主体就交换财产利益或设定、变更财产关系而签订的合同，涉及婚姻、收养、监护等身份关系的协议，不受合同法的调整，而是适用《婚姻法》、《收养法》、《老年人权益保障法》等调整身份关系和保护特定人群利益的法律。

《婚姻法》第二十一条规定："父母对子女有抚养教育的义务；子女对父母有赡养扶助的义务。父母不履行抚养义务时，未成年的或不能独立生活的子女，有要求父母付给抚养费的权利。子女不履行赡养义务时，无劳动能力的或生活困难的父母，有要求子女付给赡养费的权利。"《老年人权益保障法》第十五条规定："赡养人应当使患病的老年人及时得到治疗和护理；对经济困难的老年人，应当提供医疗费用。"根据这些条款的规定，子女对父母的赡养义务是法定义务，不得随意处置、转让和放弃。现实生活中，有些家庭中有多个子女，赡养人可以通过订立协议的方法明确赡养义务履行的具体内容、具体承担方式，条件好的多负担一些，条件差的少负担一些，只要这种协议不违反法律、不损害被赡养人利益，且是赡养人之间自愿订立的，是各方真实的意思表示，那么法律也不禁止赡养人签订这样的协议。但是需要注意的是，无论子女签订怎样的养老协议，子女赡养父母的法定义务始终存在，不因养老协议的存在而免除。若因赡养问题发生纠纷，或因被赡养人的生活境况后来发生改变，如生病、残疾等要求增加赡养费时，该协议不具有对抗法定赡养义务的效力。

本案中贾老汉的三个儿子签订的免除银山、玉山赡养义务的协议条款，在各方当事人之间未产生纠纷的情况下，可以按照此协议执行。但贾老汉因患病向子女索要赡养费并不以子女事先签订有养老协议为必要，当贾老汉以索要赡养费为案由起诉到法院时，尽管三个儿子签订有养老协议，法院仍要按照法律对赡养人义务的规定，判断、衡量每个赡养人是否履行了应尽的义务。在金山无力独立承担赡养义务时，养老协议对银山和玉山赡养义务的免除就与二人对贾老汉的法定赡养义务发生了冲突，此时约定无效，因为子女对父母的赡养义务是法律规定的强行性义务，体现意思自治的约定要受强行性规范的制约。因此，银山和玉山对父亲仍应承担赡养义务。而银山和玉山认为自己放弃了父母的房产，就可以以此为理由拒不养老，这个认识也是错误的。《老年人权益保障法》第十九条规定："赡养人不得以放弃继承权或者其他理由，拒绝履行赡养义务。赡养人不履行赡养义务，老年人有要求赡养人给付赡养费的权利。"据此，子女对父母的赡养是无条件的，只要父母需要，子女就应当履行赡养的义务，不要父母的财产不是不养老的法定理由。

当然，法院在判决银山、玉山应承担赡养义务时，判令二人少承担部分医疗费，也是考虑到二人没有要父母的财产这一情况，兼顾了法律和人情。法院的判决是正确的。

需要指出的是，在现实生活中，有人提出"不先分父母财产不养老"，有人强调"分家不公不养老"，还有人认为"父母偏袒老小不养老"，更有人说什么"老人再婚不养老"，提出各种各样的理由不养老，这些认识都是违反法律规定的。

夫妻间、父母子女间有相互继承遗产的权利

我国《婚姻法》第二十四条明确规定："夫妻有相互继承遗产的权利。父母和子女有相互继承遗产的权利。"根据本条规定，夫妻有相互继承遗产的平等权利，子女有继承父母遗产的平等权利，父母也有继承子女遗产的平等权利。在同一亲等中，同一继承顺序中，不论是儿子，还是女儿，也不论是父亲，还是母亲，均有同等的继承权，不因性别的差异而有所区别。

所谓继承是指财产所有人死亡或者被宣告死亡之时起，按照法律规定将死者遗留下来的财产转移给他人所有的一种法律制度。死者遗留下来的财产和财产权利，称为遗产。遗留财产的死者，称为被继承人。继承遗产或者有权继承遗产的人称为继承人。继承人根据法律规定，取得遗产的权利，称为继承权。

遗产是公民死亡时遗留下来的个人合法财产。根据《继承法》的规定，遗产主要包括：公民的收入，公民的房屋、储蓄和生活用品，公民的林木、牲畜和家禽，公民的文物、图书资料，法律允许公民所有的生产资料，公民的著作权、专利权中的财产权利，个人承包应得的收益以及其他合法财产。

根据《继承法》的规定，配偶、子女、父母同属第一顺序继承人。也就是说，配偶、子女、父母的继承权是平等的。同一顺序的继承人继承遗产的份额，一般应当均等。但是在特殊情况下，同一顺序继承人继承的份额也可不均等，如对生活有特殊困难又缺乏劳动能力的继承人，分配遗产时，应给予照顾。对被继承人尽了主要抚养义务或者与被继承人共同生活的继承人，分配遗

产时，可以多分。有抚养能力和有抚养条件的继承人，不尽抚养义务的，分配遗产时，应当不分或者少分。

《继承法》作为专门调整继承关系的法律规范，对配偶享有继承权做出了全面具体的规定。《妇女权益保障法》针对妇女继承权容易受到侵犯的现实，特别强调"妇女享有的与男子平等的财产继承权受法律保护。在同一顺序法定继承人中，不得歧视妇女"。

合法婚姻关系的存在，是夫妻间相互享有继承权的先决条件。双方属于婚外姘居的，如"包二奶"、"养情妇"的情况下，双方就不享有相互继承权。因此只有在婚姻关系依法有效缔结之后、合法有效终止之前，配偶一方死亡，另一方才享有继承权。一方在离婚诉讼过程中死亡，另一方仍享有继承权；夫妻登记结婚后即使尚未同居或同居时间很短，配偶一方死亡的，另一方享有继承权。如果在继承开始前双方已经离婚或婚姻关系宣告无效，则另一方不享有继承权。

夫妻互为第一顺序继承人，享有同等的继承权。除了《继承法》所规定的丧失继承权和限制遗产分割份额的情形之外，任何人不得以任何借口剥夺、干涉或妨碍生存配偶对继承权的享有和行使。

夫妻相互继承遗产时，应当先对夫妻共同财产进行分割，因为夫妻在婚姻关系存续期间所得的财产大多为共同所有的财产，因此除了归个人所有的财产外，在分割遗产时，应当先将夫妻共有财产的一半分出为配偶所有，其余财产作为被继承人的遗产再继承，以防止将夫妻共同财产作为遗产继承，侵犯生存配偶的合法权益。

《继承法》第三十条明确规定："夫妻一方死亡后另一方再婚的，有权处分所继承的财产，任何人不得干涉。"据此，在夫妻生存一方依法继承了死亡一方的遗产后，就取得了该财产的所有权，有权根据自己的意愿和利益在法律允许的范围内占有、使用和处理该财产，如果再婚，有权带走或处分其继承的财产。

根据《婚姻法》第二十四条的规定，子女可以继承其父母的遗产，父母可以继承其子女的遗产。父母、子女是最近的直系血亲，他们的继承权是以双方之间的身份为依据的。根据《继承法》的规定，子女、父母都是第一顺序的继承人。这里的父母，包括生父母、养父母和有抚养关系的继父母；这里的子女，包括生子女、养子女和有抚养关系的继子女。

生父母与子女之间的关系是自然血亲关系。生父母享有对其子女的继承权。父母之间婚姻的离异和变化，不影响生父母与子女之间的关系，父母即使离婚，也可以继承其亲生子女的财产。如果父母有抚养子女的能力和条件，但未尽抚养义务的，在分配子女的遗产时，应当不分或者少分。生子女包括婚生子女和非婚生子女。按照《继承法》、《婚姻法》的规定，不论婚生子女，还是非婚生子女，都有同等的继承权。但是成年子女有赡养能力和条件，但未尽赡养义务的，在分配父母遗产时，应当不分或者少分。作为继承人的子女，不论性别，不论已婚还是未婚，都平等地享有继承权。在我国现实生活中，特别是在广大农村地区，女儿出嫁后，由于一些重男轻女的封建思想，如女儿不能传宗接代，出嫁后不能为娘家顶门立户等，存在着忽视或取消已婚女儿继承权的现象，这种做法是不符合我国法律规定的。

养父母是指收养他人子女为自己子女的人。养父母与养子女虽不是己身所出的血亲，但基于收养关系的确立并对子女尽了抚养义务，是拟制血亲，与生父母处于同等的继承地位，可以继承其养子女的财产。而养子女也取得与亲生子女同等的法律地位，养子女可以继承养父母的财产，但不能继承其生父母的财产，因为收养关系一经成立，养子女与生父母之间的权利义务关系随即消除。

继父母是指母之后夫或父之后妻，继子女是夫妻一方对另一方与其前夫或前妻所生子女而言。继父母如果对继子女尽了抚养义务，与继子女之间产生拟制血亲关系，继子女与继父母有相互的财产继承权。继子女在继承继父母遗产的同时，仍然有权继承自己生父母的遗产，因为他们与生父母之间的天然血亲关系不因父母离婚而消灭。

【案例】

没有参与经营的妻子能否获得丈夫的遗产

云某自幼失去父亲，他和身有残疾的哥哥由母亲抚养长大。1998年，云某与韩某结婚。因云某重男轻女，在韩某生下女儿德清后，云某就对韩某和女儿冷眼相对，不管不问。云某与韩某在婚后盖有房屋一套，2002年该房屋被拆迁，拆迁补偿款共计36万元，被云某领走。2003年云某用这笔钱在镇上开了一家小型超市，因为生意比较忙，就雇用了一个下岗女工陆某负责看管店面。韩某在老家负责照顾女儿和云母，并不参与超市的经营。渐渐地，云某回家的次数越来越少，后来干脆就不回家了，原来云某与陆某日久生情，秘密同居了，陆某于2007年生下儿子德平。云某与陆某的这一关系得到了云母的默许。韩某明知丈夫在外面有人，但由于经济上要依赖丈夫，所以就忍了。2008年夏天，云某出车祸死亡。办完丧事后，由云母主持遗产分割。她认为，陆某与儿子的关系名不正言不顺，无权参与分割儿子的遗产，儿子的遗产——超市和家中的其他财产应当由云母、云某的哥哥、韩某和德清、德平来平分。韩某认为，大伯哥无权分得遗产，而云某的遗产中包含她的财产，不能全部作为云某的遗产进行处理。但云母坚持认为，云某的哥哥是死者的亲手足，又有残疾，于情于理都应当分得弟弟的财产，超市是云某经营的，其他家庭财产也都来自云某的经营所得，韩某坐享其成，没有出力，能给五分之一已是照顾，绝对不能多分。而在云某死后，陆某实际掌管了超市，她表示，她和云某虽没有夫妻名分，但是她帮助云某经营超市，还给他生了儿子，劳苦功高，别的财产她不要，她和儿子只要超市。由于超市的价值远远高于其他财产，后来韩某以陆某为被告，向法院提起诉讼，要求确认属于个人的财产份额，保护自己对丈夫遗产的继承权。法院经审理判决：云某经营的超市及其他家庭财产，其中一半属于韩某所有，另一半属于遗产，由韩某、云母、德清、德平继承，四人均等分割；云某的哥哥是第二顺序法定继承人，在有第一顺序继承人时不参与继承；陆某与云某是非法同居关系，不能以配偶身份继承遗产。

 【解读】

这是一起法定继承的纠纷案件，该案件涉及继承的顺序、与被继承人有同居关系的人是否享有继承权以及夫妻一方死亡后遗产的范围等问题。

本案的被继承人云某生前没有留下遗嘱，应当按法定继承办理。法定继承是指继承人的范围、继承的顺序和遗产分配的原则均按照继承法律的直接规定处理财产的继承方式。我国《继承法》明确规定了法定继承的两个顺序：配偶、子女、父母为第一顺序继承人，兄弟姐妹、祖父母、外祖父母为第二顺序继承人。继承开始以后，由第一顺序继承人继承，第二顺序继承人不能继承。如果没有第一顺序继承人，由第二顺序继承人继承遗产。

我国《婚姻法》规定："夫妻有相互继承遗产的权利。"合法的配偶身份是夫妻遗产继承权的前提：只要领取了结婚证，即使尚未同居时一方死亡，那么生存一方也是可以继承死亡一方的遗产的；已经提起离婚诉讼但未获得有效的离婚裁决时一方死亡，生存一方可以继承死亡一方的遗产；依法被认定为事实婚姻关系的，生存一方可以继承死亡一方的遗产。但是只有婚约的男女之间、非法同居的男女之间、已经离婚的男女之间是不享有继承权的。本案中，韩某与云某婚后感情不好，甚至很长一段时间都是分居的，但因为双方是合法的夫妻，在云某死后，韩某可以以配偶的身份继承云某的遗产。而陆某虽然对云某有情有义，不仅为云某生下儿子，而且和云某一起经营超市，她在家中的地位也得到了云母的默认，但由于两个人是非法同居关系，不具有合法的配偶身份，依照法律不能主张对云某的遗产继承权。

我国《婚姻法》规定："父母和子女有相互继承遗产的权利。"这里的父母和子女应当按照《继承法》的规定予以认定。《继承法》第十条明确规定："本法所说的子女，包括婚生子女、非婚生子女、养子女和有扶养关系的继子女。本法所说的父母，包括生父母、养父母和有扶养关系的继父母。本法所说的兄弟姐妹，包括同父母的兄弟姐妹、同父异母或者同母异父的兄弟姐妹、养兄弟姐妹、有扶养关系的继兄弟姐妹。"本案中，云某的母亲对云某的遗产享有继承权，德清是云某的婚生女儿，德平是云某的非婚生儿子，依照法律都是第一顺序继承人。因此，韩某、云母、德清、德平有权继承云某的遗产，而云某的哥哥是第二顺序继承人，在有第一顺序继承人的情况下，不能继承云某的遗产。

夫或妻一方死亡时，继承开始。在继承开始后，首先要确定哪些财产属于被继承人的遗产。被继承人的遗产一般包括在夫妻共同财产中的份额以及属于个人所有的财产。共同财产主要是指除约定和法定的归个人所有的财产之外的夫妻在婚姻存续期间所得的财产，主要包括：工资、奖金；生产、经营的收益；知识产权的收益；继承或赠与所得的财产等。夫妻个人财产主要包括：一方的婚前财产；因一方身体受到伤害获得的医疗费、残疾人生活补助费等费用；遗嘱或赠与合同中确定只归夫或妻一方的财产；一方专用的生活用品和其他应当归一方的财产。夫妻如约定其个人财产全部共有或部分共有，则这部分财产也属于共同财产。因为我国以夫妻共同财产制为法定财产制，凡婚姻关系存续期间所得财产只要没有约定，当夫妻一方死亡以后，其现有财产大多是夫妻共有的财产，并非全部是一方的个人遗产。因此，必须对夫妻共有财产的范围进行界定，在保障生存一方的共有财产权的同时，确定死者个人遗产的价值，以保护生存配偶及其他同一顺序继承人的继承权。

《继承法》第二十六条规定："夫妻在婚姻关系存续期间所得的共同所有的财产，除有约定的以外，如果分割遗产，应当先将共同所有的财产的一半分出为配偶所有，其余的为被继承人的遗产。"本案中，云某没有其他个人财产，最初超市的开办资金来源于夫妻二人婚后的共同财产——房屋的拆迁补偿款，超市在经营过程中增值的财产及其他家庭财产也都是云某与韩某婚姻关系存续期间获得，二人对于婚后财产又没有财产约定，所有这些财产都应当认定为夫妻的共同财产，超市及其他家庭财产中的一半属于韩某所有，另一半才属于云某的遗产。在这里需要指出的是，夫妻在共同生活中分工不同，具体的工作也不同，双方对夫妻共同财产的积累所作的贡献可能大小不同，甚至可能存在夫妻共同财产都是一方挣来的、另一方几乎不挣钱的情况，但是绝不能以此为理由，不公平地对待对夫妻共同财产贡献小的一方，更不能剥夺其继承权。本案中，云某的母亲认为，超市是云某经营的，其他家庭财产也是来自云某的经营所得，韩某坐享其成，没有出力，能给五分之一已是照顾，绝对不能多分，这个说法不符合《婚姻法》和《继承法》的规定。法院判决云某经营的超市及其他家庭财产中的一半属于韩某所有，剩下的另一半作为遗产由韩某、云母、女儿德清、儿子德平四人均等继承，是完全正确的。

12

非婚生子女的权利

非婚生子女是婚生子女的对称，是指没有婚姻关系的男女所生的子女。非婚生子女包括：未婚男女或者已婚男女与第三人所生的子女；无效婚姻和可撤销婚姻当事人所生的子女；妇女被强奸后所生的子女。

早期，在世界范围内，非婚生子女普遍受到虐待、歧视。进入20世纪后，人们开始认识到，非婚生子女的出现是由于父母的过错和责任造成，非婚生子女是无辜的，所以各国逐步倾向于保护非婚生子女，非婚生子女的法律地位开始有了很大的改变。到20世纪70年代，在世界主要国家和地区，非婚生子女终于在法律上取得与婚生子女同等的地位。

我国《婚姻法》第二十五条规定:"非婚生子女享有与婚生子女同等的权利,任何人不得加以危害和歧视。不直接抚养非婚生子女的生父或者生母,应当负担子女的生活费和教育费,直至子女能够独立生活为止。"在此,法律强调了对非婚生子女的保护,我国的非婚生子女与婚生子女的法律地位完全相同,法律有关父母子女间的权利和义务,同样适用于生父母与非婚生子女间:非婚生子女的生父母负有抚养和教育非婚生子女的义务,对于不履行抚养义务的生父母,非婚生子女有要求给付抚养费的权利;非婚生子女的生父母对未成年的非婚生子女有保护和教育的权利与义务,未成年的非婚生子女给国家、集体、他人造成损害时生父母要承担民事责任;非婚生子女对生父母有赡养和扶助的义务;非婚生子女与生父母间有相互继承遗产的权利,非婚生子女继承生父母的遗产的应继份与婚生子女的应继份完全相同。在通常情况下,由于生父母不能确立合法的婚姻关系,双方不在一起共同生活,所以非婚生子女往往只跟随其中的一方生活,不与非婚生子女共同生活的另一方无法在日常生活中履行法定义务,所以法律特别强调另一方履行给付生活费和教育费的义务,如果义务方拒不履行义务,该非婚生子女可以要求他给付抚养费,或通过诉讼程序强制他履行给付义务。

 【案例】

生父以自己不同意生下孩子为由拒不支付非婚生子女的生活费

2008年10月,刘某(男)与吴某(女)因朋友聚会时相识、建立恋爱关系,不久双方即同居生活。同居半年后吴某意外怀孕,吴某提出要与刘某结婚,刘某以没有房子为由加以拒绝,并劝吴某做了人工流产。2009年年底,吴某再次怀孕,再次提出与刘某结婚,然而刘某又以各种理由搪塞。吴某对刘某产生怀疑,经多方打听得知,原来刘某早已结婚。吴某向刘某摊牌,催促刘某迅速离婚,然后与自己结婚。刘某拒绝了吴某的要求,并威胁吴某:立刻打掉孩子，否则即使生下小孩，自己也不承担抚养费。但吴某坚持生下了孩子。吴某多次找到刘某协商，要求刘某承担孩子的抚养费，刘某均以不同意生下孩子为由拒绝承担抚养费。由于需要照顾孩子，吴某不能外出工作，没有经济来源，母子二人陷入了严重的经济困难。吴某无奈之下，一纸诉状将刘某起诉到法院，要求刘某承担抚养孩子的义务。法院经审理认为，原被告双方在非法同居期间所生孩子，双方均有抚养义务，判令孩子归吴某抚养，刘某每月支付孩子的生活费400元，孩子的医疗费和教育费由原被告双方各负担一半，至孩子能独立生活时为止。

 【解读】

非婚生子女问题不仅关乎道德，也涉及一个重要的法律问题，即非婚生子女的法律地位和非婚生子女的抚养问题。这正是本案的焦点所在。

长期以来，非婚生子女受尽了世间的白眼，因为非婚生子女的出生常常与其生身父母的婚外恋、非法同居、通奸相联系，而其父母的这些行为本身就为中国人所不齿，非婚生子女也就连带着备受歧视。为改善和提高非婚生子女的法律地位，法律对非婚生子女的权利做出了详细全面的规定。现行《婚姻法》第二十五条第一款规定："非婚生子女享有与婚生子女同等的权利，任何人不得加以危害和歧视。"法律强调了对非婚生子女的保护——有关父母与婚生子女之间的权利义务，同样适用于父母与非婚生子女间。也就是说婚生子女享有哪些权利，非婚生子女就享有哪些权利；婚生子女需要履行哪些义务，非婚生子女也同样要履行。但是由于传统观念的影响，非婚生子女常常为生身父母、社会所不容，非婚生子女的生父母基于各种考虑不愿公开承认非婚生子女、推卸和规避对非婚生子女的抚养教育义务。因此，为了督促非婚生子女的父母切实履行应尽的责任和义务，《婚姻法》第二十五条第二款规定："不直接抚养非婚生子女的生父或生母，应当负担子女的生活费和教育费，直至子女能独立生活为止。"法律以这种明文规定的形式，明确了生父、生母对非婚生子女应尽的义务。至于生活费和教育费的数额、给付方式等问题可由生父、生母双方协商；协商不成时，可以起诉至法院，由法院依法判决。

本案正是非婚生子的生父不履行抚养义务的一个典型案例。刘某与吴某非法同居导致吴某怀孕，双方对此均存在过错，吴某在第一次意外怀孕之后本应做好避孕措施，以防止再次怀孕，但她无视国家关于人口与计划生育的法律和政策，又一次怀孕，只好婚外生育，其行为明显存在过错。孩子的生父刘某以不同意生下孩子为借口，拒不履行对孩子的抚养义务，其认识和行为也是错误的。但这些都与孩子无关，孩子理应得到来自刘某和吴某的抚养、教育。吴某在与刘某多次协商未果的情况下，起诉至法院，法院依据《婚姻法》的相关规定，依法判决孩子的生父刘某承担抚养义务。至于生活费的数额，由人民法院根据当地的生活水平确定。法院对事实的认定和法律判决是正确的。

今天，随着人们道德伦理观念的变化及社会的发展，社会上试婚、包二奶、养情妇、通奸等婚外性行为现象日益增多，非婚生子女呈上升趋势，非婚生子女的不断增加成为一个日益严重的社会问题。非婚生子女的生父或生母迫于道德和家庭的压力不履行自己应尽的义务给非婚生子女的成长带来各种各样的问题，如时刻面临被抛弃的危险、受人歧视、上户口难、生活无保障、走上犯罪道路等。非婚生子女本身是无辜的，他们的出生是由于父母的过错造成的，但是最终无辜的他们承担了本不应该由他们承担的后果。在此也提醒那些为人父母的和即将为人父母的人们能更多地考虑自己肩负的社会责任和家庭责任，严格约束自己的行为。

 【案例】

非婚生子女能否继承生父的遗产

卫某（男）与曹某（女）于1995年4月结婚，婚后生一子卫甲。随着卫某对平淡的婚姻生活产生厌倦，双双感情出现裂痕。2007年2月，卫某去健身时结识了健身房的工作人员——活泼漂亮的孔某，很快孔某成为卫某的秘密情人。同年10月，孔某发现自己怀孕，当她把这个消息告诉卫某时，卫某让孔某去堕胎。孔某非常失望，离开了卫某。但她不想堕胎，坚持将孩子生了下来，取名为卫乙，由自己抚养。为了让卫某知道有这么一个儿子，孔某曾经给卫某写过两封信，卫某也来看望过卫乙，并通过DNA检测证明卫乙确实是自己的亲生儿子。2010年，卫某由于突发心肌梗塞死亡。孔某闻讯，认为卫某的遗产中应当包含给卫乙的一份遗产。但曹某认为，无法证明卫乙就是卫某的亲生儿子，况且卫乙是非婚生子，不具有合法的子女地位，不在法律的保护之内，无权继承卫某的遗产。孔某为了维护卫乙的正当权利，向人民法院提起诉讼。

【解读】

　　本案是一起非婚生子女继承纠纷案，案件争议的焦点是非婚生子对生父的遗产是否有继承权。

　　非婚生子女是没有合法婚姻关系的男女所生的子女。从生育的自然属性上看，非婚生子女与婚生子女并无区别，但从生育的社会属性上看，二者是有区别的。由于人类对婚外性关系的排斥，非婚生子女历来受到社会的歧视。但是非婚生子女本身是无辜的，他们应当同婚生子女一样享有法律赋予的权利。《婚姻法》第二十五条规定："非婚生子女享有与婚生子女同等的权利，任何人不得加以危害和歧视。不直接抚养非婚生子女的生父或者生母，应当负担子女的生活费和教育费，直至子女能够独立生活为止。"根据《继承法》第十条规定，遗产继承的第一顺序是配偶、子女、父母，子女包括婚生子女、非婚生子女。由此可见，非婚生子女在接受抚养、继承遗产等方面与婚生子女的权利是完全相同的。曹某认为，卫乙是卫某的非婚生子女，与卫某的父子关系是违法的，无权继承生父的遗产，卫某遗产的合法继承人只有她和卫甲，这种认识是错误的。

我国法律明确规定了非婚生子女接受生父母抚养教育和继承生父母遗产的权利，而非婚生子女享有这些权利是以他们与生父母存在血缘关系为基础的，因此确认他们与生父母之间的血缘关系是关键。在非婚生子女出生时生母的身份即已确定，而生父身份不容易确定。正因为此，本案中曹某才会提出无法证明卫乙是卫某的亲生儿子这一问题。在司法实践中，通过DNA亲子鉴定最终确认是否存在亲子关系，是一种最为有效便捷的方法，因为DNA鉴定准确率可以达到99.9%，这个鉴定具有较强的证明力。在本案中，由于卫某与卫乙曾经做过亲子鉴定，结果表明卫乙确实是卫某的亲生儿子，所以对于两人的父子关系应当予以承认。虽然卫某和孔某没有合法的婚姻关系，尤其是卫某有配偶，却又和孔某发生婚外性关系，婚外生子的行为是不道德的，也是违法的，但他们的错误和违法行为并不能改变卫某与卫乙之间的血缘关系，卫乙不应受到任何不平等的对待和歧视。卫乙和卫甲都是卫某的子女，所不同的是卫乙为非婚生子女，卫甲是婚生子女。根据《继承法》第十条的规定，无论婚生子女还是非婚生子女，都有同等的继承遗产的权利，因此卫乙与卫甲同属于第一顺序的法定继承人，在继承卫某遗产份额方面也是均等的。

13

养父母、养子女间的权利与义务

《婚姻法》第二十六条规定："养父母和养子女间的权利和义务，适用本法对父母子女关系的有关规定。"收养关系成立后，养父母与养子女之间产生拟制直系血亲关系，养父母与养子女的权利和义务关系，适用法律关于父母子女关系的规定，养子女从此取得了与婚生子女完全相同的法律地位。

养子女和养父母之间的权利和义务主要有：养父母有抚养教育子女的义务，即使养父母离婚，养子女随一方生活，另一方也不得拒绝承担抚养义务；养父母有保护和教育未成年养子女的权利和义务，未成年的养子女对国家、集体和他人造成损害时，养父母要承担民事责任；养子女独立生活后，对丧失劳动能力无生活来源的养父母应履行赡养义务；养子女可以随养父姓，也可以随养母姓，经当事人协商一致，也可以保留原姓；养子女和养父母互为第一顺序继承人，养子女只能继承养父母的财产，不能继承其生父母的财产。

此外，养子女与养父母的近亲属之间也产生法律拟制的近亲属关系，《婚姻法》关于祖父母、外祖父母与孙子女、外孙子女之间、兄弟姐妹之间权利和义务的规定对养子女同样适用。例如，养子女与养祖父关系形成后，养子女即可以与其他兄弟姐妹一起，作为第二顺序的法定继承人，继承养祖父的遗产。

随着养子女与养父母之间建立起拟制血亲关系，该子女与其生父母及其他近亲属之间的权利和义务关系即行消除，也就是说，收养关系一建立，不仅使该子女与生父母之间的父母子女关系消除，而且其效力涉及与其祖父母、外祖父母及兄弟姐妹关系的消除。

建立收养关系时，当事人应当到民政部门办理收养登记；解除收养关系时，当事人同样应到民政部门办理解除收养关系的登记。根据《收养法》的规定，有以下情况之一的，当事人可以解除收养关系：收养人、送养人双方协议解除收养关系的；收养人不履行抚养义务，有虐待、遗弃等侵害未成年养子女合法权益行为的；养父母与成年养子女关系恶化，无法共同生活的。收养关系解除后，养子女与养父母及其他近亲属的权利和义务关系即行消除，未成年的养子女与生父母及其他近亲属间的权利和义务关系自行恢复，但成年养子女与生父母及其他近亲属间的权利和义务关系是否恢复，当事人可以协商确定。

收养关系解除后，经养父母抚养长大的成年养子女，对丧失劳动能力又无生活来源的养父母，应当给付生活费。因养子女成年后虐待、遗弃养父母而解除收养关系的，养父母可以要求养子女补偿收养期间支出的生活费和教育费。

 【案例】

养母去世后，养父、继父谁应承担抚养责任

宣某（男）与贺某（女）原系夫妻关系。2005年5月，双方共同收养一名弃婴取名涛涛。2006年7月，宣某与贺某协议离婚，双方协议涛涛由贺某的母亲陈某抚养。同年12月，贺某与罗某结婚，涛涛仍在其外祖母处生活，贺某每月支付300元生活费。2011年9月，贺某因病身亡，6岁的涛涛一下子失去了生活费的来源。涛涛的外祖母陈某先后找到宣某和罗某，要求他们承担抚养涛涛的义务，但宣某与罗某均不愿承担。涛涛无生活来源，陈某作为其法定代理人于2011年12月向法院起诉，要求宣某给付抚养费。法院审理后认为：宣某系涛涛的养父，有抚养涛涛的义务，涛涛的养母去世后，涛涛无生活来源，宣某应承担抚养涛涛的义务。遂依照《婚姻法》的规定，判决被告宣某每月支付给原告涛涛生活费300元，至涛涛独立生活为止。一审判决后，宣某以他与涛涛之间已不存在收养关系，不应承担抚养义务，涛涛应由其现在继父罗某抚养为由提起上诉。二审法院经过审理，判决驳回上诉，维持原判。

 【解读】

本案争议的焦点是养母死亡后养父和继父谁有义务抚养未成年子女。

本案中，涛涛是贺某与宣某夫妻关系存续期间共同收养的，因此，在宣某、贺某与涛涛之间已形成收养关系。《收养法》第二十三条规定："自收养

关系成立之日起，养父母与养子女间的权利义务关系，适用法律关于父母子女关系的规定。"《婚姻法》第二十六条规定："国家保护合法的收养关系。养父母和养子女间的权利和义务，适用本法对父母子女关系的有关规定。"据此，宣某、贺某对涛涛有抚养、教育的权利和义务。

宣某认为自己在与贺某协议离婚时，约定涛涛由贺某的母亲抚养，根据此协议，离婚后即解除了自己与涛涛之间的养父子关系，那么宣某与涛涛的养父子关系是否真的解除了呢？《婚姻法》第三十六条规定："父母与子女间的关系，不因父母离婚而消除。离婚后，子女无论由父方或母方抚养，仍是父母双方的子女。离婚后，父母对子女仍有抚养和教育的权利和义务。"根据该法条，宣某与涛涛之间的收养关系一旦形成，就适用关于父母子女之间的法律关系，作为父亲的宣某应当承担涛涛的抚养和教育费用，这种权利义务关系不因宣某与贺某的离婚而解除，离婚后宣某仍应当继续履行抚养教育的义务。同时，根据《收养法》第二十六条"收养人在被收养人成年以前，不得解除收养关系"的规定，案件一审时，涛涛只有6岁，尚未成年，宣某和涛涛之间的收养关系依法是不应解除的。涛涛在养母去世、无生活来源的情况下，起诉要求养父宣某承担抚养的义务，于法有据，因此得到了法院的支持。

那么罗某作为涛涛的继父，在贺某去世后，对涛涛是否有抚养的义务呢？在罗某与贺某结婚后，涛涛还是与外祖母陈某生活在一起，罗某并未对涛涛进行抚养教育，罗某与涛涛仅仅是名义上的继父子关系。根据《婚姻法》第二十七条的规定："继父或继母和受其抚养教育的继子女间的权利和义务，适用本法对父母子女关系的有关规定"，罗某未与涛涛生活在一起，没有形成抚养教育关系，只存在姻亲关系，依法不应承担抚养义务，而在贺某去世后，罗某与涛涛的这种姻亲关系也自动解除了。

14

继父母、继子女间的权利与义务

继子女是指夫或妻一方与前配偶所生的子女；继父母是指子女的母亲或父亲再婚的配偶。继父母和继子女的关系是由于生父母离婚或生父母一方死亡，另一方带子女再婚后形成的。在通常情况下，继父母与继子女之间的关系属于姻亲范围，如果继父母与继子女形成抚养关系，或者继父母将继子女收养为养子女，他们才形成法律拟制直系血亲关系。

在现实中继父母与继子女的关系主要有三种类型：一是名分型。生父（母）与继母（父）再婚时，其子女已经成年、独立生活或者虽然是未成年子女，但没有受继父或继母抚养教育（例如孩子的生活费由生父母提供，跟随祖父母生活），在这种情况下形成的继父母子女关系是纯粹的姻亲关系，他们之间没有法律规定的父母子女间的权利义务关系。继父母没有尽抚养的义务，继子女也不负有对继父母的赡养义务，他们之间也不能相互继承遗产。二是收养型。继父或继母经继子女的生父母同意，正式办理收养手续，将继子女收养为养子女。随着收养关系的确立，该继子女与共同生活的生父或生母一方仍然是直系血亲关系，与不在一起共同生活的另一方生母或生父的权利义务关系随之消灭。三是共同生活型。即生父（母）与继母（父）再婚时，继子女尚未成年，他们随生父与继母或生母与继父共同生活，继父或继母对其承担了部分或全部抚养义务，由此继父母子女之间产生父母子女间的权利义务关系。这类继子女与他们的生父母和继父母之间形成双重的权利义务关系，一方面他们和自己的生父母保持着父母子女间的权利义务关系，另一方面又和抚养教育自己的继父或继母形成父母子女间的权利义务关系。

我国《婚姻法》有关继父母、继子女关系的规定，主要有以下几点：第一，继父母和继子女之间不能相互虐待和歧视。继父母和继子女之间不能相互虐待和歧视的条款，不仅适用于因生父母与继父母结婚而形成的单纯的姻亲关系，而且也适用于已形成抚养关系的继父母与继子女。第二，继父母对未成年继子女有抚养和教育的义务。继父母不仅要保证继子女的生活所需，而且要保证继子女接受正常的教育。对于不履行抚养、教育义务的继父母，未成年的继子女或不能独立生活的继子女，有要求其给付抚养费、教育费的权利。第三，受继父母抚养长大并独立生活的继子女，应承担赡养继父母的义务。继子女不履行赡养义务时，无劳动能力或生活困难的继父母，有要求继子女支付赡养费的权利。第四，继父母和继子女之间有相互继承遗产的权利。我国最高人民法院也曾在1985年《关于贯彻执行〈中华人民共和国继承法〉若干问题的意见》第二十一条规定："继子女继承了继父母遗产的，不影响其继承生父母的遗产。继父母继承了继子女遗产的，不影响其继承生子女的遗产。"

继父母如果尽了抚养义务，与继子女之间产生一种特殊的拟制血亲。尽了抚养义务的继父母在继承上与生父母处于相同的法律地位。如果继父与生母离婚，继子女随生母生活，继父与继子女之间的抚养关系终断，继父与继子女之间的拟制血亲关系消灭，继父不享有继子女的财产继承权。同样，继母与生父离婚，继子女随生父生活，继母与继子女之间的抚养关系终断，继母与继子女之间的拟制血亲关系消灭，继母不享有继子女的财产继承权。

【案例】

孩子是否可以跟随继母生活

2000年年初，在学校当教师的苏某（女）经人介绍与金某相识。金某的妻子于1999年去世，金某的女儿晓晓当时刚满周岁。2000年国庆节，苏某与金某结婚。婚后，苏某对晓晓视同己出，对她付出了全部的母爱，晓晓生活得很幸福。2005年，金某生意失败，为了逃避上门讨债的债主，金某离家出走，从此之后杳无音讯。苏某一个人抚养晓晓。2009年10月，金某回来了，但他的身边却多了一个女人。金某和苏某不约而同地提出离婚，金某要求抚养女儿，而苏某坚持由自己抚养。协商未果，金某于2009年12月初起诉至法院，提出离婚，并要求由其抚养女儿晓晓。苏某同意离婚，但也要求抚养晓晓。在法庭上，她告诉法官，4年来金某没有探望过晓晓，没有打过一个电话，连一分钱的抚育费也没有给过；而她在这4年里尽到了一个母亲的责任，与晓晓已经形成了长期、全面的抚养关系，母女俩相依为命，感情上相互依赖，不愿分离，从晓晓的利益和感情需求出发，请求法庭驳回金某的诉讼请求，维持自己与晓晓的抚养关系。案件审理过程中，法官专门与晓晓谈话，晓晓也表示出了愿意和妈妈一起生活的想法。2010年3月，法院作出判决，准予金某和苏某离婚，晓晓跟随苏某生活。宣判后，双方均未上诉。

【解读】

本案是关于继母是否有权取得继子女抚养权的案件。

本案中，金某与苏某结婚后，晓晓长期受苏某的抚养教育，甚至在其生父离家出走后，继母苏某仍然承担了晓晓全部的生活费和教育费，对晓晓进行了生活上的照料和教育，双方之间已经形成抚养教育关系，苏某与晓晓是拟制血亲关系。

形成抚养教育关系的继父母与继子女间的权利义务，等同于父母子女间的权利义务。《婚姻法》第二十七条规定："继父母与继子女间，不得虐待或歧视。继父或继母和受其抚养教育的继子女间的权利和义务，适用本法对父母子女关系的有关规定。"因此，继父母与接受其抚养教育的继子女之间的抚养关系是一种独立的权利义务关系，这种关系不因生父（母）与继母（父）离婚而解除，即使生父（母）与继母（父）离婚了，继母（父）对与之形成抚养教育关系的继子女仍然享有抚养权，与此相对应，继子女可以选择要求生父母抚养，也可选择要求继父母抚养。

生父（母）与继母（父）离婚时，在确定子女抚养权和监护权的问题上，首先要以有利于被抚养者和被监护者的权益为前提。金某虽是晓晓的生父，但在2005年离家出走后，四年未尽父亲的责任，而且由于父女间长期没有感情交流，导致父女感情已经疏远；而苏某在与金某结婚后的近十年里，对晓晓尽职尽责，不是亲生胜过亲生，反而与晓晓建立了深厚的感情。晓晓年满十周岁，虽为限制民事行为能力人，但已经具备一定的认知能力，她能够从感情和理智两个方面判断出来今后跟随谁生活更好，晓晓强烈要求继续随继母共同生活，法官自当尊重其本人意愿。在这起特殊的案子中，法官没有唯血统论，在比较了金某和苏某的经济情况、居住情况，并考虑到长期以来苏某为晓晓营造的稳定和谐的生活、学习环境，认定晓晓随苏某生活更有利于她的健康成长，从而作出了晓晓跟随继母生活的判决。

而金某也应当从判决中汲取教训，反思自己的行为——为什么自己的亲生女儿不愿和自己生活。当然，子女随自己共同生活也并非父母尽义务的唯一途径，如果金某以后想弥补对女儿的亏欠，可通过其他方式来纠正自己的过错、增进与女儿的感情，尽到生父的责任。

 【案例】

继母告继女不承担赡养义务

1982年冯某（女）与带着三个女儿艰难度日的蒋某（男）再婚，当时蒋某的三个女儿秀丽14岁，秀艳10岁，秀华8岁，冯某与蒋某一起含辛茹苦将三个女儿抚养长大。秀丽、秀艳分别于1990年、1995年出嫁。秀华于1998年与王某结婚，婚后仍然同父亲和继母共同生活。2000年，蒋某病故。2005年，冯某和赵某再婚，再婚时二人与王某写了一份《财产分配协议书》。协议书载明：于2005年12月底，由王某付给冯某8000元，此后家中财产与冯某无关；冯某婚后到赵家，生养死葬一切由赵家经管，与王某、秀华再无关系。冯某与赵某婚后并不和睦，2009年5月二人经人民法院调解离婚。离婚后，冯某因无生活来源，于2010年10月向法院起诉，请求被告秀华承担赡养义务，每年付给口粮500斤、生活费1200元。

法院受理此案后，追加秀丽、秀艳为本案被告，参加诉讼。在审理中，秀华辩称：继母再婚离家时，已达成不再由其生养死葬和财产分配的协议，从此双方解除了继母女权利义务关系；秀艳辩称：自己出嫁多年，没有赡养继母的义务；秀丽辩称：自从继母再婚，已解除与继母的一切关系，继母在原籍还有亲生儿子叶某，亦应承担赡养义务。经查证，冯某确有亲生儿子叶某，但在其不满周岁时由他人收养，与冯某无往来，叶某长大成人曾来认亲，以后只是偶尔往来。

法院经审理认为：原告、被告继母女关系成立。2005年原告再婚时，虽与秀华之夫达成生养死葬不再由秀华承担的协议，但并未经法定程序解除继母女关系，此协议不具有法律效力。原告之亲生子叶某，从小由他人收养，长大后与原告偶尔来往，被告以此为理由，要求其担负赡养义务，不能成立。被告秀艳以其出嫁多年为理由，不愿承担赡养义务，理由不足。据此，法院判决：冯某责任田由秀华耕种，每年付给冯某口粮小麦400斤、玉米100斤；秀艳每年付给冯某生活费600元；秀丽每年付给冯某生活费600元。

【解读】

本案是一起涉及继女对继母赡养义务的案件。

继父母与继子女是因为生父（母）与继母（父）结婚而派生出来的一种姻亲关系，只有在形成抚养教育关系的情况下，才能形成拟制血亲关系。生父

（母）与继母（父）再婚时，如果继子女已经成年、独立生活或者虽然是未成年子女，但没有受继父或继母抚养教育的，在这样的情况下继父母与继子女是纯粹的姻亲关系，他们之间没有法律规定的父母子女间的权利义务关系。生父（母）与继母（父）再婚时，继子女尚未成年，他们随生母与继父或生父与继母共同生活，继父或继母对其承担了部分或全部抚养义务，或者继父或继母经继子女的生父母同意，正式办理收养手续，将继子女收养为养子女，在这两种情况下，继父母子女之间产生父母子女间的权利义务关系。

根据《婚姻法》的规定，继父母对继子女有抚养和教育的义务，受继父母抚养长大并独立生活的继子女，应承担赡养继父母的义务，继父母和继子女之间有相互继承遗产的权利。

既然继父母子女之间产生法定的权利义务关系是以双方形成抚养教育关系为前提，那么，认定他们之间是否形成了抚养教育关系就至关重要。在审判实践中，通常根据以下两种标准来认定是否形成了抚养教育关系：一是继子女与继父母长期共同生活，继父母承担了继子女的生活费和教育费的一部分或全部，继子女受继父母的抚养教育；二是继子女的生活费和教育费虽然是由生父母负担的，但该子女与继父母长期共同生活，继父母对继子女进行了生活上的照料和教育。只要具备了这二者之一，就可以认定为具有抚养事实，继父母子女间产生权利义务关系。本案中，冯某与秀丽、秀艳、秀华生活在一起，从生活上照料、教育了她们，把三个继女抚养长大，冯某与三个继女形成了有抚养关系的继母女关系，她们之间具有父母子女间的权利与义务，这种关系不因冯某再婚而解除。因此秀丽关于继母再婚，已解除与继母一切关系的说法，是错误的。因为秀丽、秀艳、秀华三姐妹受冯某抚养长大，因此在三姐妹成年后，对于曾长期抚养过她们的年老体弱、生活有困难的继母有赡养、扶助的义务。如果冯某与三个继女关系恶化，经她们的请求，人民法院可以解除她们之间的拟制血亲关系，但是在解除关系后，秀丽、秀艳、秀华三姐妹仍必须承担丧失劳动能力、生活困难的继母晚年的生活费用，这是为了保护老人的合法权益。

本案中，2005年秀华之夫王某与冯某、赵某达成生养死葬不再由秀华承担的协议，由于未经法定程序解除继母女关系，此协议不具有法律效力。秀丽、秀艳、秀华三姐妹对冯某仍要履行赡养、扶助的义务。而秀艳所说的自己出嫁多年，没有赡养继母的义务，这种认识也是不符合法律规定的，赡养人结婚与否并不是拒绝履行赡养义务的法定理由。

至于冯某的亲生儿子叶某，由于在不满周岁时已被他人收养，这样叶某与他的养父母形成了父母子女间的权利义务关系，叶某的养父母有抚养教育叶某的权利和义务，成年后的叶某对养父母有赡养扶助的义务，叶某与养父母之间可以相互继承遗产。根据《婚姻法》第二十六条第二款"养子女和生父母的权利和义务，因收养关系的成立而消除"的规定，在叶某被他人收养后，他与冯某的权利和义务关系即行消除，叶某对冯某没有赡养的义务。

冯某与赵某再婚又离婚后，因年迈且生活困难，要求秀丽三姐妹赡养，根据《婚姻法》的规定，冯某的要求是合法的。人民法院按照法律规定，判决三个继女分别负担其继母的生活费用，是完全正确的。

祖孙间的权利与义务

祖父母、外祖父母与孙子女和外孙子女是隔代的直系血亲关系。祖孙之间虽然是直系血亲，但通常情况下他们之间并不必然产生法定的抚养、赡养义务。《婚姻法》第二十八条规定："有负担能力的祖父母、外祖父母，对于父母已经死亡或父母无力抚养的未成年的孙子女、外孙子女，有抚养的义务。有负担能力的孙子女、外孙子女，对于子女已经死亡或子女无力赡养的祖父母、外祖父母，有赡养的义务。"可以看出，只有在发生某些特殊情况，导致父母子女之间无法直接履行抚养、赡养的权利义务时，祖孙之间才形成抚养和赡养关系。

根据《婚姻法》的规定，祖父母、外祖父母对孙子女、外孙子女产生抚养义务取决于三个条件：第一，孙子女、外孙子女必须为未成年人。因为孙子女、外孙子女未成年，不能维持生活，更无谋生的能力，需要接受抚养。第二，祖父母和外祖父母必须有负担能力。祖父母有负担能力的，由祖父母承担抚养未成年孙子女的义务，外祖父母有负担能力的，由外祖父母承担此项义务。祖父母与外祖父母都有负担能力的，应由双方协商解决。对于已满10周岁的未成年孙子女、外孙子女，可以征求其本人的意见。第三，未成年孙子女、外孙子女的父母已经死亡，无人抚养孙子女、外孙子女，或孙子女、外孙子女的父母丧失抚养能力。以上三个条件必须同时具备，才产生祖父母、外祖父母对孙子女、外孙子女的抚养义务。

根据《婚姻法》的规定，孙子女、外孙子女对祖父母、外祖父母的赡养义务也必须同时具备三个条件：第一，孙子女、外孙子女必须有负担能力。第二，祖父母、外祖父母的子女已经死亡或子女无力赡养。第三，祖父母、外祖父母需要赡养。

祖孙之间的抚养、赡养义务是第二位的，父母子女之间的抚养、赡养义务才是第一位的，祖孙之间的抚养、赡养义务具有对父母子女间抚养、赡养义务的替补性质，也就是说在父母子女间的抚养、赡养义务不能实现的时候，祖孙之间才开始承担抚养、赡养义务。法律的这种规定对于实现老有所养、幼有所育的社会目标，有着积极意义。

抚养、赡养的方式主要有两种：一是共同生活实现抚养或赡养的义务，即抚养或赡养义务人同被抚养人、被赡养人共同居住在一起，进行直接的抚养或赡养；二是通过给付抚养费或赡养费以及探视、扶助等方式完成抚养、赡养义务。对不履行抚养或赡养义务的人，权利人有要求其履行义务的权利。

根据《继承法》的规定，在法定继承中，祖父母、外祖父母是第二顺序继承人，没有第一顺序继承人，或者第一顺序继承人全部放弃或丧失继承权的，由第二顺序继承人继承，因此祖父母、外祖父母可以继承孙子女、外孙子女的遗产。在法定继承中，孙子女在父亲先于祖父母死亡，外孙子女在母亲先于外祖父母死亡的情况下，为代位继承人，有权代父亲、母亲继承祖父母、外祖父母的遗产。

 【案例】

95岁的老太太无人赡养，寻求法律援助

95岁高龄的韩奶奶有三个子女，大女儿已经去世，小女儿和儿子健在，也都七十多岁了，丧失了劳动能力。韩奶奶有10位孙子女、外孙子女，均已成家立业。起初，韩奶奶向孙子女、外孙子女要些生活费和粮食，他们还都能多多少少给一些，但时间长了，有些外孙子女就不给了，其他那些孙子女、外孙子女一看这种情况，也跟着拒绝提供生活费和粮食。韩奶奶只好靠捡废品、卖废品来维持自己的生活。最近，韩奶奶的视力越来越差，不敢再外出捡废品，生活没有了着落，无奈之下，韩奶奶到法院状告她的10位孙子女、外孙子女，要求得到赡养。在法庭上，孙子女们认为各自能力有限，赡养父母理所应当，赡养祖母不是他们的义务，而外孙子女们则认为他们从未与外祖母一起生活过，从小就极少接触外祖母，赡养外祖母未免强人所难。法院经审理后判决：10位被告每人每年须向原告提供40斤面粉和150元的生活费。但判决生效后，被告们仍然相互推诿、拒绝履行，于是当地法院挨家挨户执行此案，总算为韩奶奶收取了当年的钱粮。

 【解读】

这是一起关于祖孙间赡养义务的案件。

《婚姻法》第二十一条规定："子女对父母有赡养扶助的义务"，第二十八条规定："有负担能力的孙子女、外孙子女对于子女已经死亡或子女无力赡养的祖父母、外祖父母有赡养的义务。"《老年人权益保障法》第十四条规定："赡养人应当履行对老年人经济上供养、生活上照料和精神上慰藉的义务，照顾老年人的特殊需要。赡养人是指老年人的子女以及其他依法负有赡养义务的人。"从上述规定可以看出，对高龄老人来说，首先应该由其子女尽赡养义务，如果子女已经死亡或者没有赡养能力时，则有负担能力的孙子女或外孙子女必须尽赡养的义务，这是他们的法定义务。如果孙子女或外孙子女应尽赡养义务但不尽赡养义务，老年人可以要求孙子女或外孙子女所在的组织或居委会、村委会调解，也可以直接向人民法院提起诉讼。

本案中，韩奶奶的三位子女，已有一人去世，还有两人丧失了劳动能力，无力赡养韩奶奶，而韩奶奶年事已高，没有经济来源，需要得到赡养，10位孙子女、外孙子女都已成家立业，有负担能力，所以他们有赡养韩奶奶的法定义务。孙子们认为各自能力有限，赡养父母理所应当，赡养祖母不是他们的义务，这个说法于情、于理、于法都说不通；而外孙子女以从未与外祖母一起生活过、从小极少接触外祖母为由，拒绝履行对外祖母的赡养义务，也是违反了法律的规定。法律规定的孙辈对祖辈的赡养义务，是基于法定条件产生的，不因双方在实际生活中的具体状况而改变，只要符合法律规定的条件，就会产生赡养的义务，以保证老年人的合法权益。

就本案的结果来看，法院挨家挨户执行此案，总算为韩奶奶收取了当年的钱粮，那么以后呢？都要靠这种办法来执行吗？在现实生活中，认为隔代不养老的人，还有很多很多，本案中韩奶奶的孙辈们即是典型代表。因此，法院在审理执行此类案件时，可选择赡养纠纷的典型案件到当地就地开庭，并组织群众旁听，对个别态度顽固、拒不履行赡养义务的当事人，法院应依法强制执行，已构成犯罪的，应依法追究其刑事责任，通过鲜活的案件教育群众形成自觉赡养老人的意识，从而达到宣传、教育的社会效果。在这起案件中，韩奶奶的法律意识是比较强的，通过法律维护了自己的合法权益。而现实生活中，一些老年人头脑中"家丑不可外扬"的观念根深蒂固，他们总觉得与儿孙对簿公堂，会使自己与儿孙在周围邻里乡亲面前抬不起头来，接下来在面对儿孙时也会很难堪，因此他们在面对儿孙的不孝时宁可选择忍气吞声，也不会像韩奶奶那样诉诸法律。对此，加强法制宣传教育的力度，深入开展《婚姻法》、《继承法》、《老年人权益保障法》等法律法规以及相关法律知识的宣传普及工作，提高公民的法律意识和赡养老人的自觉性，是任重而道远。

兄弟姐妹间的权利与义务

兄弟姐妹是血缘最近的旁系血亲，兄弟姐妹间相互扶助的优良传统在我国延续了几千年，有比较牢固的文化习俗基础。因此，《婚姻法》第二十九条规定："有负担能力的兄、姐，对于父母已经死亡或父母无力抚养的未成年的弟、妹，有扶养的义务。由兄、姐扶养长大的有负担能力的弟、妹，对于缺乏劳动能力又缺乏生活来源的兄、姐，有扶养的义务。"

《婚姻法》第二十九条所说的兄弟姐妹包括同胞兄弟姐妹、同父异母或同母异父兄弟姐妹、养兄弟姐妹和继兄弟姐妹。法律对兄弟姐妹间扶养义务的规定，主要是针对同胞兄弟姐妹，因为他们是血缘关系最密切的同辈旁系血亲，当然，对于半血缘的同父异母或者同母异父兄弟姐妹，以及没有血缘关系的养兄弟姐妹和继兄弟姐妹，如果符合法律规定的条件和情形，其相互间也将产生扶养与被扶养的权利义务关系。

兄弟姐妹之间，一般情况下没有法定的扶养义务，在特殊情况下，他们会发生法律上的扶养关系。按照《婚姻法》的规定，兄、姐对弟、妹承担扶养义务，必须符合三个条件：一是弟、妹须为未成年人；二是父母已经死亡或者父母无力抚养弟、妹；三是兄、姐有负担能力。而弟、妹扶养兄、姐同样需要具备三个条件：一是兄、姐缺乏劳动能力又缺乏生活来源。如果兄、姐虽缺少生活来源，但有劳动能力，兄、姐可通过自己的劳动换取生活来源，那么弟、妹亦无扶养兄、姐的义务。所谓缺乏生活来源，是指没有维持生活的财产，没有第一顺位的扶养义务人（配偶、成年子女）或者第一顺位的扶养义务人丧失扶养能力。二是弟、妹是由兄、姐扶养长大。如果不是由兄、姐扶养成人的弟、妹，在兄、姐生活遇到困难，缺乏劳动能力又缺乏生活来源时，给予一定经济帮助和生活上的照料，这属于道德规范调整的道德关系而非法律关系。三是弟、妹有负担能力。

按照我国《继承法》的规定，兄弟姐妹是第二顺序继承人，在没有第一顺序继承人或第一顺序继承人全部放弃或丧失继承权的情况下，被继承人的兄弟姐妹才能继承遗产。

 【案例】

姐姐含辛茹苦扶养弟弟长大，晚年却遭弟弟遗弃

志珍、志强、志国是同胞姐弟。由于父母早亡，大姐志珍承担起抚养两个年幼的弟弟的重任。志珍为了两个弟弟，始终没有结婚。为了供养志国读书，志珍省吃俭用、含辛茹苦。而志国也很争气，考上了名牌大学，毕业后分配到某机关工作，因为工作成绩突出，被提拔为单位领导。志强则在老家的一家工厂上班。志国结婚后有了一个儿子，由于工作忙，便把大姐志珍叫来照看孩子。志珍除了帮着看孩子之外，还帮着弟弟做家务。一晃十几年过去了，志国的儿子已经上大学了。2008年1月志珍被确诊为癌症，不得不住进了医院。志强从老家赶到医院看望大姐，志国说："哥哥，我已经养活大姐十几年了，

现在该由你养活大姐了,你把大姐接回家吧。"说完就离开了医院,再也不露面了。志珍没有料到自己花费毕生心血养育的弟弟在自己危难时弃自己而去。志珍住院前前后后共花去105000元。志强在工厂上班,收入不高,妻子患有重病,实在难以支付这笔钱。志珍认为志国的工资高,自己对他及其家庭尽的义务最多,志国理应照顾自己到死。于是志珍要求志国支付医药费和一定的生活费。但志国认为自己已经养了姐姐十几年,应当让哥哥志强尽义务。三方多次协商不成,2008年7月,志珍向法院提起诉讼,要求志国每月支付自己300元生活费,并承担手术费、治疗费等105000元。法院受理此案后,对本案的处理意见不太统一。有的法官认为,志国已经对大姐尽了一定的扶养义务,300元的生活费和105000元的手术费、治疗费应由志国及志强共同负担。另外有些法官认为,志强虽然从法律上也应对大姐承担扶养义务,但其能力不足,因此生活费由志国负担,同时志国还应承担大姐在医院的所有费用。法院最终按第二种处理意见作出判决:志珍每月300元生活费和105000元医疗费全部由志国承担。一审法院判决后,双方均未上诉。半年后,姐姐志珍病逝。

【解读】

这一案件涉及兄弟姐妹间的扶养义务,其主要问题是兄弟姐妹之间是否具有当然的扶养义务?

一个人的亲属会有很多,这些亲属间是否发生扶养关系,通常是由法律加以规定。当今世界各国的法律对于扶养人的范围和扶养义务的承担,规定不尽相同。我国《婚姻法》规定的具有扶养关系的亲属范围是比较广泛的,而且设定了明确的条款,将亲属间的法定扶养关系区分为有条件的和无条件的——父母对未成年子女的扶养和成年子女对父母的赡养是无条件的,而祖孙之间和兄弟姐妹之间的扶养是有条件的。

按照《婚姻法》的规定,弟、妹履行扶养兄、姐的义务需具备三个条件：一是兄、姐缺乏劳动能力又缺乏生活来源；二是弟、妹是由兄、姐扶养长大；三是，弟、妹有负担能力。据此，弟、妹对兄、姐并不当然发生扶养义务，而是有条件的，即兄、姐没有维持生活的能力和经济来源，兄、姐无成年子女或子女无力赡养，兄、姐无配偶或配偶不能扶养兄、姐，则由有能力的弟、妹来承担扶养义务，兄弟姐妹间一旦形成扶养义务，那么该义务就是不可推卸的法定责任，义务人应当自觉履行。

本案中，法院的处理是符合《婚姻法》的规定的。志强、志国是由志珍扶养长大的，受姐姐扶养长大的志强、志国对丧失劳动能力、身患绝症又无其他经济来源的大姐应负扶养义务。但志强由于收入低、妻子患病，没有负担能力，所以法院没有判令志强承担志珍的生活费和医药费；而志国有工作，工资高，有负担能力，而且志珍对志国所尽的义务最多，所以法院认定志国对大姐负有抚养义务，志珍每月300元生活费和105000元医疗费应当全部由志国承担。这个判决是符合公平原则以及权利与义务相一致原则的，是符合《民法通则》和《婚姻法》的精神和规定的。

应当指出的是，法律所规定的只是最起码的行为标准，在婚姻家庭领域，对每一个公民来说，除了必须遵守法律之外，还应大力弘扬社会主义道德风尚，即使并不负有法定的义务，兄弟姐妹之间、祖孙之间以及其他亲属间自愿提供供养和帮扶，也是应当受到大力褒扬的。

第四章

离婚

离婚是婚姻家庭法中需要规范的重要问题，当人们步入婚姻的殿堂时，一般都怀着对未来婚姻家庭生活的美好憧憬，但当后来面对劳燕分飞的结局时，离婚又是他们不得不面对的问题。如何有效地解决离婚以及离婚后子女和财产问题，对于个人和社会都是一个重要问题，法律规定了可由当事人协商解决，也可以调解，还可以走诉讼之路，但不管怎样，法律都强调要在相互理解的情况下好聚好散，体现了法律的终极人文关怀。

离婚是婚姻家庭法中需要规范的重要问题，当人们步入婚姻的殿堂时，一般都怀着对未来婚姻家庭生活的美好憧憬，但当后来面对劳燕分飞的结局时，离婚又是他们不得不面对的问题。如何有效地解决离婚以及离婚后子女和财产问题，对于个人和社会都是一个重要问题，法律规定了可由当事人协商解决，也可以调解，还可以走诉讼之路，但不管怎样，法律都强调要在相互理解的情况下好聚好散，体现了法律的终极人文关怀。

我国《婚姻法》对离婚的基本精神就是保障离婚自由、反对轻率离婚。在我国，解除婚姻关系的方式有两种，即协议离婚和判决离婚。协议离婚是指夫妻双方已就离婚问题达成一致，只要履行一定的行政登记手续即可解除婚姻关系的方式。判决离婚是指由夫妻一方提起离婚诉讼，由法院判决解除婚姻关系的方式。

离婚和结婚一样，也将产生一系列的法律后果。这主要表现在：夫妻身份关系的解除，姻亲关系的消灭，夫妻间的权利义务不复存在，夫妻共同财产的分割，夫妻共同债务的清偿，子女抚养、监护方式的变化等。

因离婚不仅涉及婚姻当事人的人身关系和财产关系，而且还涉及子女的抚育问题，对家庭和社会都有很大影响，因此我国《婚姻法》一方面要保障婚姻当事人自主决定婚姻的权利，另一方面也强调使各方当事人受到的伤害最小，最大限度地维护当事人的利益。家务劳动补偿制度和离婚时的经济帮助制度正是这一精神的具体化，体现了法律公平、正义、保护弱者的原则。

协议离婚

　　协议离婚又称两愿离婚或登记离婚，是指夫妻双方自愿离婚并且就离婚所涉及的后果达成协议，由婚姻登记机关办理登记后即解除婚姻关系的离婚方式。《婚姻法》第三十一条规定："男女双方自愿离婚的，准予离婚。双方必须到婚姻登记机关申请离婚。婚姻登记机关查明双方确实是自愿并对子女和财产问题已有适当处理时，发给离婚证。"

　　协议离婚程序简易、便捷，能够充分体现当事人的主观意愿，离婚协议易于当事人自觉遵守和履行，协议离婚的方式并不追究离婚的具体原因和婚姻生活中的一些细节，缓解了婚姻当事人的仇视和敌对，减少了离婚对子女的影响和伤害，由于这样一些优点，使得协议离婚为越来越多的离婚者所接受。

　　根据《婚姻法》和《婚姻登记条例》的规定，协议离婚必须符合以下条件：第一，双方必须有离婚的合意。夫妻双方都同意离婚，才能到婚姻登记机关登记离婚。只有一方要求离婚，另一方不同意离婚的，婚姻登记机关不予受理，只能到人民法院进行诉讼离婚。第二，双方必须有合法的夫妻身份。婚姻登记机关在办理离婚时，首先要审查双方的夫妻身份，凡是没有确定夫妻身份的有效证明的，如《结婚证》，婚姻登记机关不予受理。因此，事实婚姻、非法同居关系，就不能通过登记离婚程序解除，只能通过诉讼程序解决。第三，双方必须具有完全民事行为能力。离婚是重大的民事法律行为，法律要求进行离婚登记的夫妻双方必须具有完全的民事行为能力。《婚姻登记条例》第十二条明确规定，办理离婚登记的当事人属于无民事行为能力或者限制民事行为能力人的，婚姻登记机关不予受理。对于夫妻一方为无行为能力或限制行为能力人的离婚，只能通过诉讼程序，由其法定代理人代理诉讼。第四，双方必须对离婚后子女抚养和财产分割等问题达成了书面协议。夫妻离婚，往往涉及子女问题（例如子女由何方抚养、子女生活费和教育费的负担、不直接抚养子女一方探望权的行使）、夫妻财产的分割、债务的清偿、对离婚后生活困难一方的经济帮助等问题，当事人的离婚协议要包括对这些问题的处理。如果双方当事人不能就上述内容达成书面协议，婚姻登记机关不受理离婚申请，离婚只能通过诉讼程序解决。以上四个条件缺少任何一条，都只能依诉讼程序解除婚姻关系。

协议离婚要求夫妻双方必须到婚姻登记机关办理登记手续。根据《婚姻登记条例》第二条，内地居民办理婚姻登记的机关是县级人民政府民政部门或者乡（镇）人民政府，省、自治区、直辖市人民政府可以按照便民原则确定农村居民办理婚姻登记的具体机关。

办理离婚登记需遵循申请、审查、登记三个程序。

申请。要求离婚的当事人必须亲自到一方常住户口所在地的婚姻登记机关申请离婚登记。中国公民同外国人在中国内地自愿离婚的，内地居民同香港居民、澳门居民、台湾居民、华侨在中国内地自愿离婚的，男女双方应当共同到内地居民常住户口所在地的婚姻登记机关办理离婚登记。申请时应当持本人的户口簿和身份证、双方当事人共同签署的离婚协议书、结婚证等证件和证明材料；办理离婚登记的香港居民、澳门居民、台湾居民、华侨、外国人除应当出具双方当事人共同签署的离婚协议书、结婚证等证件、证明材料外，还应当出具本人的有效通行证、身份证，华侨、外国人还应当出具本人的有效护照或者其他有效国际旅行证件。由于离婚是重要的法律行为，男女双方必须亲自到婚姻登记机关申请离婚登记，不能委托他人代办离婚手续。

审查。婚姻登记机关对当事人的离婚申请，必须进行严格审查，既要查明当事人提供的情况是否真实，当事人是否符合登记离婚的条件，也要查明双方对子女抚养问题、财产分割及债务清偿等事项是否达成协议。

登记。婚姻登记机关经过审查后对符合离婚登记条件的，当场登记，发给离婚证，注销结婚证。当事人自取得离婚证之日起，解除婚姻关系。对于不符合离婚登记法定条件，婚姻登记机关不予登记，并向当事人说明不予登记的理由。

【案例】

借离婚逃避债务

2012年3月的一天，陈先生来到律师事务所进行咨询。

陈先生说，他三年前为了躲债的一个权宜之计没承想却弄巧成拙。

2007年做生意的陈先生凑了80万投资股市，这其中有50万是他向朋友借的。但没承想股市突变，没过多久陈先生就欠了一身债。到2009年，他除了一套房子，已是身无分文。

债权人常常来找他要钱。

（债权人）："我这50万搁银行里，一天利息有多少呢？"

（陈先生）："这我知道。可是我现在这个……"

（债权人）："你别跟我这个那个的，你今儿个必须给我说清楚了，我这50万你什么时候还给我？"

（债权人）："你要是再不还我的钱，我就要收你的房，别怪我事先没通知你啊。"

像这样被债主堵在家门口追债，对陈先生来讲，已经是家常便饭了。为此，陈先生的妻子没少数落他。

（陈妻）："让你借钱呗，现在人家都追着你要债了，看你怎么办。"

陈先生本想炒股赚点钱，让妻子过更好的生活，而如今却落得要拿房子抵债。

（陈先生）："今天他还说啊，要是没钱就拿房子抵债。"

（陈妻）："什么，拿房子抵债。当初要不是你天天嚷嚷着借钱炒股，咱们至于现在让别人收房子吗？"

（陈先生）："我也不想拿房子抵债呀！"

（陈妻）："我告诉你呀，这房子可是咱俩的唯一财产，我无论如何都不会让你动这个房子。"

夫妻二人都知道，如果拿手中仅有的这套房子去抵债，他们就连住的地方都没有了。于是，为了保住这套房子，陈先生绞尽了脑汁，但始终都没有能够想到一个可行的办法。可是，随着时间的推移，债主的催债是越来越紧了。情急之下，陈先生想到了这样一个方法。

（陈妻）："离婚？你行啊陈楠。欠了一屁股债，你现在想甩手走人啊！"

（陈先生）："不是，我的意思是假离婚。咱们要是假离婚，就能保住这房子了。"

（陈妻）："你的意思是……"

（陈先生）："这钱是我欠的。咱们俩离婚之后，债主肯定不会再找你要钱了。我想好了，把房子给你，这样离婚之后我就什么都没了，让他债主来找我要钱吧，反正我什么都没了，他也拿我没办法。"

（陈妻）："这主意也倒不错。"

（陈先生）："我告诉你，离婚协议书怎么写我都想好啦。上面就写，我们俩现在的所有财产都归张莹所有，全部债务都由陈楠承担。"

就这样，在2009年3月，陈先生和张女士到民政部门办理了离婚手续。不过对假离婚的事，两个人都心知肚明。

（陈妻）："咱们两个离婚的事，可不能让亲戚朋友知道，要知道了多丢人啊！"

（陈先生）："离什么婚啊，就是个样子。到时候债还清了，咱们再补办个复婚手续，不就神不知鬼不觉了嘛。"

一听陈先生这么说，妻子张女士就提出把补办复婚手续这一条加到两人手中留存的离婚协议书上，对于张女士的提议，陈先生也欣然接受。

房子保住之后，债主接二连三地追债，都被陈先生一个人扛了下来："我现在离婚了，房子都是她的了，我现在什么都没了。"话虽这么说，但陈先生和张女士都知道，靠假离婚躲得了一时，却躲不了一世。于是，经过再三考虑，陈先生决定独自外出打工，赚钱还债。

在外打工的日子里，陈先生工作起来格外努力，他一心想着多赚点钱，早日还清这笔债，期待着早日和张女士复婚。但事情却远远没有他想象的这么简单。就在陈先生外出打工一年后，他感觉到妻子在渐渐地发生着变化，有时打电话回家没人接，而有时电话里妻子说起话来吞吞吐吐。

（陈先生）："前天怎么不接电话呢？"

（张女士）："我前两天出差了。"

（陈先生）："家里怎么有男的声音？"

（张女士）："我，我在看电视呢。"

转眼间，陈先生外出打工已经接近三年，妻子的种种迹象，越发让陈先生感到不安，于是在2012年年初，陈先生回了一趟家。

回家后，陈先生发现家中没人。突然他听到楼梯上有人说话。

（某男性）："明天你下班之后，咱们还是老地方见。"

（张女士）："嗯，好的。"

（某男性）："早点休息，再见。"

（张女士）："再见。"

张女士进门后，发现了陈先生。

（张女士）："你回来啦。你怎么也事先不打个电话呀？"

（陈先生）："刚才谁送你回来的？"

（张女士）："一同事。"

（陈先生）："同事，你骗谁呀？都有老地方了，不止是同事了吧？"

（张女士）："你刚回来，今天就不说这事了，好吗？"

（陈先生）："别走，你把话给我说清楚。你和那男的到底怎么回事？"

（张女士）："本来我想找个时间，跟你好好聊聊这事，但是现在你逼着问我的，那我就说，是我交新男朋友了。"

（陈先生）："你怎么能这样？"

（张女士）："我哪样了？你一走就是3年，你知道我这3年怎么过的吗？"

（陈先生）："我不知道！我只知道我在外面辛辛苦苦地打工，你，你在家里风流快活。当初我们离婚的时候怎么说的，你忘了吗？"

（张女士）："你也别忘了，事实上咱俩已经离婚啦！"

陈先生万万没有想到，张女士明知道当初离婚只是权宜之计，而如今她却翻脸不认账，和别人在一起了。这让陈先生怎么也无法接受。于是在一番激烈的争吵之后，陈先生向张女士提出这样一个要求：

（陈先生）："现在事情弄成这个样子，咱们的财产得重新分。这房子我要拿回来一半。"

（张女士）："哼，我没听错吧。当年这财产可是你说这么分的。"

（陈先生）："当年这么分，那是为了保住这房子，保住这家，现在这家都没了，我这财产当然得重新分。"

（张女士）："当年说这么分的是你，现在说重分的又是你，凭什么这财产由你说了算？"

（陈先生）："这房子是我们的共同财产，也有我的一半，凭什么都给你了？"

（张女士）："好，我告诉你凭什么！看看，离婚协议书都签了，是你想改就改的吗？"

（陈先生）："那这还写着假离婚了呢，你不也反悔了吗？"

（张女士）："假离婚是假离婚，但这上面并没有写财产是假分配呀？！"

现在陈先生想知道他能撤销离婚协议书、重新分财产吗？

【解读】

这是一起婚姻当事人双方为了逃避债务而离婚的案例。本案例所涉及的问题是：婚姻登记机关是否对他们的离婚登记尽到了审查的义务？离婚协议中的财产分割部分的效力如何？婚姻当事人在离婚协议中增加的附条件的复婚条款的效力如何？当年离婚时所欠下的债务现在如何处理？

我国《婚姻法》第三十一条规定："男女双方自愿离婚的，准予离婚。双方必须到婚姻登记机关申请离婚。婚姻登记机关查明双方确实是自愿并对子女和财产问题已有适当处理时，发给离婚证。"通过此规定可以看出，婚姻登记机关在审查离婚申请时，一个非常重要的工作是对离婚协议进行审查。《婚姻登记条例》对协议离婚进行了细化的规定。该条例第十一条规定："办理离婚登记的内地居民应当出具下列证件和证明材料：（一）本人的户口簿、身份证；（二）本人的结婚证；（三）双方当事人共同签署的离婚协议书。办理离婚登记的香港居民、澳门居民、台湾居民、华侨、外国人除应当出具前款第（二）项、第（三）项规定的证件、证明材料外，香港居民、澳门居民、台湾居民还应当出具本人的有效通行证、身份证，华侨、外国人还应当出具本人的有效护照或者其他有效国际旅行证件。离婚协议书应当载明双方当事人自愿离婚的意思表示以及对子女抚养、财产及债务处理等事项协商一致的意见。"第十二条规定："办理离婚登记的当事人有下列情形之一的，婚姻登记机关不予受理：（一）未达成离婚协议的；（二）属于无民事行为能力人或者限制民事行为能力人的；（三）其结婚登记不是在中国内地办理的。"第十三条规定："婚姻登记机关应当对离婚登记当事人出具的证件、证明材料进行审查并询问相关情况。对当事人确属自愿离婚，并已对子女抚养、财产、债务等问题达成一致处理意见的，应当当场予以登记，发给离婚证。"法律、法规中使用了"查明"、"确实"、"适当"、"询问"、"确属"等用语，表明婚姻登记机关不仅要从形式上看离婚协议是否符合法律的规定，更要对离婚协议进行实质性审查，要看离婚协议的内容是否合法、公平，是否损害了妇女和子女的利益，是否存在规避法律的情况，是否对子女抚养、财产分割、债务清偿等重大问题有遗漏。婚姻登记机关只有在看到离婚协议符合两个方面的要求的情况下，才会办理离婚登记。但是婚姻家庭生活是复杂的，当事人离婚的具体原因和真正目的是什么，婚姻登记机关并不完全清楚，仅仅通过现场对当事人的问、听、看来判断出离婚协议内容的客观真实性，显然超出了婚姻登记机关的能力和审查职权范围，因此法律也仅仅是要求婚姻登记机关查明双方是"自愿"离婚并对子女和财产问题已有"适当"处理，而不是"正确"处理。本案中，陈先生和张女士都是完全民事行为能力人，他们决定去登记离婚，是经过慎重考虑的，婚姻登记机关在向他们询问是否自愿离婚、对财产及债务的处理是否是一致意见时，他们的回答肯定是自愿、一致，因此，婚姻登记机关有理由相信他们是自愿离婚且对财产、债务问题有适当处理，在两个人所提交的材料符合法律、法规要求的情况下，婚姻登记机关为他们办理离婚登记并不存在违法和失职问题。在陈先生和张女士领到《离婚证》后，二人的婚姻关系就随即解除了。

关于离婚协议中财产分割部分的效力，最高人民法院《关于适用〈中华人民共和国婚姻法〉若干问题的解释（二）》第八条规定："离婚协议中关于财产分割的条款或者当事人因离婚就财产分割达成的协议，对男女双方具有法律约束力。当事人因履行上述财产分割协议发生纠纷提起诉讼的，人民法院应当受理。"第9条规定："男女双方协议离婚后一年内就财产分割问题反悔，请求变更或者撤销财产分割协议的，人民法院应当受理。人民法院审理后，未发现订立财产分割协议时存在欺诈、胁迫等情形的，应当依法驳回当事人的诉讼请求。"根据这些规定，可以看出，离婚协议是对双方具有约束力的约定，当事人不得随意推翻。对于财产分割产生纠纷的，当事人应当在协议离婚后一年内到法院起诉。本案中，陈先生和张女士协议离婚已经三年了，超过了一年的期限，所以陈先生即使到法院起诉，法院也不受理。而对于法院来说，在受理了关于离婚协议的财产分割纠纷后，只要没有发现订立财产分割协议时存在欺诈、胁迫等情况，就不会否定该财产分割协议，像本案中的陈先生和张女士所签订的离婚协议，是他们真实意思的表示，陈先生想要保住房子而放弃了自己的财产权利，是他自愿选择的，并没有受到张女士的欺诈和胁迫，因此像这种情形下，陈先生请求变更或撤销财产分割协议的，是不会得到法院支持的。

本案例中陈先生和张女士在离婚协议中增加的在还清债务后复婚的条款，是不具有法律效力的。因为我国《婚姻法》规定了婚姻自由原则，结婚必须是双方当事人自主自愿的，任何一方都不能强迫对方和自己结婚，虽然二人在离婚协议书中签署了一个附条件的复婚的条款，但这个条款不具有左右双方复婚的效力，陈先生不能因为这个条款而强迫张女士与自己结婚，而张女士是否和陈先生复婚、何时复婚，都是本人的权利，陈先生无权强迫、干涉。

近年来，假借离婚以逃避债务的现象时有发生，常常是夫妻双方在离婚协议中约定，债务由一方来偿还，而主要财产却归另一方所有。对此，最高人民法院《关于适用〈中华人民共和国婚姻法〉若干问题的解释(二)》第二十四条规定："债权人就婚姻关系存续期间夫妻一方以个人名义所负债务主张权利的，应当按夫妻共同债务处理。但夫妻一方能够证明债权人与债务人明确约定为个人债务，或者能够证明属于婚姻法第十九条第三款规定的情形除外。"第二十五条规定："当事人的离婚协议或者人民法院的判决书、裁定书、调解书已经对夫妻财产分割问题作出处理的，债权人仍有权就夫妻共同债务向男女双方主张权利。一方就共同债务承担连带清偿责任后，基于离婚协议或者人民法院的法律文书向另一方主张追偿的，法院应当支持。"从以上规定可以看出，对于债务人假借离婚以逃避债务，债权人提起诉讼的，法院在审理中一般无须对离婚协议中有关财产处理条款加以否定，因为婚姻关系存续期间夫妻一方以个人名义所负的债务，应当按夫妻共同债务处理，双方均有偿还的义务，即使双方离婚以后，债权人仍可以向男女双方主张权利。除非夫妻一方能够证明债权人与债务人将该债务明确约定为个人债务，或者能够证明债务人与债权人形成债权债务关系时，债权人知道夫妻对婚姻关系存续期间所得的财产归各自所有的约定，在这两种情况下才以债务人一方所有的财产清偿。就本案来看，陈先生虽以个人名义举债，但他和张女士如果不能证明当初与债权人明确约定为其个人债务，或者不能证明债权人当时知道他们夫妻在婚姻关系存续期间所得的财产归各自所有的约定，那么这个债务属于共同债务，夫妻的共同债务应当由夫妻共同财产来偿还，即使陈先生和张女士在离婚协议书中把财产进行了分割，那么债权人也有权利要求张女士用她分得的财产来偿还他们夫妻欠下的共同债务。当然，如果陈先生已经清偿了全部的债务，他有权利要求张女士偿还她应负担的那部分债务。

在此，也告诫那些试图用假离婚来逃避债务的人，应当严肃慎重地对待婚姻家庭问题和债务问题，不要投机取巧，否则，家庭有真正破裂的危险，财产权益也会受到损害，最后落得人财两空、得不偿失，悔之莫及。

判决离婚的法定条件

判决离婚是指夫妻一方提出离婚请求，或者双方对子女抚养、财产分割及离婚救济有争议，由人民法院审判裁决的离婚方式。

《婚姻法》第三十二条规定："男女一方要求离婚的，可由有关部门进行调解或直接向人民法院提出离婚诉讼。人民法院审理离婚案件,应当进行调解;如感情确已破裂,调解无效,应准予离婚。有下列情形之一,调解无效的,应准予离婚:(一)重婚或有配偶者与他人同居的;(二)实施家庭暴力或虐待、遗弃家庭成员的;(三)有赌博、吸毒等恶习屡教不改的;(四)因感情不和分居满二年的;(五)其他导致夫妻感情破裂的情形。一方被宣告失踪,另一方提出离婚诉讼的,应准予离婚。"

《婚姻法》第三十二条第一款"男女一方要求离婚的,可由有关部门进行调解或直接向人民法院提出离婚诉讼",规定了离婚的诉讼程序分为两部分,一是由有关部门进行调解,二是当事人直接向法院起诉。男女一方要求离婚的,可以先由婚姻当事人所在单位、群众团体、基层调解组织等部门进行调解,在自愿、合法的基础上,当事人就继续保持或解除婚姻关系及其相关的法律问题达成协议。这种诉讼外调解并不是诉讼离婚的必经程序,当事人可以不经过诉讼外调解直接向人民法院起诉,也可以在接受诉讼外调解后随时退出调解,诉讼外调解不具有强制性效力。经过调解可能会出现三种不同的结果:一是双方的矛盾得到化解,双方和好,消除纠纷;二是双方都同意离婚,并在子女和财产问题上达成一致意见,采用协议离婚的方式,到婚姻登记机关办理离婚登记手续;三是调解不成,一方坚持离婚,另一方持相反意见,或者虽都同意离婚,但对子女、财产问题达不成协议,而需诉诸法院解决。

《婚姻法》第三十二条第二款"人民法院审理离婚案件,应当进行调解",规定了调解是人民法院处理离婚案件的必经程序。人民法院在进行调解时,必须坚持自愿、合法的原则,深入细致地做双方当事人的思想工作。经过法院的调解,可能会出现三种结果:一是双方重归于好,原告撤诉。二是双方达成全面的离婚协议,包括双方同意离婚,妥善安排了子女今后的生活、合理分割了财产等。三是调解无效,双方就是否离婚或者子女抚养、财产分割等方面达不成协议,人民法院不能久调不决,而应立即进入判决阶段。

人民法院的离婚判决,包括准离和不准离两种情况,无论何种判决,其标准都是夫妻感情是否确已破裂：破裂者，则准予离婚；未破裂或未完全破裂者，则不准离婚。《婚姻法》第三十二条明文列举了五种认定夫妻感情确已破裂的具体情形：

第一，重婚或有配偶者与他人同居。重婚是指有配偶者与他人结婚或者明知他人有配偶而与之结婚的行为。一般可表现为两种形式：一是有配偶或明知他人有配偶而与之到婚姻登记机关办理结婚手续；二是有配偶或明知他人有配偶，双方虽未办理结婚登记手续，但以夫妻名义持续、稳定地共同居住、生活的行为。有配偶与他人同居，是指有配偶者与婚外异性不以夫妻名义持续、稳定、公开地同居生活。重婚或有配偶者与他人同居这两种行为，违反了《婚姻法》规定的一夫一妻和夫妻应当相互忠实的原则，不仅伤害了夫妻感情，而且挫伤了对方对婚姻的合理期待，足以使夫妻之间的共同生活不复存在。因此，夫妻一方如有上述行为，经调解无效的，应当认定夫妻感情确已破裂。

第二，实施家庭暴力或虐待、遗弃家庭成员的。家庭暴力，顾名思义是发生在家庭内部的暴力行为，是行为人以殴打、捆绑、残害、强行限制人身自由或者其他手段，给其家庭成员的身体、精神等方面造成一定伤害后果的行为。如果是经常连续性、长期性地发生上述行为，则构成虐待。虐待，是指以作为或不作为的形式对家庭成员进行歧视、折磨、摧残，使其在精神上、肉体上遭受侵害的违法行为。遗弃，是指对于年老、年幼、患病或其他没有独立生活能力的家庭成员（既包括没有经济来源、丧失劳动能力或尚不具备劳动能力、无法独立生活的，也包括虽有经济来源，但由于年老、残疾导致生活不能自理的）负有抚养、赡养、扶养义务而拒不履行其义务的违法行为。夫妻一方存在家庭暴力、虐待或遗弃行为，已严重伤害了夫妻感情，如果无法弥补或者无法取得对方谅解的，应认定夫妻感情确已破裂，准予离婚。

第三，有赌博、吸毒等恶习屡教不改的。夫妻一方有赌博、吸毒行为，且已形成恶习，经过教育仍不悔改的，对夫妻感情、家庭生活伤害极大，一方以此诉请离婚的，经调解无效，应当认定夫妻感情确已破裂。当然，如果一方虽有赌博、吸毒等行为，但情节轻微，只是偶尔为之，没有成瘾；或者虽曾有赌博、吸毒等恶习，但经过教育已经改正的，则不适用该规定。

第四，因感情不和分居满二年的。夫妻双方分居的原因应当是感情不和，不是因为其他一些客观原因如工作、出差、学习等导致的。分居期间须满二年，二年的时间应当是不间断的、持续的，二年的计算应是从双方最后一次分居之日起到起诉时。共同生活是婚姻关系的一项重要内容，如果夫妻双方因感情不和长期分居，没有共同生活，互不履行夫妻义务，维持名存实亡的婚姻关系，毫无意义，故应准予双方离婚。

第五，其他导致夫妻感情破裂的情形。夫妻之间的感情破裂的情形是非常复杂的，法律不可能一一明文列举，法律专设了一项兜底的款项，以"其他导致夫妻感情破裂的情形"来概括，如，夫妻双方因是否生育发生纠纷，致使感情确已破裂的；一方患有严重的精神病，久治不愈的；一方被判长期徒刑，或其违法犯罪行为严重伤害夫妻感情的；双方性格不合，难以共同生活的等等。这就为人民法院在基于各种原因离婚的诉讼中认定夫妻感情破裂提供了法律依据。

另外，《婚姻法》第三十二条还有一补充性条款："一方被宣告失踪，另一方提出离婚诉讼的，应准予离婚。"公民下落不明满二年，经利害关系人申请被人民法院宣告失踪，另一方提出离婚的，应认定双方感情已破裂，准予离婚。如果一方下落不明满二年，但未经人民法院宣告失踪，另一方起诉离婚的，则不能径行判决准予离婚，人民法院在受理案件之后，对下落不明人公告送达诉讼文书，经公告查找确无下落的，可判决准予离婚。

 【案例】

结婚三十载，白发闹离婚

1976年3月，胡兰英经亲戚介绍认识了比她大1岁的徐某，二人在认识两个月之后就结婚了。婚后，两人感情一般，经常为家庭生活琐事发生争吵。

2006年，胡兰英外出做保姆，丈夫徐某不同意，还怀疑她有了外遇，为此二人争吵不断，致使夫妻关系日趋恶化。2007年二人干脆分开生活。胡兰英痛苦之余，为追求自己的独立人格，2010年1月毅然到法院起诉要求离婚。面对共同生活了三十多年的老伴提出离婚，徐某吃惊之余也十分痛心，他认为两人共同生活了这么多年，夫妻感情深厚，可以白头偕老，因此坚决不同意离婚。为此，胡兰英请求法院公开开庭审理她的离婚案。附近的乡邻也赶来旁听。在法庭上胡兰英大大方方诉说了自己的离婚理由。法院在调解无效的情况下，一审判决准予二人离婚。徐某想不通，不服一审判决，提起上诉。二审法院审理之后作出裁定：驳回上诉，维持原判。

【解读】

本案是一起因夫妻感情失和而由一方诉请离婚的案件。男女一方要求离婚，另一方不同意离婚，彼此坚持各自的主张而发生纠纷诉至法院。根据《婚姻法》的规定，人民法院审理离婚案件，判决准予离婚的标准是"夫妻感情确已破裂"。法官是如何认定夫妻感情确已破裂的呢？

对夫妻感情是否确已破裂，只有经过全面的调查研究、分析判断，才能做出比较符合事实真相的结论。根据司法实践的经验，判断夫妻感情是否确已破裂，可以从婚姻基础、婚后感情、离婚原因、夫妻关系的现状和有无和好的可能等方面予以考虑和分析：

一是看婚姻基础。就是要看结婚的形式以及建立婚姻关系时男女双方的感情状况。当前我国的结婚形式，大致可以分为三种情况：第一种是自由婚姻，这种婚姻因为男女双方经过自由恋爱、自主结合，一般比较牢固、稳定，婚后也不容易发生纠纷，发生了纠纷之后和好的可能性也比较大。但婚前双方未经充分了解而草率结合的或者一方以追求对方的容貌、财富和权力为目的形成的婚姻，其婚姻关系的稳定性比较差。第二种是半自主婚姻，指经人介绍、父母同意、双方自愿，但男方以一定的金钱物质给付为条件的婚姻，这种婚姻感情基础相对较差，婚姻关系的牢固性、稳定性就差一些。第三种是包办婚姻，即父母或者他人违背男女双方或者一方意愿，强迫包办而结成的婚姻。这种婚姻由于违反男女双方或者一方意愿，感情基础差，极易造成婚后夫妻不和乃至离婚纠纷，和好的可能性比较小。

二是看婚后感情。就是要看夫妻婚后共同生活期间的感情状况。在分析婚后感情时，首先要联系婚姻基础分析婚后感情的变化趋势，如果感情是向好的方向发展变化的，那么引起离婚的可能是偶然因素，容易调解和好；如果感情是向坏的方向发展，那么引起离婚的就不是偶然因素了。其次要看夫妻双方是否互敬互爱、相互体贴关心，是否赡养扶助双方的父母，对家庭是否有责任感，是否共同抚养子女、照顾后代，遇事是否商量，家庭中是否讲究民主平等。另外，还要从当事人的思想品质、生活作风、性格习惯以及夫妻生活等方面综合分析。最后，分析夫妻婚后感情，要看长期的、经常的、主流的表现，切忌凭一时一事的表现下结论。

三是看离婚原因。离婚原因是原告要求离婚的主要根据，是双方在诉讼中争执的焦点，看离婚原因也是分析夫妻感情是否破裂的重要依据。在诉讼中，原告为了达到离婚的目的，往往夸大事实，隐瞒事实真相和真实动机，或捏造事实、制造假象，以强调自己起诉的理由。而被告一方不愿离婚，也会同样进行不符合事实的陈述。所以看离婚原因，首先要查明离婚的真实原因。只有查明了离婚的真实原因，才能准确判断夫妻感情是否确已破裂。有时离婚案件的原因非常复杂，通常是多种原因交织在一起，这就需要法官弄清离婚的主要原因，抓住案件的主要矛盾焦点，判断当事人感情受伤害的程度。

四是看夫妻关系的现状及有无和好的可能。在考察了双方的婚姻基础、婚后感情、离婚原因的基础之上，对婚姻的现状和今后婚姻的前途作出估计和预测，判断有无和好的因素。如夫妻间的矛盾不是根本性的和长期的矛盾，没有什么激烈的冲突，双方还共同生活，还履行夫妻间的权利义务，这就是具有和好的因素，就应当加强调解和好工作；反之，如果夫妻间的矛盾是本质性的和长期的矛盾，双方已长期分居，形同仇人、势不两立，互不关心彼此生活，要使矛盾转化就很难。另外，还要看当事人的态度，坚持不离的一方有无争取和好的愿望和实际行动，也是判断夫妻关系有无和好可能的一个重要因素。

以上四个方面相互联系，相互影响，构成一个整体。法院在审理离婚案件时，应当从以上四个方面进行全面、综合地考察、判断，以确定夫妻感情是否确已破裂，只要夫妻双方尚有和好的可能，法院应尽力调解和好，如果双方感情已恶化，确无和好的可能，就应及时判决离婚。

本案中，原告与被告的婚姻基础不太好，二人是经亲戚介绍相识，相识不久就草率结婚了，婚姻基础不太牢固，这也成为日后二人发生矛盾的重要原因。二人婚后的感情一般，经常为了家庭琐事争吵，在2006年胡兰英外出做保姆，徐某怀疑她有外遇之后，双方的关系日趋恶化，最终发展为长时间的分居，互不履行夫妻义务。就离婚原因来看，主要是徐某不尊重胡兰英的人格，严重伤害了胡兰英的自尊心和感情，从而加剧了夫妻感情的破裂。从原被告关系的现状看，双方已长期分居，形同陌路，互不关心彼此生活，转化矛盾很难。另外，坚持不离的徐某也没有什么争取和好的实际行动，和好已无可能。直至案件起诉到法院时，双方分居时间已超过两年，根据《婚姻法》第三十二条的规定"男女一方要求离婚的，可由有关部门进行调解或直接向人民法院提出离婚诉讼。人民法院审理离婚案件，应当进行调解；如感情确已破裂，调解无效，应准予离婚。有下列情形之一，调解无效的，应准予离婚：（一）重婚或有配偶者与他人同居的；（二）实施家庭暴力或虐待、遗弃家庭成员的；（三）有赌博、吸毒等恶习屡教不改的；（四）因感情不和分居满二年的；（五）其他导致夫妻感情破裂的情形。一方被宣告失踪，另一方提出离婚诉讼的，应准予离婚"，可以认定夫妻感情确已破裂，符合法律规定的准予离婚的情形。法院在综合分析二人婚姻关系的基础上判决准予离婚，一审和二审法院的判决是正确的。

保护军婚

军人是维护国家安全、社会稳定的中流砥柱，出于国防的需要，他们要驻守在边关、海防及远离城市的军营内，不能与家人团聚，他们做出了巨大的牺牲，国家理应采取相应的弥补措施，保护军婚即是其中的一项重要内容。

对现役军人的婚姻予以特殊保护，是我国婚姻立法的传统。我国1950年《婚姻法》第十九条对军人的离婚问题作出过专门规定："现役革命军人与家庭有通讯关系的，其配偶提出离婚，须得革命军人的同意。"1980年颁布的《婚姻法》第二十六条规定："现役军人的配偶要求离婚，须得军人同意。"2001年《婚姻法》（修正案）第三十三条规定："现役军人的配偶要求离婚的，须得军人同意，但军人一方有重大过错的除外。"可见，保护军婚一直是我国的一项重要法律制度，这有利于军队秩序和军心稳定，也充分体现了国家对军人的特别关怀。

《婚姻法》第三十三条中的"现役军人"指的是正在人民解放军或人民武装警察部队服役、具有军籍的人员。退役军人、复员军人、转业军人和军事单位中不具有军籍的人员，均非本条所指的现役军人，其配偶提出离婚按普通离婚案件处理。

《婚姻法》第三十三条的"现役军人的配偶"指的是现役军人的配偶为非军人。"现役军人的配偶要求离婚的，须得军人同意"的规定仅适用于非军人一方向现役军人一方提出离婚的情况。现役军人向非军人一方提出离婚，以及双方都是现役军人的离婚纠纷，不适用该条规定，应当按一般离婚案件处理。

《婚姻法》第三十三条的规定包含两层意思：一是在通常情况下，现役军人的配偶一方提出离婚，非经军人本人同意，不得准予离婚。因此，当军人配偶提起离婚诉讼时，军人不同意离婚，法院应配合有关部门对军人配偶进行说服教育，尽量调解双方和好或判决不准离婚。如果双方感情确已破裂，确实无法维持夫妻关系的，经调解无效，法院应通过军人所在部队的政治机关，做好军人的思想工作，在此基础上可以判决准予离婚，但处理时必须慎重对待。二是在军人一方有重大过错的情况下，非军人一方提出离婚，无须经过军人的同意，经调解无效的，法院可判决准予离婚。按照最高人民法院《关于适用〈中华人民共和国婚姻法〉若干问题的解释（一）》第二十三条的规定："婚姻法第三十三条所称的'军人一方有重大过错'可以依据婚姻法第三十二条第三款前三项规定及军人有其他重大过错导致夫妻感情破裂的情形予以判断"，因此军人的重大过错包括：重婚或者有配偶者与他人同居的；实施家庭暴力或虐待、遗弃家庭成员的；有赌博、吸毒等恶习屡教不改的。

现役军人的配偶提出离婚，如果是由于第三者插足导致且第三者构成犯罪的，法院应判决不准离婚，同时按照刑法的规定追究第三者的刑事责任："明知是现役军人的配偶而与之同居或结婚的，处三年以下有期徒刑或者拘役。利用职权、从属关系，以胁迫手段奸淫现役军人的妻子的，依照本法第二百三十六条的规定定罪处罚。"

人民法院审理军人离婚案件，适用审理民事案件的一般规定，实行两审终审制。由于军人身份的特殊性，其离婚诉讼管辖与普通离婚诉讼管辖不一样。最高人民法院《关于适用〈中华人民共和国民事诉讼法〉若干问题的意见》第十一条对军人离婚诉讼管辖作出详细规定："非军人对军人提出的离婚诉讼，如果军人一方为非文职军人，由原告住所地人民法院管辖。离婚诉讼双方当事人都是军人的，由被告住所地或者被告所在的团级以上单位驻地的人民法院管辖。"

军人离婚时有关财产问题的处理与社会上的当事人情况基本相符。即婚姻关系存续期间所得的财产，除法律规定和双方约定为属于一方所有的个人财产，都应当属于夫妻共同财产，夫妻双方对共有财产有平等的处理权。关于孩子的抚养问题，完全适用《婚姻法》及相关法律的规定。

 【案例】

军嫂要离婚，军人不同意

小方是一位教师，2010年与身为现役军官的小于结婚了，成为一名光荣的军嫂。结婚以后，小方渐渐发现了小于的性格缺陷——脾气暴躁、以自我为中心，任何事情都要听他的，稍有不从，便拳脚相加，小方经常被打得鼻青脸肿，都不好意思去上班。小方实在忍受不了这样的生活，便提出与小于离婚，小于认为离婚对他影响不好，坚决不同意离婚。小方打算去法院提起离婚诉讼。小于对她说："我是现役军人，法律明确规定，现役军人的配偶要求离婚的，必须得到军人一方的同意，我不同意离婚，你根本就不能起诉。"小方对此感到非常痛苦：如果小于不同意离婚，自己就不能起诉离婚吗？离不了婚，自己就要这样过一辈子吗？

 【解读】

众所周知，我国《婚姻法》确实规定"现役军人的配偶要求离婚，须得军人同意"，那么本案中，小方能不能提起离婚诉讼呢？如果小于不同意离婚，那她就真的离不了婚吗？

《婚姻法》第三十三条规定"现役军人的配偶要求离婚的，须得军人同意，但军人一方有重大过错的除外"，该条规定并不是对军人配偶的离婚诉权进行限制，因为如果一方是军人，非军人一方不能到法院起诉离婚，那么对非军人一方就太不公平了，那也是对离婚自由原则的极大违背，因此非军人一方是有权利到法院起诉离婚的。而且法律规定"军人一方有重大过错的除外"，也必须经诉讼程序由法院来查明，如果不允许非军人一方提起诉讼，如何来判明军人一方是否存在重大过错？因此，小于所说的，自己不同意离婚，小方根本就不能到法院起诉，这个说法是不对的，小方是可以到法院起诉离婚的。

《婚姻法》第三十三条的规定，实际上限制的是非军人一方的离婚胜诉权。法院在判决离婚时，需要先征得军人一方的同意，如果军人一方不同意离婚，法院一般不会判决离婚，在军婚是否解除的问题上，军人一方有"否决权"，军人的配偶要胜诉确实有难度。但是，这并不意味着军人的配偶永远不能胜诉，因为法律在此有一但书条款，那就是军人一方如有重大过错，则不管军人一方是否同意离婚，法院都会支持配偶的诉讼请求，判决离婚。何谓"重大过错"呢？按照最高人民法院的司法解释，军人的重大过错包括重婚或有配偶者与他人同居；实施家庭暴力或虐待、遗弃家庭成员；有赌博、吸毒等恶习屡教不改的。如果军人有上述行为，配偶提出离婚，法院在调解无效的情况下，不必征得军人一方的同意，即可判决离婚。所以军人的配偶要求离婚，"须得军人同意"也不是绝对的。但书条款的规定，充分考虑了军人配偶的离婚自由权，较好地协调了保护军婚与离婚自由之间的关系，在二者之间实现了平衡。

具体到本案，小于经常殴打小方，给小方的身体、精神造成了很大的伤害，已构成家庭暴力，应属"重大过错"，应当排除其对"须得军人同意"条款的适用。由于小于的过错行为极大地伤害了小方的感情，导致了夫妻感情破裂，小方完全可以主动提起离婚诉讼，法律也会支持小方的离婚请求的。

04

对男方离婚诉权的限制

《婚姻法》第三十四条规定："女方在怀孕期间、分娩后一年内或中止妊娠后六个月内，男方不得提出离婚。女方提出离婚的，或人民法院认为确有必要受理男方离婚请求的，不在此限。"本条是对男方在特定期间的离婚诉权进行暂时限制的规定，体现了法律对妇女的特别保护。

女方在怀孕期间、分娩后一年内或者中止妊娠6个月内，身体上、精神上均需特殊关怀，怀孕期间和分娩后胎儿、婴儿也需要妥善照顾。如果男方在此期间提出离婚，很可能给女方造成强烈的刺激，以致影响孕妇或产妇的健康，也不利于胎儿或婴儿的发育和成长。在上述期间禁止男方提出离婚，是非常必要的。

对于《婚姻法》第三十四条，应当注意以下几个问题：

第一，该规定只是限制男方在这些特殊时期内提出离婚，在此期间，女方提出离婚的，不受限制。因为女方在此期间提出离婚，往往都是出于某种紧迫的原因，而且本人对离婚及其后果已有思想准备，如不受理，可能更加不利于对孕妇或产妇、胎儿或婴儿的保护。

第二，该规定只是限制男方的起诉权，并没有从实质上剥夺其起诉权和获准离婚的权利。在上述期间届满后，男方仍可到法院起诉离婚，在符合法定条件时也能获准离婚。

第三，人民法院认为确有必要受理男方离婚请求的，也不受本条规定的限制。在男方有正当理由、女方有重大过错的情况下，如女方与他人通奸而怀孕，男方提出离婚的，法院应及时受理男方的离婚诉请，否则会出现危及女方人身安全的可能；而且女方的行为是对夫妻感情的极大破坏，此时再限制男方的起诉权，对男方也是不公平的。

【案例】

怀孕妇女起诉离婚

张某（女）与赵某（男）经人介绍在2006年相识，第二年登记结婚。但是张某心中一直牵挂着初恋男友马某。在一次同学聚会上，张某与马某再次相遇，两人的感情再次点燃了。由于马某也已经成家，两人约定私下往来、彼此不干涉对方的家庭生活。2010年，赵某被公司派往上海出差三个月，期间张某与马某来往更加密切，并怀孕了。赵某得知真相后，不能容忍妻子的出轨，要求离婚，但是张某没有同意。有朋友告诉赵某：妻子怀孕期间，丈夫是不能起诉离婚的，如果一定要离婚，只有等生了孩子一年后才能起诉。赵某感到愤愤不平：妻子怀孕了，为什么丈夫就不能起诉离婚呢？法律只考虑女性的权益，是不是对男性不公平？

【解读】

《婚姻法》第三十四条规定："女方在怀孕期间、分娩后一年内或中止妊娠后六个月内，男方不得提出离婚。女方提出离婚的，或人民法院认为确有必要受理男方离婚请求的，不在此限。"该规定体现了在特定时期内，对妇女、胎儿和婴儿的特殊保护。因为在那些特殊时期内，妇女的身心都处于比较虚弱的状态，如果在此期间男方提出离婚，对女方的身心健康和胎儿或婴儿的健康都将产生极为不利的影响。出于对女性的保护，法律才特别规定在该期间内丈夫不能提起离婚诉讼。

　　法律也考虑到了对妇女特殊保护与男方的离婚诉权之间的平衡问题，在《婚姻法》第三十四条中规定了例外的情况："人民法院认为确有必要受理男方离婚请求的，不在此限"。所谓"确有必要受理男方离婚请求的"情况主要包括：女方怀孕系婚后与他人通奸所致；男方受虐待，不堪忍受的；一方对对方有危及生命、人身安全等情形的。《婚姻法》第三十四条的规定，其本意应为保护妇女和胎儿或婴儿的身心健康，而暂时延缓男方起诉的权利，但如果在特殊情况下双方感情已经破裂、根本无法共同生活，再限制男方的离婚请求权，就会严重伤害男方的感情，也容易激化双方已有的矛盾，进而对妇女、胎儿和婴儿造成伤害，那就与保护妇女的本意相背离了，所以法律赋予男方在特殊情况下起诉离婚的权利。

　　本案例中，女方的行为严重侵犯了男方的权益。夫妻之间有相互忠实的义务，张某在婚后不仅感情上出轨，更是越雷池与对方有通奸行为，违背了夫妻之间忠实的义务，对赵某造成极大的感情伤害。在这种情况下，再限制男方的离婚诉权，就违背了法律的公平、公正原则。因此，赵某到法院起诉，法院应当受理。赵某朋友所说的"妻子怀孕期间，丈夫是不能起诉离婚的，如果一定要离婚，只有等生了孩子一年后才能起诉"并不符合法律规定。

离婚后的子女抚养

　　我国《婚姻法》第三十六条第一款、第二款规定："父母与子女间的关系，不因父母离婚而消除。离婚后，子女无论由父或母直接抚养，仍是父母双方的子女。离婚后，父母对于子女仍有抚养和教育的权利和义务。"这是离婚后处理子女抚养问题的基本原则，也就是说，子女与父母的关系不受父母离婚的影响。离婚只能解除父母间的夫妻关系，不能解除父母与子女的关系。在父母离婚以后，无论子女随父或母生活，仍是父母双方的子女，而且与父母之间的权利义务关系，在父母离婚前后，没有变化，是一致的。养父母与养子女的关系，也不会因为养父母的离婚而消灭。继父母与继子女的关系，在继父母离婚后，相对比较复杂。如果继父母与继子女间未形成抚养关系的，则在继父母离婚以后关系消灭。如果继父母与继子女已形成抚养关系的，分为两种情况：一是，已形成抚养教育关系的继父母与继子女，如果继子女未成年并随生父或生母生活，继父或继母不同意继续抚养的，该继子女与继父母的权利义务关系随之解除。二是，如果受继父母长期抚养教育的继子女已成年，继父母与继子女已形成的身份关系和权利义务关系不能因离婚而解除，只有在继父母或继子女一方或双方提出解除继父母子女关系，并按照法定程序才可以解除。

在父母离婚以后，子女随何方生活，直接关系到子女的利益，在离婚案件中，最容易引发当事人双方的争执。在处理子女的抚养问题上应该从子女最大利益原则的角度出发，找到最有利的解决方法。在离婚案件中，如果父母双方就子女抚养问题达成协议的，一般应当尊重当事人的意思表示，按其协议处理，但协议由父方或母方抚养对子女的正常生活有严重不利的除外。如果双方协议轮流抚养子女的，也应当允许。如果父母未达成协议，根据《婚姻法》第三十六条第三款及最高人民法院的《关于人民法院审理离婚案件处理子女抚养问题的若干具体意见》的相关规定，在确定子女跟随何方生活时应考虑下列因素：

（1）两周岁以下的子女，原则上应随母方生活，但母方有下列情形之一的，可随父方生活：①患有久治不愈的传染性疾病或其他严重疾病，子女不宜与其共同生活的；②有抚养条件不尽抚养义务，而父方要求子女随其生活的；③因其他原因，子女确无法随母方生活的。

（2）两周岁以上未满十周岁的未成年的子女，首先由父母双方协议，协议不成时，由人民法院根据子女的权益和双方的具体情况判决。对于父方和母方均要求随其生活，判决时，一方有下列情形之一的，可予优先考虑：第一，已做绝育手术或因其他原因丧失生育能力的；第二，子女随其生活时间较长，改变生活环境对子女健康成长明显不利的；第三，无其他子女，而另一方有其他子女的；第四，子女随其生活，对子女成长有利，而另一方患有久治不愈的传染性疾病或其他严重疾病，或者有其他不利于子女身心健康的情形，如赌博、酗酒或无抚养子女的经济条件等，不宜与子女共同生活的；第五，子女单独随祖父母或外祖父母共同生活多年，且祖父母或外祖父母要求并且有能力帮助子女照顾孙子女或外孙子女的。

（3）十周岁以上的子女，应考虑子女的意见。满十周岁的未成年子女，属于限制民事行为能力人，具有一定的辨别是非的能力，所以在离婚案件处理子女随谁生活的问题上，应充分考虑子女的个人意愿，这有利于子女的健康成长，减少离婚对子女的伤害。

子女抚养关系确定后，如果父母的抚养条件发生了重大变化，或者子女要求变更抚养关系的，可由双方协议变更抚养关系；协议不成的，一般根据子女利益和双方的具体情况处理。一方要求变更子女抚养关系并有下列情况之一的，应予以支持：第一，与子女共同生活的一方因患严重疾病或因伤残无力继续抚养子女的；第二，与子女共同生活的一方不尽抚养义务或有虐待子女行为的，或其与子女共同生活对子女身心健康有不利影响的；第三，十周岁以上未成年子女愿随另一方生活，该方又有抚养能力的；第四，有其他正当理由需要变更的。

我国《婚姻法》第三十七条第一款规定："离婚后，一方抚养的子女，另一方应负担必要的生活费和教育费的一部或全部，负担费用的多少和期限的长短，由双方协议；协议不成时，由人民法院判决。"根据《婚姻法》这一规定及最高人民法院发布的《关于人民法院审理离婚案件处理子女抚养问题的若干具体意见》、《关于适用〈中华人民共和国婚姻法〉若干问题的解释（一）》的相关规定，在处理离婚后子女的生活费和教育费的分担时应注意以下几点：

第一，离婚后父母双方有平等的负担子女生活费和教育费的义务。子女随母方生活，父亲应负担必要的生活费和教育费；子女随父方生活，母亲也应负担必要的生活费和教育费。这是我国男女地位平等的反映。但是父母双方在子女生活费、教育费的负担上义务平等，并不意味着生活费、教育费平均分担，其抚养费数额的确定，应考虑双方的负担能力和经济条件。

第二，抚养费的数额。子女抚养费的数额，可根据子女的实际需要、父母双方的负担能力和当地的实际生活水平综合考虑。子女的抚养费包括生活费、教育费和医疗费。负有给付义务的一方有固定收入的，抚养费一般可按其月总收入的20%至30%的比例给付，负担两个以上子女抚养费的，比例可适当提高，但一般不得超过月总收入的50%；无固定收入的，抚养费的数额可依据当年总收入或同行业平均收入，参照上述比例确定。有特殊情况的，可适当提高或降低上述比例。

第三，抚养费的给付方式。离婚后，不直接抚养子女一方应向直接抚养子女一方支付抚养费。抚养费原则上应当定期支付，按月、季度、年给付或收获季节给付均可。有条件的可以一次性给付。

第四，抚养费的给付期限。抚养费的给付期限，一般至子女满十八周岁止，十六周岁以上不满十八周岁的未成年子女，以其劳动收入为主要生活来源，并能维持当地一般生活水平的，父母可停止给付抚养费。十八周岁以上，尚在校接受高中及其以下学历教育的，以及丧失劳动能力或虽未完全丧失劳动能力但因非主观原因无法维持正常生活的，父母有给付能力的，仍应负担必要的抚养费。

《婚姻法》第三十七条第二款规定："关于子女生活费和教育费的协议或判决，不妨碍子女在必要时向父母任何一方提出超过协议或判决原定数额的合理要求。"因此，子女生活费和教育费无论是在协议离婚时达成的还是由法院判决的，都不妨碍子女在必要时向父母任何一方提出增加数额的合理要求。子女要求增加抚养费有下列情形之一，父或母有给付能力的，应予支持：一是原定抚养费数额不足以维持当地实际生活水平的；二是因子女患病、上学，实际需要已超过原定数额的；三是有其他正当理由应当增加的，如有给付义务的一方收入明显增加的，子女生活的地域发生变化的等。当然，在下列情况下有给付义务的一方也可要求减少或免除子女的抚养费：一是给付方由于长期患病或丧失劳动能力，又无经济来源，确实无力按原协议或判决确定的数额给付，而直接抚养子女的父或母既有经济负担能力，又愿意独自承担全部抚养费；二是给付方因违法犯罪被收监改造或被劳动教养，失去经济来源、无力给付的。但恢复人身自由后，有了经济来源，则仍应按原协议或判决给付；三是直接抚养子女方再婚，继父或继母愿意承担子女抚养费的一部分或全部的。

 【案例】

离婚后的抢儿大战

2000年季某和李某喜结连理，第二年李某生了儿子洋洋。本应生活幸福的他们，却因生活琐事经常发生争吵，导致夫妻感情破裂。2003年3月，季某和李某的婚姻走到了尽头，二人经法院调解离婚，双方达成的离婚协议写明，两岁洋洋由母亲李某抚养，季某每月支付抚养费500元至洋洋年满18周岁，季某每月月底接洋洋到自己家中住两天。离婚后，季某依照约定按月支付抚养费，定期来接儿子。洋洋的抚养一直相安无事。2009年李某将儿子改随母姓，并正式更名。2010年9月，季某将洋洋接走5天，找不到儿子的李某以孩子"失踪"向警方报案。10月，李某以季某的行为给儿子洋洋造成了严重的精神伤害为由提出起诉，要求法院判令中止季某的探望权。李某说，儿子由自己抚养后，为方便儿子上学，她才给孩子改了姓名。但是自从给孩子改名后，季某就没有按时支付抚养费，2010年9月更是在没有经过她同意的情况下，强行将正在学校上学的儿子带走隐匿起来，想当然为孩子改回了原姓名，给年幼的孩子造成了极大的精神伤害。接法庭送达诉状后，季某提出反诉，他认为自己

175

有固定的居所、稳定的经济来源和较宽余的时间抚养教育儿子，请求法院判令其抚养儿子。季某辩称，离婚后，一方面李某以种种理由阻止他探望儿子，故意疏远他与儿子的父子关系，而且未经他的同意就擅自给儿子改了姓名，严重伤害了他的感情；另一方面作为抚养人的李某不关心儿子的学习、生活，经常在外面玩麻将，没有完全尽到抚养义务，致使洋洋学习成绩不断下降。法院经审理查明，李某和季某双方经济收入均较好。法庭调解无果，判决驳回李某的诉讼请求和季某的反诉请求。

但是这场"抢"儿纠纷并未终止。季某于2011年1月再次走进法庭，请求变更儿子抚养关系，判令儿子随其一起生活。季某称，孩子健康成长不仅需要物质条件的保障，也需要精神、人格等方面的健康完善，洋洋已跟随母亲生活近十年，充分享受了母爱，但是自己因为不与孩子一起生活的缘故，没有给予洋洋足够的父爱，特别是2010年9月的诉讼，不仅妨碍了他探望儿子，也使他与儿子之间产生了较大心理隔阂。季某一再强调，他有充足的经济实力可以让洋洋过上更好的生活、受到更好的教育。他认为，洋洋已随母亲李某生活了十年，即便轮流坐庄也该轮到他抚养儿子了。法院主持了调解，由于双方都坚持要亲自抚养儿子，未能达成调解协议。法庭经审理认为，抚养孩子是夫妻双方的共同责任，离婚后，孩子应跟随一方生活，另一方可以采取不妨碍孩子健康成长的方式尽自己的责任，同时，子女抚养关系可以变更。根据季某和李某各自的工作、生活条件，法院认为跟母亲生活近10年的洋洋随季某生活更有利于其身心健康成长，遂依照最高人民法院《关于人民法院审理离婚案件处理子女抚养问题的若干具体意见》的规定，判决洋洋的抚养关系变更为季某负责抚养。

一审判决宣判后，李某提起上诉，请求撤销一审判决，官司打到市中级人民法院。李某上诉称，一审判决不考虑母亲失去孩子的痛苦，更不考虑孩子本人的真实意愿及心理感受，强行将孩子从一个熟悉的生活、学习和家庭环境变更到一个不熟悉、不愿意去的环境，不利于孩子的身心健康发育。为了不给孩子造成进一步的伤害，她希望二审法院撤销一审判决。在二审期间，法官征询了洋洋的意见，洋洋告诉法官："我只愿与妈妈一起生活。"承办法官进行了调解，但双方依然未达成调解协议。法院二审认为，李某和季某均有抚养洋洋的经济条件，但洋洋在双方离婚后的较长时间一直跟随李某生活，与李某建立了深厚的母子感情，改变抚养环境对洋洋的学习及身心发展将带来一定的影响，且李某在抚养洋洋期间不存在对洋洋有不利影响的情形，洋洋也愿意随母亲生活，故应维持洋洋一直由母亲抚养的关系。据此，二审法院撤销了一审法院的判决，改判驳回季某要求变更儿子由其抚养的诉讼请求。

【解读】

在当前的离婚案件中，在子女抚养方面，存在两种倾向，一种是双方争相抚养子女，另一种就是双方都不想抚养孩子，本案即为前一种。由两种倾向所引发的法律问题就是：父母离婚后怎样确定子女的直接抚养人？离婚协议或法院判决确定了直接抚养人，以后还能否变更抚养人？子女变更姓氏是否影响抚养费的支付？

《婚姻法》第三十六条第三款的规定："离婚后，哺乳期内的子女，以随哺乳的母亲抚养为原则。哺乳期后的子女，如双方因抚养问题发生争执不能达成协议时，由人民法院根据子女的权益和双方的具体情况判决。"最高人民法院《关于人民法院审理离婚案件处理子女抚养问题的若干具体意见》第一条规定："两周岁以下的子女，一般随母方生活。母方有下列情形之一的，可随父方生活：（1）患有久治不愈的传染性疾病或其他严重疾病，子女不宜与其共同生活的；（2）有抚养条件不尽抚养义务，而父方要求子女随其生活的；（3）因其他原因，子女确无法随母方生活的。"第三条明确规定，"对两周岁以上未成年的子女，父方和母方均要求随其生活，一方有下列情形之一的，可予优先考虑：（1）已做绝育手术或因其他原因丧失生育能力的；（2）子女随其生活时间较长，改变生活环境对子女健康成长明显不利的；（3）无其他子女，而另一方有其他子女的；（4）子女随其生活，对子女成长有利，而另一方患有久治不愈的传染性疾病或其他严重疾病，或者有其他不利于子女身心健康的情形，不宜与子女共同生活的。"哺乳期内的子女，即两周岁以内的婴幼儿原则上应由哺乳母亲抚养为宜，如果没有法律规定的特殊原因，母亲不得推卸抚养的责任，父亲也不得无故争夺对子女的抚养权。哺乳期后但没有识别能力的子女由何方抚养，首先由父母协商，协商不成时，由人民法院判决。但无论是协商还是判决，都应当充分考虑父母双方的思想品质、抚养能力、生活环境以及与子女的感情联系等因素，从而给孩子提供一个最佳的成长条件。《关于人民法院审理离婚案件处理子女抚养问题的若干具体意见》第五条规定："父母双方对十周岁以上的未成年子女随父或随母生活发生争执的，应考虑该子女的意见。"因为十周岁以上的子女是限制民事行为能力人，有一定的辨别能力和情感表达能力，可以对自己的生活作出明确的判断，所以在父母发生抚养争执时，应当考虑孩子的意见。

父母离婚后，孩子由谁抚养不是一成不变的，离婚时协商或判决所依据的双方实际情况，可能会随着时间的推移发生很大的变化，所以法律出于保证子女健康成长的考虑，允许离婚的父母以协议或诉讼方式变更与子女的抚养关系。离婚后，非抚养方要求变更子女抚养关系，双方无法协商一致的，非抚养方应另行起诉。根据最高人民法院《关于人民法院审理离婚案件处理子女抚养问题的若干具体意见》第十六条的规定，可以变更抚养关系的具体情形有四种：（1）原抚养方因患严重疾病或因伤残无力继续抚养子女的；（2）原抚养方不尽抚养义务或有虐待子女行为，或其与子女共同生活对子女身心健康确有不利影响的；（3）十周岁以上未成年子女，愿随另一方生活，该方又有抚养能力的；（4）有其他正当理由需要变更的。

本案中，当事人季某和李某于2003年离婚，在离婚协议中确定两岁的洋洋由李某抚养，季某每月支付抚养费500元至洋洋年满18周岁，是有利于洋洋的成长的，也是符合法律的规定的。在李某与季某离婚后，洋洋一直随李某生活，已适应了随李某生活和学习的环境，变更抚养人，会对洋洋的学习、生活以及身心健康成长产生极大影响；从主观方面来看，10岁的洋洋明确表示愿继续随李某生活，法院应当尊重其意愿。关于季某所提出的"李某不关心儿子的学习、生活，经常在外面玩麻将，没有完全尽到抚养义务，致使洋洋学习成绩不断下降"的说法，季某应当举出有力的证据加以证明。最高人民法院《关于民事诉讼证据的若干规定》第二条规定："当事人对自己提出的诉讼请求所依据的事实或者反驳对方诉讼请求所依据的事实有责任提供证据加以证明。没有证据或者证据不足以证明当事人的事实主张的，由负有举证责任的当事人承担不利后果。"但季某并没有拿出什么有力证据来证明李某在抚养洋洋的过程中存在对洋洋不利影响的情形，因此他要求变更抚养人的诉求不能得到法院的支持。2008年一审法院判决变更孩子的直接抚养人，改由季某和儿子一起生活，只看到了季某较好的经济条件，没有从其他方面综合考虑子女随哪一方生活更有利于孩子的成长，该判决明显失当。二审法院纠正了一审法院的判决，根据相关法律和司法解释的规定，认定季某提出变更抚养关系的情形不存在，不能以"轮流坐庄"的方式改变孩子的生活、学习环境。二审法院的判决是正确的。

另外，还有一个需要探讨的问题，本案中，洋洋由李某抚养后，李某给孩子改了姓名，季某以李某未经他的同意就擅自给儿子改名，严重伤害了他的感情，此后就拒绝支付抚养费，像李某这样离婚后是否有权自行改变子女的姓名？季某能不能以改名未经自己同意为由而拒付抚养费？我国《婚姻法》规定："子女可以随父姓，可以随母姓。"子女的姓名是在夫妻关系存续期间约定的，离婚后一方是否有权自行改变子女的姓名，关于这一点，法律没有明确的规定，但是从法理上来分析，既然在孩子出生后由夫妻双方协商确定孩子的姓名，那么在改变孩子的姓名时一方也应当征得对方同意为宜。本案中，李某自行给儿子改姓名，虽然并不违反法律，但是却容易引发和季某的纠纷，所以还是事先协商处理更为稳妥。当然，季某以改名未经自己同意为由拒付抚养费的做法也是违反法律的，因为父母对子女的抚养义务是基于双方的父母子女关系，不是以随哪一方姓为前提条件的，因此最高人民法院《关于人民法院审理离婚案件处理子女抚养问题的若干具体意见》第十九条明确规定："父母不得因子女变更姓氏而拒付子女抚育费。"

06

间接抚养方的探望权

探望权是夫妻离婚后，不直接抚养子女的一方（称为间接抚养方）对子女进行定期探望、沟通交流、短期共同生活的权利，是其行使抚养、教育子女的特殊形式。对间接抚养方来说，对子女的抚养教育不能仅仅体现在支付抚养费上，还需要在与子女定期接触、感情交流、言传身教中实现。对子女来说，父母离婚后，他们只能随父或母一方生活（称为直接抚养方），原本受父母双方共同爱护的他们只能得到父方或母方的单方爱护，这不利于他们的成长。现实生活中，有些当事人出于发泄私愤等原因，不准间接抚养方探望孩子，出现了双方争夺、转移、隐匿子女的情况，则更是加剧了子女的精神痛苦。这种无视子女感情需要的做法，不仅剥夺了另一方对子女的亲权，而且也给子女造成了严重的伤害。

为了解决这一问题，我国《婚姻法》设立了探望权制度，使离婚后间接抚养方探望子女的权利受到法律的保护。《婚姻法》第三十八条规定："离婚后，不直接抚养子女的父或母，有探望子女的权利，另一方有协助的义务。行使探望权利的方式、时间由当事人协议；协议不成时，由人民法院判决。"离婚时双方最好能就探望子女事宜达成协议，约定何时何地以何种方式行使探望权，可以是每周一次，也可是每月一次，可以到子女所在的学校探望子女，也可到子女居住的地方探望，还可以定期接孩子到自己的住处与自己共同生活，从而增进与孩子的感情。这样可以避免非直接抚养方无节制、无规律地频繁探望子女，影响直接抚养方的生活及子女的健康成长。对于十周岁以上的子女，在行使探望权的方式、时间、地点问题上，应当尊重子女的意见，如果子女愿意被探望，任何人不能剥夺间接抚养方对孩子的探望权；如果子女不愿意被探望，也不宜强行探望。

《婚姻法》第三十八条第三款规定："父或母探望子女，不利于子女身心健康的，由人民法院依法中止探望的权利；中止的事由消失后，应当恢复探望的权利。"如果另一方行使探望权明显影响孩子的健康成长，如探望者有精神病、丧失行为能力的，有传染性疾病的，有酗酒、吸毒恶习的，对子女实施家庭暴力的，有骚扰子女的行为的，教唆、引诱子女实施不良行为等，则未成年子女、直接抚养方及其他对未成年子女负担抚养、教育义务的法定监护人，有权向人民法院提出中止探望权的请求。人民法院在征询双方当事人意见后，认为需要中止行使探望权的，依法作出裁定。待中止探望的情形消失后，人民法院应当根据当事人的申请恢复其探望权的行使。

 【案例】

夫妻离婚后探望权纠纷案

薛某（女）与王某（男）原是夫妻，2010年经法院调解离婚，女儿馨馨随王某生活，薛某对馨馨享有探望权。但在半年后王某就拒绝协助薛某行使探望权。思女心切的薛某于2011年8月向法院申请强制执行。由于这起案件的特殊性，执行法官仔细阅读了审理卷宗，并约见了王某。王某称薛某支付的抚养费根本不能满足孩子的需要，所以他才不同意薛某探望馨馨，法官告知王某这不能成为拒绝薛某探望女儿的理由，他可以另行起诉增加抚养费。后来王某又以孩子不想见薛某为由，拒绝协助薛某行使探望权。执行法官与馨馨也进行了谈话，从馨馨那里得知她很想见到妈妈，就是爸爸不让妈妈来看望她，爸爸不想让妈妈的探望打乱他们父女的正常生活。执行法官在掌握了上述情况后，多次找王某谈话，从法律的规定以及对孩子成长的影响做说服教育工作，最终使得王某同意薛某探望女儿。

【解读】

近年来，随着离婚案件逐年增多，涉及探望权的纠纷案件在司法实践中日渐增多，而申请执行探望权的案件也有上升趋势，本案即为一起比较有代表性的案件。

所谓探望权，是指夫妻离婚后，不直接抚养子女的父或母有探望子女的权利，直接抚养方有义务协助间接抚养方行使探望子女的权利。父母对子女的探望权不会因为他们离婚而丧失，这是基于亲权产生的，《婚姻法》第三十八条规定："离婚后，不直接抚养子女的父或母，有探望子女的权利，另一方有协助的义务。行使探望权利的方式、时间由当事人协议；协议不成时，由人民法院判决。父或母探望子女，不利于子女身心健康的，由人民法院依法中止探望的权利；中止的事由消失后，应当恢复探望的权利。"第四十八条规定："对拒不执行有关扶养费、抚养费、赡养费、财产分割、遗产继承、探望子女等判决或裁定的，由人民法院依法强制执行。有关个人和单位应负协助执行的责任。"以上条款解决了离婚双方对子女的探望问题发生纠纷时无法可依的问题，维护了子女的合法权益及身心健康，维护了家庭与社会的安定。同时，法律赋予了探望权强制执行的效力，这就保证了探望权在受到侵害时，权利人有权请求法律给予保护，包括申请执行。

本案中，王某与女儿馨馨生活在一起，他以各种理由拒绝薛某探望女儿，已经违反了法律的规定，因为生效的法律文书明确规定薛某对馨馨享有探望权，也就是说，探望女儿是法律赋予薛某的一项权利，王某应当积极履行协助薛某行使探望权的义务，不得故意设置障碍或者拒绝探望。由于王某阻碍薛某对女儿的探望，违反了不作为义务，薛某向法院申请执行，符合法律规定。由于该案的执行标的是王某的不作为，即王某不得阻碍探望，而不作为义务只能由本人履行，他人无法替代。因此法院在执行探望权案件过程中，最好采用说服教育为主和强制执行为辅的办法，即先对被执行人进行说服教育，使其认识到拒不履行义务的后果，在说服教育失败的情况下，再对无理阻挠、刁难甚至隐匿子女的当事人采取罚款、拘留这样的强制执行措施。在本案的执行中，执行法官就较好地贯彻了这一做法，对王某进行了耐心的说服教育，向他介绍了《婚姻法》等法律的规定，使王某认识到子女并不是哪一方的私人财产，馨馨在他和薛某离婚后只是跟随他共同生活，并不是归他所有了，馨馨和薛某的母女关系依然存在，薛某有探望子女的权利，而他有协助的义务，阻碍、拒绝薛某探望馨馨的行为是违法的，更对馨馨的健康成长不利。在得知了拒不履行协助义务的法律后果后，最终王某自动履行了义务，案件的执行效果非常好。

探望权的实现不仅仅取决于离婚的双方——权利人的作为、义务人的协助，还涉及子女的利益，需要子女的配合。被探望的子女虽然年幼，缺乏相应的民事行为能力，但在接受探望的问题上有其强烈的个人意愿，如果将父母或第三人的意志强加于子女，则有可能引起被探望子女的反感、反抗，造成心灵创伤，对父母子女关系产生不利影响。本案在执行过程中，执行法官本着对子女有利的原则，与馨馨进行了亲切沟通，从馨馨那里了解到真实的情况——馨馨想见妈妈以及王某拒绝薛某探望的真实原因，找到了解决问题的稳妥办法，既化解了矛盾，又尊重了孩子的意愿，有利于孩子的成长。

探望权能否得以顺利实现不仅关系到子女的健康成长，更关系到社会的和谐稳定，因此法官在审理诸如本案的这类案件时，应当晓之以情、动之以法，从情与法两个方面教育当事人，大力宣传《婚姻法》、《民法通则》、

《民事诉讼法》等法律，使当事人认识到自身行为的违法性和拒不履行生效法律文书的后果，同时向其指出子女缺少父爱或母爱的不利影响，使其自觉自愿地配合对方探望子女。在此也奉劝那些离了婚的父母，多从孩子的角度考虑，少一些意气用事，妥善处理探望权的行使，最大限度地减轻子女的家庭破碎感，切实保护子女的身心健康。

07

离婚时夫妻共同财产的处理

夫妻离婚后，双方的婚姻关系消灭了，基于夫妻身份而产生的夫妻间的人身关系也随之消灭，这是离婚最为直接的法律后果。离婚之后，还要对夫妻共同财产的分割、债务清偿等财产问题进行处理。

分割夫妻共同财产时，应把夫妻共同财产与个人财产、家庭财产区分开来，并应注意保护未成年子女的财产，离婚时可分割财产的仅限于夫妻共同财产。根据《婚姻法》第十九条的规定，夫妻可以书面约定婚前财产以及婚姻关系存续期间所得财产的归属，可以约定为全部共有或各自所有，也可以规定为部分共有、部分各自所有。在双方未作约定或约定无效的情况下，按照《婚姻法》第十七条、第十八条及相关司法解释的规定来认定个人财产与共同财产的范围。

第一，夫妻共同财产。根据《婚姻法》第十七条的规定，下列财产视为夫妻共同财产：夫妻双方在婚姻关系存续期间所得的财产，包括一方或双方的工资、奖金，生产经营的收益，知识产权的收益，继承或赠与所得的财产，但该法第18条第3项规定的除外；其他应当归共同所有的财产。根据《关于适用

〈中华人民共和国婚姻法〉若干问题的解释（二）》第十一条的规定，婚姻关系存续期间，一方以个人财产投资取得的收益，男女双方实际取得或者应当取得的住房补贴、住房公积金、养老保险金、破产安置补偿费，均属于婚姻法第十七条规定的"其他应当归共同所有的财产"。夫妻一方个人财产在婚后产生的除孳息和自然增值之外的收益，婚姻关系存续期间以夫妻共同财产缴付的个人实际缴付的养老保险费，应当认定为夫妻共同财产；由一方婚前承租、婚后用共同财产购买的房屋，房屋权属证书登记在一方名下的，应当认定为夫妻共同财产。由于知识产权收益的时间性，在当事人取得知识产权后，知识产权权利本身的取得可能与财产性收益的实现并不同步，所以，婚姻关系存续期间所得或者婚姻关系存续期间已经明确可以取得的知识产权中的财产性收益，应当认定为夫妻共同财产。而在人民法院审理的离婚案件涉及分割发放到军人名下的复员费、自主择业费等一次性费用时，以夫妻婚姻关系存续年限乘以年平均值，所得数额为夫妻共同财产，年平均值是指将发放到军人名下的上述费用总额按具体年限均分得出的数额，其具体年限为人均寿命70岁与军人入伍时实际年龄的差额，具体说来，计算公式为：夫妻共同财产=夫妻婚姻关系存续年限×［发放费用总额÷（70－军人入伍的年龄）］。

对上述共同财产，夫妻双方享有平等的所有权，原则上应平均分割。但应根据结婚时间的长短、财产来源等具体情况处理，处理时应注意不能降低和损害财产的使用价值。

第二，夫妻个人财产。《婚姻法》第十八条规定，下列财产属于夫妻个人财产：一方的婚前财产；一方身体受到伤害获得的医疗费、残疾人生活补助费等费用；遗嘱或赠与合同中确定只归一方的财产；一方专用的生活用品；其他应归一方的财产。军人的伤亡保险金、伤残补助金、医药生活补助费，婚后由一方父母出资为子女购买的、产权登记在出资人子女名下的不动产，夫妻一方个人财产在婚后产生的孳息和自然增值，均是一方的个人财产。

离婚时个人财产原则上归个人所有，但还应根据共同生活期间使用、损耗等情况予以必要的调整。

第三，家庭共有财产。家庭共有财产是指家庭成员共同积累、购置、受赠的财产，家庭成员交给家庭的财产和共同生活期间共同劳动的收入等。夫妻共同财产不包括夫妻个人财产和其他家庭成员如父母、子女的个人财产，其他家庭成员的个人财产归其个人所有。夫妻离婚后，未成年子女的财产应由负责抚养的一方代为管理。夫妻共同财产也不完全等同于家庭共有财产，如果夫妻与其他家庭成员拥有共同所有的财产，夫妻的共同财产要从家庭财产中分离出来。

离婚分割夫妻共同财产应先由当事人进行协议，协议不成时由人民法院根据有关法律规定和具体情况进行判决。人民法院在判决分割夫妻共同财产时，应该本着保护女方和子女的合法权益，照顾无过错方，不损坏财产的效用和经济价值的原则进行处理：夫妻共同财产，原则上均等分割；在分割夫妻共同财产时可根据具体情况，对另一方予以适当照顾。夫妻共同财产具体的分割方法包括实物分割、价金分割、价格补偿。

在分割夫妻共同财产时应注意以下几个问题：（1）一方以夫妻共同财产与他人合伙经营的，入伙的财产可分给一方所有，分得入伙财产的一方对另一方给予相当于入伙财产一半价值的补偿。（2）属于夫妻共同财产的生产资料，可分给有经营条件和能力的一方。分得该生产资料的一方对另一方应给予相当于该财产一半价值的补偿。（3）对夫妻共同经营的当年无收益的养殖业、种植业等，离婚时应从有利于生产、经营考虑，予以合理分割或折价处理。（4）夫妻分居两地分别管理、使用的婚后财产，应认定为夫妻共同财产。在分割财产时，各自分别管理、使用的财产归各自所有。双方所分财产相差悬殊的，由多得财产的一方以差额相当的财产抵偿另一方。（5）已登记结婚、尚未共同生活的，一方或双方受赠的礼金、礼物应认定为夫妻共同财产，赠与合同中指明归一方所有的情形除外。（6）婚前个人财产在婚后共同生活中自然毁损、消耗、灭失，离婚时一方要求以夫妻共同财产抵偿的，不予支付。（7）夫或妻在土地承包经营中享有的权益，如土地承包经营权、责任田和口粮田的使用权以及宅基地使用权，依法受到保护，由于妻子的上述权利在离婚后常常受到侵害，因此要特别注意保护女方的权利。

离婚后的住房问题是比较难处理的问题之一，根据《婚姻法》及相关的司法解释，对离婚时的住房可作如下处理：

夫妻在婚姻关系存续期间共同购买、共同建造的房屋，或者夫妻一方婚前承租、婚后以共同财产购买的房屋，无论产权登记在一方名下还是双方名下的，都是夫妻共有房屋，该房屋为共同共有，离婚时应作为夫妻共同财产分割。对于夫妻共有房屋的分割，《妇女权益保障法》第四十八条做了原则规定："夫妻共有的房屋，离婚时，分割住房由双方协议解决；协议不成的，由人民法院根据双方的具体情况，按照照顾子女和女方权益的原则判决。夫妻双方另有约定的除外。"

离婚当事人对共同财产中的房屋价值及归属无法达成协议的，人民法院应按以下情形分别处理：（1）双方均主张房屋所有权并且同意竞价取得的，应当准许；（2）一方主张房屋所有权的，由评估机构按市场价格对房屋作出评估，取得房屋所有权的一方应当给予另一方相应的补偿；（3）双方均不主张房屋所有权的，根据当事人的申请拍卖房屋，就所得价款进行分割。

婚后双方对婚前一方所有的房屋进行修缮、装修、原拆原建，离婚时未变更产权的，房屋仍归产权人所有，增值部分中属于另一方应有的份额，由房屋所有权人折价补偿另一方；进行过扩建的，扩建部分的房屋应按夫妻共同财产处理。

夫妻一方婚前签订不动产买卖合同，以个人财产支付首付款并在银行贷款，产权登记在首付款支付方名下，婚后用夫妻共同财产还贷，离婚时该不动产由双方协议处理。如果双方不能达成协议，根据最高人民法院《关于适用〈中华人民共和国婚姻法〉若干问题的解释（三）》第十条的规定，人民法院可以判决该不动产归产权登记一方，尚未归还的贷款为产权登记一方的个人债务，双方婚后共同还贷支付的款项及其相对应财产增值部分，由产权登记一方对另一方进行补偿。

离婚时双方对尚未取得所有权或者尚未取得完全所有权的房屋有争议且协商不成的，法院不宜判决房屋所有权的归属，应当根据实际情况判决由当事人使用。当事人取得完全所有权后，有争议的，可以另行向法院提起诉讼。

离婚时夫妻双方均可承租的公房，而由一方承租的，承租方对另一方可给予适当经济补偿；如果面积较大能隔开分室居住使用的，可由双方分别租住；对可以另调房屋分别租住或者承租方给另一方解决住房的，可予准许。

随着社会的发展，现在的家庭财产，在财产范围、构成、数量等方面都与以往有所不同，财产构成向多元化方向发展，财产数额显著增多，投资经营性财产在家庭财产中所占比重增大。现实要求对各种形式的财产从所有权归属的角度加以认定。

对于属于夫妻共同财产的股票、债券、投资基金份额等有价证券以及未上市股份有限公司股份，在离婚分割共同财产时，由双方协商解决，协商不成或者按市价分配有困难的，人民法院可以根据数量按比例分配。

夫妻财产分割涉及有限责任公司的出资额、在合伙企业和独资企业中的财产时，应坚持以下处理原则：一是坚持男女平等、保护子女和妇女等原则；二是自愿协商原则；三是维护其他股东、合伙人合法权益的原则；四是有利于生产和生活原则。

具体而言，离婚时涉及分割夫妻共同财产中以一方名义在有限责任公司的出资额，另一方不是该公司股东时，按以下情形分别处理：（1）夫妻双方协商一致将出资额的部分或者全部转让给该股东的配偶，过半数股东同意、其他股东明确表示放弃优先购买权的，该股东的配偶可以成为该公司股东；（2）夫妻双方就出资额转让份额和转让价格等事项协商一致后，过半数股东不同意转让，但愿意以同等价格购买该出资额的，人民法院可以对转让出资所得财产进行分割。过半数股东不同意转让，也不愿意以同等价格购买该出资额的，视为其同意转让，该股东的配偶可以成为该公司股东。用于证明前款规定的过半数股东同意的证据，可以是股东会决议，也可以是当事人通过其他合法途径取得的股东的书面声明材料。

离婚时涉及分割夫妻共同财产中以一方名义在合伙企业中的出资，另一方不是该企业合伙人的，当夫妻双方协商一致，将其合伙企业中的财产份额全部或者部分转让给对方时，按以下情形分别处理：（1）其他合伙人一致同意的，该配偶依法取得合伙人地位；（2）其他合伙人不同意转让，在同等条件下行使优先受让权的，可以对转让所得的财产进行分割；（3）其他合伙人不同意转让，也不行使优先受让权，但同意该合伙人退伙或者退还部分财产份额的，可以对退还的财产进行分割；（4）其他合伙人既不同意转让，也不行使优先受让权，又不同意该合伙人退伙或者退还部分财产份额的，视为全体合伙人同意转让，该配偶依法取得合伙人地位。

夫妻以一方名义投资设立独资企业的，人民法院在分割夫妻在该独资企业中的共同财产时，则应当按照以下情形分别处理：（1）一方主张经营该企业的，对企业资产进行评估后，由取得企业一方给予另一方相应的补偿；（2）双方均主张经营该企业的，在双方竞价基础上，由取得企业的一方给予另一方相应的补偿；（3）双方均不愿意经营该企业的，按照《中华人民共和国个人独资企业法》等有关规定办理。

 【案例】

理不清的夫妻财产

某著名运动员马某和演员张某曾经是一对令人羡慕的文体佳偶，他们在2004年8月30日结婚，但是，仅仅5年，他们的婚姻就亮起了红灯。2009年7月马某起诉离婚。

张某的律师表示，马某对婚后财产存在转移和隐匿的行为。为此，张某提供了关于马某婚后财产包括现金、房产以及汽车三方面的一些信息，请求法院调查。张某称，马某有多处房产均属夫妻共同财产，其中包括两人结婚时购买的、目前居住的一套别墅和2004年8月23日马某获得冠军后广东房地产公司赠予的一套别墅。除了这些，马某的财产还包括2009年马某购买的一辆宝马汽车和获得冠军后做广告代言获得的上千万元，但宝马汽车却在提起离婚诉讼后被马某转让给了自己的教练。张某的律师通过法院调取了2006年以来马某在银行存款及交易的对账单，金额竟然在2000多万，和马某在法庭上提供的100多万元的共同财产相去甚远。

而马某的代理人称，马某所签订的代言协议是商家与其所在球队签订的协议，代言收入归队里所有，个人拿不到；广东房地产公司赠予的别墅，是为了鼓励运动员拿冠军的，早在2004年6月就已经签订了合同，这是马某的婚前财产；至于转让的宝马轿车，那是宝马公司搞的一个促销活动，凡是世界冠军都可以优惠购车，他想把这个优惠转让给他的教练，这也算对教练的知恩图报，教练后来把买车的钱交给了他。

由于马某与张某的财产分割问题非常复杂，从2009年7月马某向法院起诉离婚，到2010年6月法院正式开庭审理这起离婚案，再到2010年12月双方协议离婚，历时一年有余。因涉及隐私，法院曾6次不公开审理此案，外人无法知晓法庭上的具体情况。2010年12月17日，在法官的调解下，双方就财产分配问题终于达成一致，双方最后圈定的可分割财产为两套房产、汽车及存款，按照协议，张某分得了婚后共同居住的一套别墅和500万元存款，两项财产相加，张某分到的夫妻共同财产达到上千万元，这一结果远远超出了最初马某给付张某50万元的提议。

 【解读】

作为著名的运动员，马某得到了很多荣誉和物质财富，马某婚后到底有多少财产，成了本案主要的审理焦点，如何公平地分割夫妻财产是法律要解决的关键问题。

马某、张某离婚，二人最大的争议在于哪些财产属于夫妻共同财产。根据我国《婚姻法》的相关规定，夫妻离婚分割财产时，有约定按约定、无约定从法定，即夫妻在婚前或婚后有合法的财产约定，则按照约定分割夫妻财产；如果没有财产约定或约定不明确，则按照法律的规定决定财产的归属。从媒体的报道来看，马某与张某在婚前和婚后都没有对财产进行约定，根据《婚姻法》的规定，马某和张某在婚姻关系存续期间所得的财产应归夫妻共有，离婚时二人都有权分割。因此，马某与张某结婚后购买的房产和轿车、在银行的存款以及马某作为运动员、张某作为演员获得的收入都应作为共同财产进行分割。

关于广东房地产公司赠予的别墅，马某在2004年6月与开发商签订了房屋赠与合同，但这是一个附生效条件的合同，即只有在马某获得了冠军之后才能获赠别墅。我国《合同法》第四十五条规定："当事人对合同的效力可以约定附条件。附生效条件的合同，自条件成就时生效。附解除条件的合同，自条件成就时失效。"在2004年8月23日马某获得世界冠军时，该赠与合同生效。在赠与合同生效后，马某是否就获得了别墅的所有权呢？《合同法》第一百八十七条规定："赠与的财产依法需要办理登记手续的，应当办理有关手续。"本规定所指的登记是有关赠与财产物权变动所必须进行的登记。由于房屋属于不动产，根据我国《物权法》和《城市房地产管理法》的有关规定，房屋的所有权转移以登记为准。本案中，马某到房地产管理部门办理房屋产权证书的变更登记后，才能获得别墅的所有权，房屋过户登记是别墅所有权转移到马某手中的时间界点。因此，如果马某办理房屋过户登记是在2004年8月30日他与张某结婚之前，则该房产为马某的婚前财产，如果是在结婚后办理的，则该房产为马某与张某的共同财产。

按照《婚姻法》的规定，夫妻在婚姻关系存续期间的劳务所得归夫妻双方共有，马某取得的上千万元的广告代言费属于婚后劳务所得。尽管马某的代理人称，广告代言收入归队里所有，个人拿不到，但是依据《婚姻法》第四十七条的规定"离婚时，一方隐藏、转移、变卖、毁损夫妻共同财产，或伪造债务企图侵占另一方财产的，分割夫妻共同财产时，对隐藏、转移、变卖、毁损夫妻共同财产或伪造债务的一方，可以少分或不分。离婚后，另一方发现有上述行为的，可以向人民法院提起诉讼，请求再次分割夫妻共同财产"，如果离婚后张某掌握了马某拿到广告代言费的证据，如厂家或马某队友的证言，那么即使在离婚后，张某都有权请求法院再次分割这笔财产，并以马某隐匿财产为由要求多分广告代言费。

至于马某购买的宝马汽车，由于是婚后购买，因此，无论他最初购买的意图是自用还是报答教练，都不能改变宝马汽车属于夫妻共同财产的性质，对于这辆汽车，张某和他享有平等的处理权。所谓享有平等的处理权，按照最高人民法院《关于适用〈中华人民共和国婚姻法〉若干问题的解释（一）》第十七条的规定，应当理解为：夫或妻因日常生活需要而处理夫妻共同财产的，任何一方均有权决定；非因日常生活需要对夫妻共同财产做重要处理决定，夫妻双方应当平等协商，取得一致意见。马某想把汽车转让给教练，应事先与张某协商，否则即是对张某这种平等处理权的一种侵害，而转让汽车的款项也是夫妻的共同财产，离婚时应予分割，如果马某没有告诉张某，同样构成隐匿夫妻共同财产，在分割这笔转让款时，张某可以要求多分。

马某在国际、国内比赛中获得了诸多奖牌，其中包括含金量十足的金牌。对于这些奖牌，张某能否要求分割呢？奖牌是比赛主办方对取得优异成绩者的一种精神奖励，是运动员的一种荣誉，在法律上表现为享有荣誉权，而荣誉权属于人身权的范围，是与特定的人身密不可分的。马某的奖牌是个人荣誉，跟马某运动员的特定身份相关，虽然奖牌本身含有一定的经济价值，但颁发奖牌主要的目的是对个人的一种精神激励，其所包含的精神价值远远高于经济价值。所以奖牌应归马某个人所有，不能作为夫妻共同财产进行分割。

这里需要指出的是，在离婚诉讼中，一方当事人怀疑对方手中有夫妻共同财产，要求法院调查，但是仅凭怀疑是不行的，必须向法院提供线索，如房产的具体位置、对方的银行账号等，才能向法院申请调查，因为在民事案件中，仅凭怀疑、不能提供明确证据是不能获得法院支持的。

 【案例】

冠军离婚案

1994年4月的一天，一个偶然的机会，运动员陶某与在某宾馆工作的朱某相识，几经接触后，双方感觉很投缘，遂建立了恋爱关系。陶某的父母开了一家小店，每逢休息，朱某便来帮忙，深得陶某父母喜欢。1997年11月，陶某与朱某结婚。婚后，陶某的事业蒸蒸日上，多次获得全国冠军。面对妻子的成功，朱某既高兴又担心。1999年春天，陶某主动提出让朱某辞职经商，为了不扫陶某的兴，朱某同意了。刚开始，生意还不错，陶某的父母也热心参与，但后来在经营中，朱某与陶某的父母产生了矛盾。2000年朱某的生意一落千丈，最后不得不关了店铺。朱某失业了。在朱某与陶某父母产生矛盾时，陶某曾提出过分手。2000年9月，当陶某获得世界冠军后，沉浸在喜悦之中的朱某接到了陶某的电话，陶某决定与他离婚！2001年7月，陶某向法院提起了离婚诉讼。

一审法院受理此案后，于2001年8月、10月两次庭审，审理的焦点是：夫妻感情是否已经破裂？陶某究竟有多少财产？哪些属于夫妻共同财产？

陶某在起诉书上称："婚后，原告发现被告不积极学习、进步的情况日益严重，又将正常的工作辞去，经原告多次劝说不听。1999年8月双方分居，1999年11月份，原告就向被告提出离婚，被告不同意。在原告2000年备战世界大赛期间，被告多次打电话干扰原告，要原告与其离婚并开出要价，受到原告领导与教练的批评与阻止。比赛结束后，被告非但不反省自己的不道德行为，还认为到了要价的好时机，因此，又急不可待地催促原告领导与原告谈离婚的要价，遭到原告的拒绝……原被告婚后未有固定房产，双方感情也早就破裂，且长期分居，经济上也一直没有合并过。被告为原告购买的结婚钻戒，原告愿意归还被告，因此双方无共同生活的财产可以分割。"而朱某却辩称，两人婚后感情一直很好，其间虽有矛盾，实属夫妻间的正常摩擦。为此，朱某向法庭提供了大量的书证材料，其中有陶某写给朱某的10封情书，至于朱某未有固定工作，并非朱某不努力所致。

陶某究竟有多少财产呢？陶某在一审起诉书中称，她在获得冠军后，国家体育总局奖励23万元；所在市的体育局奖励23万元；体育基金会奖励的金牌一块和15万美元；某公司奖励的纯金大厦模型一件；出访香港时获赠港币5万元；为某眼保健仪做广告获报酬10万元；世纪村房地产开发公司捐赠给陶某的房产，尚未办理产权登记；康城房地产开发公司捐赠给陶某的房屋还没有签订书面协议。陶某的代理人诉称：陶某今天所拥有的财产是国家对一位世界冠军的嘉奖以及社会各界对陶某的首肯，是给她个人的一种回报。被告没有付出，不尽义务，何以分享？陶某所得到的奖章、奖品、房产、礼品等均应视为《婚姻法》规定的"特有财产"，只能归陶某一人所有，不能作为夫妻双方共同的财产；陶某所得奖金并非媒体报道的那么多，而且基本没到手，由所在球队的运动中心代为保管。这些奖金都是对冠军人物的奖励，也不能视为夫妻共同财产；陶某成名后应酬很多，日常开销很大，经常出国，还要读书深造等，所以社会各界赠送的奖金已用去很多，如体育基金会奖励的美金也已基本用完。

朱某的代理律师辩称：作为夫妻，付出是有特定含义的，是相互的。为了支持陶某的事业，朱某不仅要面对夫妻分居两地的现实，而且已近不惑之年还不能要个孩子，这难道不是付出吗？丈夫对妻子的关爱不是付出吗？如果我们换位思考一下，世界冠军是个丈夫，而妻子只是个下岗女工，在家默默奉献，这份财产还能视为"特定物"而没有妻子的份吗？这显然有失公平。

　　根据惯例，法庭征求双方意见是否愿意调解，原告方愿意从最初的5万元加到8万元了结此案。这与被告方提出的50万元的要求相差悬殊，故调解未成。

　　2001年12月19日，一审法院对陶某离婚案作出一审判决：法院在调查后认为，两人婚前感情基础一般，婚后陶某在外训练时，两人主要通过信件交流，因工作、学习等事产生矛盾。双方自1999年8月分居至起诉时，互不履行夫妻义务。特别是陶某获得世界冠军后，双方一些不当言行加剧了夫妻感情破裂，也证明两人已缺乏和好基础，准予原告与被告离婚。体育基金会奖励的金牌和某公司奖励的纯金大厦模型一件(价值4万元)，因奖励方认定是奖给运动员本人的，不属于夫妻共同财产；世纪村和康城两房地产公司捐赠给陶某的两套房产，陶某均未实际取得房子，所以本案不作处理。原告获得的各项奖金和广告等收入，应为夫妻共同财产，法院实际分割的夫妻共同财产共802580元，考虑到财产的来源主要靠陶某冠军的荣誉，陶某作为运动员有可能进行伤病治疗等因素，陶某可分得70%，即561806元，被告可分得30%，即240774元，原告陶某应于判决生效之日起十日内给付被告朱某240774元。

 【解读】

　　本案是一起离婚财产分割纠纷案。本案案情并不复杂，其中值得探讨的主要是双方感情是否已经破裂和夫妻共同财产如何认定与分割问题。

　　法院认为，两人婚前感情基础一般，婚后主要通过信件交流，因工作、学习等事产生矛盾；双方自1999年8月分居至起诉时，互不履行夫妻义务，特别是在陶某获得世界冠军后，双方一些不当言行加剧了夫妻感情破裂，也证明两人已缺乏和好基础，因此法院判决准予离婚。法院的判决总体上没有太大的问题，但某些细节值得商榷。陶某和朱某是从一次偶遇发展到恋爱进而步入婚姻的殿堂，双方经过了三年的自由恋爱最后自主结合，而在恋爱阶段，朱某经常到陶某父母的饭店帮忙，也深得陶某父母的喜欢，二人婚前感情基础应当说是比较好的，法院认定二人婚前感情基础一般，似乎不太符合事实。在结婚之初二人的关系比较牢固、稳定，朱某为了让自己能与妻子更般配，主动辞职经商，在经营中他与陶某的父母产生了矛盾，进而影响了夫妻感情，并非因工作、学习等事产生矛盾。双方自1999年8月开始的长期分居、互不履行夫妻义务，是法院判决离婚的重要因素。虽然《婚姻法》第三十二条规定，因夫妻感情不和分居满两年，一方要求离婚，经法院调解无效，法院应当判决离婚，但是适用该规定必须满足两个条件：一是分居满两年，二是分居的原因是夫妻感情不和。就本案来看，朱某与陶某的分居是因为陶某训练的需要还是因为感情的问题，或者最初因为工作的需要分居后来演化为感情不和分居，从感情不和分居到诉讼时是否满两年，这需要原告陶某举证，而朱某也举出十封情书以证明双方婚后感情很好。对法官来说，他要通过几次开庭就准确地判断出双方感情从何时起发生了本质性的改变，的确很有难度。笔者认为，朱某经营失败、失业在家，而恰在此时陶某成为世界冠军，二人的社会地位形成巨大的反差，导致双方关系恶化，这才是二人离婚的主要原因。

陶某获得了世界冠军，伴随荣誉而来的是巨大的物质收益，包括广告收入、奖金、金牌、纯金大厦模型和两套房产等。这些收益是否属于夫妻共同财产？应当如何分割？

关于夫妻共同财产的认定，《婚姻法》有一个基本的原则，就是夫妻双方没有约定的、法律也没有特别规定为个人财产的婚后所得都是夫妻的共同财产。陶某与朱某在婚前与婚后都没有对夫妻财产进行约定，因此适用法定夫妻财产制。《婚姻法》第十八条规定，下列财产属于夫妻个人财产：一方婚前财产；一方身体受到伤害获得的医疗费、残疾人生活补助费等费用；遗嘱或赠与合同中确定归一方的财产；一方专用的生活用品；其他应归一方的财产。陶某获得世界冠军，国家有关部门及社会有关人士给予奖励与捐赠，是对她为国争光的褒奖，也是她长期以来克服困难、刻苦训练的回报。但就《婚姻法》规定来看，国家与社会给予的奖励和捐赠款项在没有明确指出归陶某所有时，夫妻在婚姻关系存续期间所得的奖金与获赠财物应认定为夫妻共同财产，归夫妻共有。体育基金会奖励的金牌和某公司奖励的纯金大厦模型，因对方认定是奖励给运动员本人的，属于《婚姻法》所规定的赠与合同中确定归一方的财产；而且就奖励的金牌以及纯金大厦模型本身的性质而言，其主要属性是荣誉，是世界冠军荣誉的体现，其精神价值远远大于金牌与纯金大厦本身所具有的物质价值，因此，金牌与纯金大厦虽然有财产价值，但不能按照一般的财产来看待，它们属于特定物，只能归属荣誉权人个人所有。当然，一个运动员取得优异的成绩，获得奖牌，是与配偶、父母、子女等家人的支持和帮助分不开的，家人有时甚至是付出了巨大的牺牲，但是这种支持、帮助和牺牲并不必然产生法律上的权利要求，不能成为分割奖牌的法定理由。至于国家体育总局、所在市的体育局以及体育基金会给予的奖金，由于其人身属性并不是很强，所以法院将其认定为夫妻的共同财产进行分割，这也是对朱某多年支持、帮助陶某的一种回报，体现了法律的公平与公正。陶某的广告收入，因为是在婚姻关系存续期间获得的，毫无疑问是夫妻共同财产，离婚时应进行分割。

由于世纪村和康城两房地产公司赠给的两套房产尚未实际到手，陶某并没有获得房屋的所有权，因此这两套房产还不是夫妻二人的财产，所以法院对两套房屋不作处理。将来取得房屋的完全所有权后，当事人如果有争议，可以另行向法院起诉。

本案中，陶某作为运动员，其职业的专业性决定了专业之外的人很难给予具体的工作指导或帮助，只能靠个人的拼搏，但是否像她的代理人在法庭上所说的，陶某今天所拥有的财产只能归陶某一人所有，被告没有付出，不尽义务，何以分享? 我国《婚姻法》所确立的夫妻共同财产制，夫妻对共同财产共有的形式是共同共有，而不是按份共有。共有财产是一个整体，夫妻双方不分职业、地位和收入多少，对共同财产享有平等的占有、使用、收益和处分的权利，无须考虑双方对共同财产的积累所作出的贡献的大小、实际开支有多少等。夫妻在共同生活中职业不同、分工不同，具体的能力、各方面的条件也不同，因此双方对夫妻共同财产的积累，贡献可能大小不同，甚至可能存在夫妻共同财产都是一方挣来的、另一方的贡献率几近为零的情况，但是绝不能以此为理由，剥夺另一方对夫妻共同财产的所有权。因此，本案中，即使夫妻的共同财产大多是陶某获得的，也不能认定这些财产只归陶某一人所有。所以原告代理人的说法是不符合法律的规定和精神的。

离婚时的债务清偿

《婚姻法》第四十一条规定："离婚时，原为夫妻共同生活所负的债务，应当共同偿还。共同财产不足清偿的，或财产归各自所有的，由双方协议清偿；协议不成时，由人民法院判决。"

所谓夫妻共同生活所负的债务，是指在婚姻关系存续期间，夫妻双方为共同生活，履行抚养、赡养义务以及共同生产、经营所负的债务。由于夫妻对共同财产享有平等的权利，因此在承担义务方面也是平等的，婚后获得的收益由双方共享，婚后由于共同消费和生产经营产生的债务也要由双方共担，且对外负连带责任。当婚姻关系解体时，双方应当以夫妻共同财产对共同债务承担同等的清偿责任。

离婚分割夫妻共同财产时，应首先清偿共同债务，共同财产清偿债务后剩下的部分由双方协商分割。如果共同财产不足清偿，则以个人财产清偿。如果没有个人财产或个人财产不足清偿时，应在离婚时协商确定日后各自应清偿的共同债务份额。该债务清偿协议并不当然产生对外的效力，对债权人而言，该项债务仍为夫妻的连带债务。如果协商分割不成或协商确定清偿责任不成的，可诉请人民法院判决。法院根据双方的经济状况、经济能力及照顾女方和直接抚养子女一方的原则，判决双方按一定比例承担债务或者让具有较强经济能力的一方单独承担债务。法院确定双方各自分担债务份额的判决，也仅具有对内效力，并不具有将连带债务变更为按份债务的确定力。离婚后一方因清偿了全部的共同债务，致另一方免除了对债权人的清偿责任的，有权向另一方请求偿还其应分担的部分。

夫妻共同债务主要包括以下几类：夫妻为家庭共同生活所负债务；夫妻一方或双方为履行法定抚养、赡养、扶养义务所负债务；夫妻双方从事生产、经营活动的债务，或夫妻一方从事生产、经营活动但收益归家庭共享的，债务亦为共同债务；夫妻约定为共同债务的债务；为一方或双方治疗疾病所负的债务。

夫妻的个人债务是指夫妻一方以个人名义所负的与夫妻共同生活无关的或依法约定为个人负担的债务。包括：夫妻双方约定由个人承担的债务，但以逃避债务为目的的除外；擅自资助与其无扶养义务关系的亲友所负的债务；一方未经对方同意，独自筹资进行经营，其收入未用于共同生活所负的债务；双方各自婚前的债务（但债权人能够证明所欠债务用于婚后共同生活的，应当认定为共同债务）。对于个人债务，由本人用个人财产进行清偿；离婚时，不得要求用共同财产清偿，对方也无须负连带责任。

 【案例】

离婚时一方净身出户，债权人可否要求承担债务

某公司老板林某有着令人羡慕的小家庭，他和妻子刘某有体面的工作、可爱的孩子，在市区还有两套房产。只是林某最近有点烦，他做生意欠了40万元的债务，清偿的期限已至，债权人陈某多次向他催要，而他并不想还这笔

钱，每次都找借口拖着。后来陈某声称将向法院起诉，林某左思右想，想出了离婚躲债之计：他与刘某假离婚，他放弃一切财产，全部财产都给刘某，孩子也由刘某抚养。刘某起先不同意，但经过林某的一番分析，也就同意了。

于是林某和刘某经法院调解离婚并达成协议书，双方约定林某净身出户，夫妻共同财产由刘某所有，婚内共同债务由林某承担。离婚后，林某名下的房产即转移到刘某名下。为了演得更逼真一点，林某还在外租起了房子，俨然是一个贫困户。他以为，他名下没有财产了，债主再也奈何不了他了。

债权人陈某先后向林某和刘某主张债权，均遭到拒绝。林某向陈某表示自己净身出户，已无财产；刘某则声称债务是林某欠下的，与她无关。

过了一段时间，林某觉得风声已过，想要搬回去住，却被刘某断然拒绝。原来，刘某在与林某离婚后不久，偶遇了自己的初恋男友，刚巧对方还是单身，刘某心里的天平就倾斜了。林某气得直冒火，却无可奈何。他与刘某虽然说是假离婚，但在法律上，他们的确没有什么关系了。林某无比懊恼，悔不该为了躲债假离婚，到头来赔了夫人又折房。

陈某在索要欠款无望时将林某和刘某诉至法院。

【解读】

在离婚案件中，往往双方当事人会达成这样的协议：一方净身出户，既不分得任何夫妻共同财产，还要承担婚内的共同债务；另一方完全获得夫妻共同财产，但不承担婚内共同债务。在离婚协议达成后，当债权人要求净身出户方承担债务时，净身出户方便以没有财产为由"理直气壮"地拒不还钱，一纸离婚协议往往成为横亘在债权人维权路上的拦路石。

本案涉及的问题有两个：一是林某婚后以个人名义欠下的债务是否就是其个人债务？二是林某和刘某在离婚时达成的协议书能否对债权人陈某产生效力？

《婚姻法》第十九条第三款规定："夫妻对婚姻关系存续期间所得的财产约定归各自所有的，夫或妻一方对外所负的债务，第三人知道该约定的，以夫或妻一方所有的财产清偿。"最高人民法院《关于适用〈中华人民共和国婚姻法〉若干问题的解释（二）》第二十四条规定："债权人就婚姻关系存续期间，夫妻一方以个人名义所负债务主张权利的，应当按夫妻共同债务处理，但夫妻一方能够证明债权人与债务人明确约定为个人债务，或者能够证明属于婚姻法第十九条第三款规定情形的除外。"本案中，林某向陈某借款40万元的事实，只要有林某亲笔出具的借条，就足以认定。林某在与刘某婚姻关系存续期间，以个人名义向陈某所借的债务，法律首先推定为林某与刘某夫妻的共同债务，除非林某与刘某能够举证证明林某与陈某明确约定该债务为林某的个人债务，或者证明他们夫妻二人对婚姻关系存续期间所得的财产约定归各自所有，而陈某也知道这一财产约定，这样才能认定为林某的个人债务，由林某个人清偿。

最高人民法院《关于适用〈中华人民共和国婚姻法〉若干问题的解释（二）》第二十五条规定："当事人的离婚协议或者人民法院判决书、裁定书、调解书已经对夫妻财产分割问题做出处理的，债权人仍有权就夫妻共同债务向男女双方主张权利。一方就共同债务承担连带清偿责任后，基于离婚协议或者人民法院的法律文书向另一方主张追偿的，人民法院应当支持。"据此，当事人的离婚协议或者人民法院生效的法律文书对财产分割问题及债权债务的负担问题作出的处理，只对原夫妻双方有约束力，但不能以此来对抗债权人的权利主张，债权人仍然有权就原夫妻所负共同债务向原夫妻双方或者其中任何一方要求偿还，夫妻对共同债务的清偿负连带责任。林某离婚时，未要任何财产，放弃了分得夫妻共同财产的权利，这完全是个人意志的自由选择，他人无权干涉，但清偿债务却是法定的义务，义务是不可放弃的。所以无论是放弃共同财产的林某，还是接受了全部共同财产的刘某，都有清偿全部债务的义务，债权人陈某的合法权益不因林某夫妻规避债务的离婚协议而受损。所以，林某有放弃夫妻共同财产的权利，但义务仍需履行，如果林某拒不清偿债务，刘某就有清偿40万元的义务。当然，在林某和刘某任何一方清偿了全部债务之后，都有权向另一方追偿。

需要指出的是，夫妻双方在离婚协议中关于财产分割的条款，对男女双方具有法律约束力。现实生活中有很多像本案当事人一样，草率随意地处分权利，为了某种特定的目的净身出户，事后即使反悔，诉至法院，也是枉然。因为最高人民法院《关于适用〈中华人民共和国婚姻法〉若干问题的解释（二）》第九条规定："男女双方协议离婚后一年内就财产分割问题反悔，请求变更或者撤销财产分割协议的，人民法院应当受理。人民法院审理后，未发现订立财产分割协议时存在欺诈、胁迫等情形的，应当依法驳回当事人的诉讼请求。"

09

离婚家务劳动补偿

男女平等原则作为重要的法律原则，在我国已经得到了较好的贯彻实施，但男主外、女主内的家庭模式仍然是家庭关系的主导，妻子在工作之余操持家务，或者专门在家从事家务劳动的现象还是很普遍的。家务劳动虽然不能直接创造经济价值，但可以节约家庭开支，特别是可以减轻另一方的家务负担，使其安心工作，在学习、工作、职位、职称方面进步得更快更好。在实行法定财产制的家庭中，如果夫妻离婚，对婚姻关系存续期间所得的一切财产，双方都可以分割，而且基本上是等分的，家务劳动付出较多的一方在离婚时也可以得到对方的财产，这就意味着其家务劳动的价值得到了肯定。但是如果夫妻结婚以后约定实行分别财产制，其婚姻关系存续期间各自所得的财产归各自所有，在离婚时，就不能分得对方的财产，其家务劳动的价值就被忽视了。为体现权利义务相一致的原则，《婚姻法》第四十条规定："夫妻书面约定婚姻关系存续期间所得的财产归各自所有，一方因抚育子女、照料老人、协助另一方工作等付出较多义务的，离婚时有权向另一方请求补偿，另一方应当予以补偿。"赋予对家庭付出较多义务而在经济上处于劣势的一方以独立的诉讼请求权，使其在婚姻关系终结时可要求对方给予经济上的补偿，这是符合现代法律公平原则的。

家务劳动补偿制度的适用条件有三：第一，双方对婚姻关系存续期间所得的财产作出过归各自所有的约定。实行夫妻共同财产制或部分财产共同制的夫妻，不适用该制度。第二，提出补偿请求的一方因抚育子女、照料老人、协助另一方工作等付出较多义务。权利和义务应遵循对等的原则，只有在一方为婚姻共同体付出了较多义务，另一方受益了，才适用家务补偿制度。第三，家务劳动补偿的请求必须在离婚时提出。在婚姻关系存续期间不能提出，离婚后也不能提出。

【案例】

离婚时全职太太向丈夫索要经济补偿，家务劳动也有价

阿芳与丈夫于1998年结婚，结婚时双方书面约定婚后所得归各自所有，生活费用各自分担一半。1999年阿芳生了一对双胞胎。由于阿芳的父母早已去世，公婆有病，无力照料小孩，而雇请保姆不仅是一笔不小的开支，且保姆看护老人和孩子总是不太令人放心，于是丈夫就和阿芳商量，要阿芳辞去在公司的工作，在家专门照顾老人和孩子，丈夫每月拿出6000元交给阿芳，由她用于家庭开支和个人需要。考虑到家庭的实际情况，阿芳辞去了心爱的工作，一心担起了家务。几年来，阿芳起早摸黑，烧煮洗涮，服侍老人，拉扯小孩。没有后顾之忧的丈夫成天忙于工作、学习，不但取得了硕士文凭，还升任了某单

位的一把手。但随着丈夫事业的发达，阿芳发现丈夫与她的感情渐渐疏远了，丈夫经常夜不归宿。阿芳进行了跟踪调查，发现丈夫在外面有了别的女人。2012年，丈夫以夫妻性格不和为由向法院起诉离婚。阿芳既伤心又气愤，在法庭上提出丈夫要对自己这么多年从事家务劳动给予经济上的补偿。而丈夫却辩称："我辛辛苦苦赚钱养活你，养活老人、小孩，家里的房子、电器……一切都是我的收入购置的。你在家做点家务，没有一分钱收入，还有什么理由要求补偿？"阿芳丈夫的这种说法是否符合法律规定？阿芳能否得到补偿呢？

【解读】

阿芳的处境非常令人同情。而阿芳丈夫的说法代表了社会上常见的一种观点，但这种说法不符合法律规定。

我国的法定夫妻财产制为婚后所得共同制，即在婚姻关系存续期间，夫妻各方的一切收入和以此收入所购置的财产，除法律规定为夫妻个人所有以及双方约定归个人所有的以外，均归夫妻共同所有。夫妻对共同所有的财产，有平等的处理权，在离婚时，对夫妻共同财产，原则上应均等分割。这意味着在实行法定夫妻财产制的情况下，如果一方因从事较多的家务劳动而收入较少甚至完全没有收入，在离婚时原则上也能分得一半的共同财产，这实际上也是对从事家务劳动多的一方的一种补偿。家务劳动的社会价值无疑得到了法律的肯定。

我国法律允许夫妻对财产作出不同于法定夫妻财产制的约定，例如约定婚后所得归各自所有。夫妻关于财产问题的约定，其法律效力高于法定夫妻财产制。一般说来，无家务拖累而在事业上功成名就者的收入和未来挣钱的能力，要远远高于从事家务劳动较多的一方，而且事业成功者的财产里，有着从事家务劳动一方的辛勤劳动。在这种情况下，如果当初双方约定婚姻存续期间的财产归各自所有，在离婚时按照约定处理夫妻的财产，从事家务劳动多的一方不能分到对方的财产，双方实际财产会相差很多，家务劳动的价值也被忽视了。这不符合法律的公平原则和权利义务一致原则。《婚姻法》第四十条规定："夫妻书面约定婚姻关系存续期间所得的财产归各自所有，一方因抚育子女、照料老人、协助另一方工作等付出较多义务的，离婚时有权向另一方请求补偿，另一方应当予以补偿。"这一规定承认了家务劳动与社会工作具有同等价值，对于切实保护从事较多家务劳动的妇女或男士都是有重大意义的。

根据《婚姻法》的规定，从事家务劳动较多的一方行使家务劳动补偿请求权的条件是：第一，夫妻双方约定了婚姻关系存续期间的所得归各自所有。在约定了财产分别所有的情况下，一方面是双方的财产均归各自所有，另一方面双方分担的家务劳动不均等，而经济补偿正是对这种不均等的一种救济措施。第二，一方在家务劳动方面承担了较多的义务。这种义务可以是抚育子女、照顾老人，也可以是协助对方的工作。夫妻一方在这些方面付出较多，而另一方因此受益的，离婚时，受益方应当给予补偿。第三，家务劳动补偿请求应当在离婚时提出。夫妻关系存续期间任何一方都不享有家务劳动补偿请求权，只有在离婚时，从事家务劳动较多的一方才能行使此项权利。补偿的数额应由双方协商确定，协议不成时，由人民法院根据双方结婚时间的长短、子女的大小、双方婚后抚育子女和赡养老人的投入情况、一方协助对方工作的情况以及双方的经济收入等因素判决。

本案中，阿芳与丈夫在结婚之初就书面约定婚姻关系存续期间所得的财产归各自所有，而在孩子出生后，阿芳承担了抚养孩子、照顾公婆、烧煮洗涮的工作，包揽了家里的一切家务劳动，付出了巨大的牺牲，换来了丈夫在事业上的飞黄腾达，符合法律所规定的家务劳动补偿的条件，离婚时阿芳有权向丈夫提出补偿的请求。阿芳为了照顾家庭，放弃了工作，其夫收入较高，因此法院应当判决阿芳的丈夫给予必要的经济补偿，从而保护婚姻弱势一方的利益。对阿芳的丈夫来说，这也是他一心只顾自己发展、不履行家庭生活责任应当付出的代价。

需要指出的是，在现实生活中很多的妻子就像本案中的阿芳，为了抚养孩子、赡养老人、帮助丈夫、照顾家庭，放弃了工作，如果离婚时再执行个人财产归个人所有的财产约定，将显失公平，因此处于弱势地位的一方不要忽视了自己的合法权益，在离婚时要善于运用法律保护自己的利益。

10

离婚时的经济帮助

《婚姻法》第四十二条规定："离婚时，如一方生活困难，另一方应从其住房等个人财产中给予适当帮助。具体办法由双方协议；协议不成时，由人民法院判决。"本条是有关离婚后一方对生活困难的另一方给予适当经济帮助的规定。

经济帮助是指夫妻离婚时，因一方生活确有困难，经双方协议或法院判决，由有条件的一方从其个人财产中给予另一方适当资助的制度。经济帮助既不以一方付出较多的义务为先决条件，也不以一方是否有过错为必要，有过错的一方若存在生活困难的情形，也可要求无过错方给予适当经济帮助。经济帮助也不与夫妻间的扶养义务等同。夫妻间相互扶养的义务，以夫妻人身关系为前提，存在于婚姻关系存续期间，并且随着婚姻关系的终止而终止，而经济帮助则以夫妻解除婚姻关系为前提，以一方生活存在困难为条件。

根据《婚姻法》和相关的司法解释，对生活困难一方的经济帮助是有条件的：第一，一方必须存在生活困难。生活困难的标准是，依靠个人财产或离婚时分得的财产无法维持当地基本生活水平，例如身体有病或者暂时无固定生活来源或者以个人能力无法维持基本生活等，另外，离婚后一方没有住处的也视为生活困难。第二，经济帮助仅限于离婚时。经济帮助的适用以离婚为条件，无论是法院判决离婚还是双方协议离婚，都必须在解除婚姻关系的同时提出，离婚后经过一段时间再发生困难的，就不能依据《婚姻法》第四十二条要求另一方给予经济帮助了。第三，经济帮助方应当具有负担能力。即帮助方在离婚时以其个人财产和分得的财产，不仅能维持其个人的生活，还有足够的财产帮助困难方。

有帮助能力的一方提供的经济帮助，应当是其个人的财产，包括法定的个人财产、约定归个人的财产和从共同财产中分得的个人财产。经济帮助的形式可以是物质、金钱或房屋。房屋的帮助可以是房屋的使用权，也可以是房屋的所有权——如果离婚时经济困难的一方没有房屋，且该方年龄较大，无法继续挣钱，那么经济帮助方可以提供房屋所有权；如果该方还比较年轻，能够劳动，那么经济帮助方可以提供房屋使用权。

由于经济帮助是为了解决离婚时的生活困难的，因此一般是一次性的短期帮助，而不是持续性的长期帮助。在执行帮助期间，如果受资助一方再婚或经济收入足以维持生活时，帮助方可停止给付；如果帮助方经济条件恶化，帮助方也可停止给付。

对于离婚时的经济帮助，法院应从实际出发，着重做好双方的思想工作，力争调解达成一致协议，促使双方自愿给予帮助，如双方协商不成的由法院根据当事人的实际情况予以判决。

【案例】

离婚后的经济帮助在受帮助方死亡后可否被子女继承

柴某，50岁时丈夫去世，在寡居十年后，经人介绍和卞某再婚。结婚仅五年，双方又因种种原因协议离婚。卞某念及柴某照顾自己五年的情分，且考虑到柴某身体不好、没有经济收入，因此在离婚协议中约定向柴某支付8万元作为经济补偿，分2年付清，每年支付4万元。柴某离婚后同女儿李某一起居住。一年后，柴某因突发心脏病去世，离婚协议中约定的经济补偿只给付了4万元。柴某的女儿李某作为柴某的合法继承人，向卞某索要离婚协议中约定的剩余4万元经济补偿款。在遭到卞某拒绝后，李某将卞某告到法院，要求卞某继续支付剩余的经济补偿款。卞某认为，离婚协议中约定的8万元经济补偿款是他念在柴某照顾了他五年的情分上，考虑到她身体不好又无固定的生活来源的实际困难才同意给付的，现在柴某已经去世了，他没有义务再支付剩余的经济补偿款。而李某认为，8万元是卞某在离婚协议中约定给付其母柴某的，母亲去世后，剩余未给付的4万元作为母亲的债权，她有权利继承。法院经审理后认为，卞某和柴某约定的8万元经济补偿款属于《婚姻法》中规定的经济帮助，经济帮助具有特定的条件，在经济帮助没有实现时，该项财产不属于受帮助一方的遗产；经济帮助权不同于一般的债权，当受帮助者死亡时，经济帮助即消灭，不存在将经济帮助作为遗产继承的问题。法院判决，驳回李某的诉讼请求。

 【解读】

本案所涉及的问题有两个：一是卞某和柴某约定的8万元经济补偿款是否属于《婚姻法》规定的经济帮助？二是受帮助方死亡后经济帮助是否需要继续履行？

关于离婚后一方给另一方的经济帮助，我国《婚姻法》第四十二条规定："离婚时，如一方生活困难，另一方应从其住房等个人财产中给予适当帮助。"最高人民法院《关于适用〈中华人民共和国婚姻法〉若干问题的解释（一）》第二十七条规定："婚姻法第四十二条所称"一方生活困难"，是指依靠个人财产和离婚时分得的财产无法维持当地基本生活水平。一方离婚后没有住处的，属于生活困难。"本案中，柴某已是花甲老人，年老体衰，没有固定的住所和经济收入，符合法律所规定的经济困难的情形；在离婚时，卞某主动提出给予经济补偿，正是基于婚后的感情以及柴某的困难境况，而卞某的个人财产在维持自身衣食住行之外，还有余力可以对柴某提供物质上的帮助。因此，卞某提供的8万元补偿属于《婚姻法》所规定的经济帮助。

法律设立经济帮助的目的是帮助一方当事人解决离婚后一定时期内的经济困难问题，因此经济帮助的对象具有特定性，即享有经济帮助权的只能是离婚时经济确有困难的一方当事人，经济帮助权只由受帮助方本人享有，他人无权享有该项权利。如果受帮助人一方死亡，也就意味着失去了帮助对象，在享有经济帮助权的主体已经不存在的情况下，帮助方也就没有支付的必要了。本案中，卞某尚未支付的4万元经济帮助，因受帮助方柴某的死亡，已无履行的必要，4万元仍然属于卞某的个人财产，而不是受帮助方柴某的遗产，因此柴某的女儿李某无权向卞某索要剩余的4万元经济补偿款，剩余未给付的4万元不能作为柴某的债权由李某继承取得。

第五章

救助措施与法律责任

我国《婚姻法》为防范和制裁婚姻家庭领域内的不法行为，保护受害人的合法权益，设置了救助措施和法律责任机制。救助措施是救助机关应遭受非法侵害受害人的请求而为其提供救援和帮助的各种措施的总称。对受害人实施救助的主体为公安机关、人民检察院、人民法院，以及受害人、不法行为人所在的居民委员会、村民委员会及所在单位。

我国《婚姻法》为防范和制裁婚姻家庭领域内的不法行为，保护受害人的合法权益，设置了救助措施和法律责任机制。

救助措施是救助机关应遭受非法侵害受害人的请求而为其提供救援和帮助的各种措施的总称。对受害人实施救助的主体为公安机关、人民检察院、人民法院，以及受害人、不法行为人所在的居民委员会、村民委员会及所在单位。法定救助机关对于妨害婚姻家庭的不法行为，如家庭暴力、虐待、遗弃、重婚、有配偶者与他人同居等行为必须依法劝阻、调解、制止、惩罚，维护受害人的合法权益，不得放弃或相互推诿。

法律责任是行为人因其行为违反法律规定而必须承担的法律后果，包括行政责任、民事责任和刑事责任。追究不法行为人的法律责任，实际上也是对受害方的救助。

《婚姻法》设立的"救助措施与法律责任"一章，对于维护一夫一妻制度，制裁、打击婚姻家庭领域内的违法犯罪行为，保障婚姻家庭中弱势群体的合法权益，引导婚姻家庭关系健康发展，进而倡导文明、进步的婚姻家庭观念和社会风尚，有着重大的现实意义。

01

对家庭暴力、虐待、遗弃的受害人的救济手段

我国《婚姻法》第四十三条、第四十四条为防范和制裁婚姻家庭领域内的不法行为，保护受害人的合法权益，规定了各种救济手段。第四十三条规定"实施家庭暴力或虐待家庭成员，受害人有权提出请求，居民委员会、村民委员会以及所在单位应当予以劝阻、调解。对正在实施的家庭暴力，受害人有权

提出请求，居民委员会、村民委员会应当予以劝阻；公安机关应当予以制止。实施家庭暴力或虐待家庭成员，受害人提出请求的，公安机关应当依照治安管理处罚的法律规定予以行政处罚。"第四十四条规定："对遗弃家庭成员，受害人有权提出请求，居民委员会、村民委员会以及所在单位应当予以劝阻、调解。对遗弃家庭成员，受害人提出请求的，人民法院应当依法作出支付扶养费、抚养费、赡养费的判决。"

家庭暴力、虐待、遗弃行为的受害人有权提出救助的请求，一定的社会组织——居民委员会、村民委员会和所在单位应予以劝阻、调解，以便及时制止发生在家庭内部的侵权行为，这是来自社会的救济。所谓劝阻，一是劝说行为人立即停止侵害婚姻家庭的不法行为，二是劝说无效时可以采取适当的措施阻止行为人的侵害行为，及时解救受害人。调解是指受害人、不法行为人所在的居民委员会、村民委员会或者所在单位对双方进行说服教育，促使双方化解矛盾、排除纠纷，保护受害人的权益。对正在实施的家庭暴力和虐待行为，公安机关应予以制止，受害人提出请求的，公安机关应当依照《治安管理处罚法》予以行政处罚，这是来自公安机关的行政救济。《治安管理处罚法》主要针对的是扰乱公共秩序、妨害公共安全、侵犯人身权利和财产权利、妨害社会管理等尚不够刑事处罚的一般违法行为。按照《治安管理处罚法》第四十五条的规定，对于虐待家庭成员而被虐待人要求处理的，或者遗弃没有独立生活能力的被扶养人的，处五日以下拘留或者警告。遗弃行为的受害人还可以向人民法院提起诉讼，要求支付扶养费、抚养费、赡养费，人民法院在有关支付上述费用的判决中，应根据具体情况确定费用的数额、给付的期限和方法，这是对受害人有效的、不可缺少的司法救济手段。

【案例】

丈夫殴打妻子，民警出警制止是否多管闲事

2012年9月的一天，市民王先生打电话报警：在某大酒店附近，一名醉酒男子正在路边打人。接警后，两位民警立即驱车赶到现场，发现醉酒的男子正在对一位女士拳打脚踢，那位女士一直在哭，头发凌乱不堪，脸上、颈部有血迹。民警们赶紧上前制止醉酒男子的打人行为，而醉酒男子大声说："我打我老婆，关你什么事！多管闲事！"王先生扯着被撕烂的衣服告诉民警，晚上下班后他开车回家，车上还拉着自己的女同事魏某，当走到事发地点时，魏某看到了喝得醉醺醺的、正在路边摇摇晃晃行走的丈夫吴某，就让他赶紧停车，他便将车停到了吴某跟前。吴某发现车内坐着自己妻子时，就拉开了车门，拽着王先生的衣领往外拉，一阵暴风骤雨般的拳头打了过去。王先生费了好大的力气才挣脱了对方，衣服因此被撕烂、身体多处受伤。吴某转身又开始打魏某，于是王先生赶紧报了警。民警见吴某醉得太厉害，就打算把他带回派出所进行调查。就在民警准备把他往警车里送时，吴某伸出右手掐住民警的脖子，并将左手的拳头砸在了民警的头上。最终民警将其制服。第二天早上，吴某酒醒了，发现自己在派出所，回想起头天晚上的行为，他后悔不已，向受伤民警道了歉。但是吴某因涉嫌殴打他人和妨碍人民警察依法执行职务行为受到行政拘留的处理。

 【解读】

建立平等、和睦的婚姻家庭关系，是我国《婚姻法》所追求的目标，因此，《婚姻法》在总则部分指出："夫妻应当互相忠实，互相尊重；家庭成员间应当敬老爱幼，互相帮助，维护平等、和睦、文明的婚姻家庭关系"，"禁

止家庭暴力。禁止家庭成员间的虐待和遗弃"。对于发生在家庭内部的家庭暴力、虐待、遗弃等行为，我国已有多部法律作出了规定，以保护受害人不再继续受到侵害，并对实施侵害行为的人给予必要的惩罚。如《婚姻法》第四十三条规定："实施家庭暴力或虐待家庭成员，受害人有权提出请求，居民委员会、村民委员会以及所在单位应当予以劝阻、调解。对正在实施的家庭暴力，受害人有权提出请求，居民委员会、村民委员会应当予以劝阻；公安机关应当予以制止。实施家庭暴力或虐待家庭成员，受害人提出请求的，公安机关应当依照治安管理处罚的法律规定予以行政处罚。"本条是关于家庭暴力或虐待行为的受害人请求居民委员会、村民委员会以及所在单位和公安机关救助的规定。《治安管理处罚法》第四十三条规定："殴打他人的，或者故意伤害他人身体的，处五日以上十日以下拘留，并处二百元以上五百元以下罚款；情节较轻的，处五日以下拘留或者五百元以下罚款。"第四十五条规定："有下列行为之一的，处五日以下拘留或者警告：(一)虐待家庭成员，被虐待人要求处理的；(二)遗弃没有独立生活能力的被扶养人的。"另外，我国的《妇女权益保障法》、《未成年人保护法》、《老年人权益保障法》等法律也对有关部门的职责和实施侵害行为的当事人应承担的法律责任作出了明确规定。

本案中，吴某喝醉了酒，见到妻子魏某坐在别的男子的车里，不问青红皂白就对妻子实施殴打，造成魏某身体多处受伤，这是一起恶劣的家庭暴力事件。对于这种正在实施的家庭暴力，魏某本人可以请求公安机关进行制止，作为魏某同事的王先生也可以请求公安机关出警。由于家庭暴力通常伴随着拳脚、棍棒武力，如果不及时制止行为人的暴力行为，受害人有可能遭受更大的伤害或者损失，甚至导致受害人的重伤、死亡，因此，即使魏某和王先生没有报警，民警发现正在发生的家庭暴力行为，也应主动制止，因为保护公民的人身权利、制止正在发生的不法侵害行为是公安人员的职责所在。《人民警察法》第二十一条规定："人民警察遇到公民人身、财产安全受到侵犯或者处于其他危难情形，应当立即救助；对公民提出解决纠纷的要求，应当给予帮助；

对公民的报警案件,应当及时查处。"因此,民警出警制止吴某打老婆,不是多管闲事,而是依法履行其职责。

公安机关对正在实施的家庭暴力行为可以采取行政强制措施,如对行为人强制隔离,然后对其进行批评教育,使其认识到自身行为的违法性;对不听劝阻的、屡教不改的以及情节恶劣的行为人,公安机关还可以给予行政处罚,如警告、拘留、罚款等,以示惩戒。本案中,吴某不仅对魏某实施家庭暴力,而且还对王先生和前来劝阻的公安人员行凶,公安机关对其处以行政拘留是完全合乎法律规定的。

在此需要指出的是,在发生了家庭暴力后,受害人要保护自己并维护自己的权利,应注意以下几点:一是拨打110报警求助,避免受到行为人更大的伤害;二是向各级妇联和所在单位、街道、社区、乡、村妇女儿童维权站(点)投诉,请求这些机构出面协助解决;三是保存受害证据,包括视听证据、言词证据、书面证据等,如录音录像、行为人事后所写的保证书、证人证言、报警记录及出警证明、去医院就诊的病历和发票;四是去当地公安部门做伤情鉴定,保留提起刑事自诉的权利;五是向人民法院起诉,依法追究施暴者的法律责任。

对重婚、家庭暴力、虐待、遗弃行为
构成犯罪者追究刑事责任

《婚姻法》第四十五条规定:"对重婚的,对实施家庭暴力或虐待、遗弃家庭成员构成犯罪的,依法追究刑事责任。受害人可以依照刑事诉讼法的有关规定，向人民法院自诉；公安机关应当依法侦查，人民检察院应当依法提起公诉。"本条是关于对重婚、家庭暴力、虐待和遗弃行为追究刑事责任的规定。

婚姻家庭关系受法律保护，当破坏婚姻家庭关系的行为超越《婚姻法》调整的范畴，已经不仅仅是违法行为，而是构成犯罪时，就应当按照《刑法》的规定追究其刑事责任。这既是对犯罪行为人的一种惩罚和教育，也是向社会表明国家以强制力保护合法婚姻家庭关系的态度。

《刑法》对于重婚罪规定了两种行为：一是有配偶而重婚，即已婚者在婚姻关系存续期间又与他人结婚；二是明知他人有配偶而与之结婚，即没有配偶的人，明知他人有配偶而仍然与之结婚。结婚，既包括骗取合法手续登记婚，又包括虽未登记结婚但以夫妻名义共同生活。只要是有配偶而又结婚，或者是明知他人有配偶而与之结婚的，无论是骗取合法手续登记结婚，还是未登记结婚但以夫妻名义共同生活的，都构成重婚罪。重婚罪是故意犯罪，如果一方受对方欺骗，不知道对方已有配偶而与之结婚的，则不构成重婚罪。《刑法》第二百五十八条对重婚罪及其处罚作了规定："有配偶而重婚的，或者明知他人有配偶而与之结婚的，处二年以下有期徒刑或者拘役。"

《刑法》第二百六十条对虐待罪作出了规定："虐待家庭成员，情节恶劣的，处二年以下有期徒刑、拘役或者管制。犯前款罪，致使被害人重伤、死亡的，处二年以上七年以下有期徒刑。第一款罪，告诉的才处理。"情节恶劣是虐待罪区别于虐待行为的重要界限。情节恶劣是指虐待的动机卑鄙、手段凶残或虐待年老、年幼、病残的家庭成员以及长期虐待家庭成员屡教不改等。如果只是一般的体罚、轻微的打骂则只是违法行为，还不构成虐待罪。行为人实施虐待行为，直接导致被害人受重伤、死亡，或者使其因不堪忍受虐待而自杀造成重伤、死亡，则要处以二年以上七年以下有期徒刑。关于虐待罪，在没有出现致被害人重伤、死亡的情况下，《刑法》将其规定为"告诉的才处理"，即只能由被害人或者他的法定代理人向人民法院控告，人民法院才受理，如果被害人和他的法定代理人不告，则不予受理。这主要是考虑到虐待案件发生在家庭成员之间，如果被虐待者不控告，意即不希望亲属关系破裂，更不希望诉诸司法机关对虐待者定罪量刑，那么司法机关就不会主动干预。如果被害人受强制、威吓，如被捆绑、拘禁或被恐吓、威胁而无法告诉的，被害人的近亲属可以直接向人民法院告诉，或者由人民检察院提起公诉，由人民法院依法处理。虐待行为致使被害人重伤、死亡的案件不属于"告诉才处理"的范围，对这类案件，检察机关应提起公诉。

《刑法》第二百六十一条对遗弃罪作出了规定："对于年老、年幼、患病或者其他没有独立生活能力的人，负有扶养义务而拒绝扶养，情节恶劣的，处五年以下有期徒刑、拘役或者管制。"所谓年老、年幼、患病或者其他没有独立生活能力的家庭成员，包括因年老、伤残、疾病等原因丧失劳动能力、没有生活来源的；虽有生活来源，但因疾病、年老、伤残，生活不能自理的；因年幼或智力低下等原因，没有独立生活能力的。除此之外，不发生遗弃问题。根据本条的规定，遗弃行为必须情节恶劣才能构成犯罪。情节恶劣主要是指遗弃行为造成了被害人重伤、死亡等严重后果；被害人因被遗弃而生活无着，流离失所，被迫沿街乞讨的；因遗弃使被害人走投无路被迫自杀的；行为人屡教不改的；遗弃手段十分恶劣的（如在遗弃中又有打骂、虐待行为）等。

我国《刑法》尚无家庭暴力罪，如果实施家庭暴力，情节恶劣，后果严重，应当根据其犯罪的具体情节，按照故意杀人罪、故意伤害罪、虐待罪、侮辱罪等追究其刑事责任。故意剥夺家庭成员的生命的，构成故意杀人罪，处死刑、无期徒刑或十年以上有期徒刑；情节较轻的，处三年以上、十年以下有期徒刑。故意非法损害家庭成员身体健康的，构成故意伤害罪，处三年以下有期徒刑、拘役或管制；致人重伤、造成残疾或致人死亡的，可以判处十年以上有期徒刑、无期徒刑或者死刑。施暴者对家庭成员经常以打骂、捆绑、冻饿、强迫超体力劳动、限制自由等方式，从肉体、精神上摧残、折磨，情节恶劣的，构成虐待罪，处二年以下有期徒刑、拘役或者管制；情节特别严重的，处二年以上七年以下有期徒刑。使用暴力公然贬低受害者人格，破坏其名誉，情节严重的，构成侮辱罪，处三年以下有期徒刑、拘役、管制或剥夺政治权利。

在发生了《婚姻法》第四十五条规定的犯罪时，除了法律规定的亲告案件外，公安机关应当依法侦查，人民检察院应当依法提起公诉，人民法院应当依法进行判决。

 【案例】

儿子遗弃母亲，如何追究法律责任

80岁的耿老太中年丧夫，含辛茹苦将四个子女抚养成人，不料却在耄耋之年，被小儿子遗弃于街头，最终耿老太抱憾而终。

2009年10月，耿老太因家里的房子拆迁分得了30万元的补偿款，此后就一直和大儿子一起生活。2010年6月，耿老太的小儿子寇某找到了大哥，提出自己是离异独居，要将母亲接回自己的住处一起生活。但同时，寇某一定要大哥将母亲的30万元拆迁补偿款交给自己。当时，耿老太已经是78岁高龄，按照民间传统，如果老人搬入小儿子的家中，也就意味着寇某将成为老人四个儿子中，负责陪伴母亲度过晚年的人。自然，老人百年之后的遗产分配，也将更有利于他。起初，寇某的提议并没有得到大哥的认可，兄弟俩为了母亲的赡养问题还惊动了派出所。最终，在民警的调解下，大哥作出了让步，同意让老母亲跟随寇某生活，寇某也信誓旦旦地表示，将全心全意服侍老母亲安享晚年。根据派出所的调解，寇某从大哥手中拿到了30万元的拆迁款和老母亲的医保卡、身份证和工资卡。但钱一到手，寇某便称自己经常要去外地，不能照顾老母亲，又将老母亲送回大哥的住处，却不将之前获得的钱、卡、证交给哥哥。对此，寇某的大哥当然不能接受，于是，兄弟俩在母亲的赡养问题上，从一开始的相互争夺，演变成了反复推让。结果，寇某因为明显理亏，最终未能将老母亲"让"给大哥。

2011年10月11日下午，寇某以对拆迁款的数额有疑义为由，鼓动老母亲到市政府门口反映情况。但当他将母亲送到后，却借口买烟自行离开，留下耿老太一人独自在街头。当晚6时左右，经派出所联系，老人被暂时安置在社区的一家旅社内，并特意安排两名社工人员悉心照料。同时，街道工作人员多方联系耿老太的子女，要求他们将老母亲接回赡养。但寇某始终不愿露面，其他子女们纷纷提出，母亲的主要赡养义务已经连同她的拆迁补偿款、工资一并转移给了寇某，按理应当由他将老人接回。就这样，耿老太一人在旅社里孤独生活了80余天，2012年1月5日下午，老人因心脏病突发而去世。

这起罕见的弃母事件发生后，当地公安机关介入，了解内情后，遂立案侦查。9月26日，检察院以遗弃罪对寇某提起公诉。庭审中，寇某对公诉机关的指控并不承认，他辩称自己在事发当天确实是因为去买烟才和母亲走散，发现母亲走失后，他还在附近一直寻找到晚上七八点钟，所以不构成遗弃罪。辩护人也提出，有其他证据显示，寇某平时对母亲是尽孝的，他在主观上没有遗弃母亲的故意，耿老太当天的情况应该是走散而不是被遗弃。而寇某并非耿老太唯一的扶养人，不能因为拆迁款由他保管，就认定寇某单独负有扶养义务。此外，耿老太因病猝死与寇某的行为也没有直接因果关系，被告人的行为不属于情节恶劣。

综合相关证据，法院审理认为，寇某在将老母亲送到市政府门口时，以买烟为借口将其遗弃，并在之后的80余日内没有采取任何积极的寻找措施，应认定其有拒绝履行扶养义务的行为。同时，寇某与耿老太共同生活，系直接义务人，首先应负有法定扶养义务。但其为牟取更大利益而将母亲遗弃，动机卑鄙，造成被害人无人扶养、心情郁闷并因病猝死，违反社会伦理道德，且造成恶劣的社会影响，应认定为情节恶劣。据此，法院认定寇某的行为构成遗弃罪，判处有期徒刑一年六个月。

【解读】

遗弃是指对年老、年幼、患病或者其他没有独立生活能力的家庭成员，负有法定抚养、扶养、赡养义务的人拒绝履行其义务的行为。遗弃行为情节恶劣、造成严重后果的，可以构成遗弃罪。

遗弃罪的犯罪主体是对被遗弃人负有法律上的抚养、扶养、赡养义务且有负担能力的人。所谓有负担能力是指有独立的经济能力，能够满足本人及被抚养人、被扶养人或被赡养人当时当地的最低生活标准。遗弃罪的主观方面表现为犯罪行为人有遗弃家庭成员的故意，即行为人明知自己应当履行抚养、扶养、赡养的义务，出于个人主义极端自私自利思想或其他卑鄙动机，而故意不去履行其义务。遗弃罪的犯罪客体是被害人在家庭成员中受抚养、扶养、赡养的权利。遗弃罪的犯罪对象只限于年老、年幼、患病或者其他没有独立生活能力的家庭成员。本罪在客观方面表现为对年老、年幼、患病或者其他没有独立生活能力的家庭成员，应当履行抚养、扶养、赡养义务而拒绝履行的行为。"拒绝履行"具体表现为不提供物质供应，对生活不能自理者不给予必需的生活照料，离开需要抚养、扶养、赡养的家庭成员或将其置身于自己不能履行义务的场所等。"拒绝履行"从客观方面揭示了本罪不作为的犯罪行为方式，即消极地不履行所负有的抚养、扶养、赡养义务，如儿女对失去劳动能力又无经济来源的父母不承担经济供给义务，子女对生活不能自理的父母不予照料等。遗弃行为还必须达到情节恶劣、造成严重后果，才构成本罪，如由于遗弃行为导致被害人重伤、死亡的；被害人因被遗弃而衣食无着、沿街乞讨；因遗弃行为使被害人走投无路而自杀的；行为人虽屡经教育但拒绝改正，而使被害人的生活陷入危难境地；遗弃手段十分恶劣等。

就本案来看，寇某对自己的母亲耿老太负有法定的赡养义务，且拿到了30万元的动迁款和母亲的医保卡、身份证和工资卡，应当有赡养母亲的经济能力，符合遗弃罪犯罪主体的身份。寇某明知老母亲需要他的赡养，却故意将老母亲扔在街头，弃之不顾，80多天的时间里对老母亲不管不问，不再履行自己的义务，符合遗弃罪对犯罪主观方面的要求。由于寇某的不作为，使得耿老太生活无着，有家不能回，80多天里孤苦伶仃，其心情之郁闷可想而知，最终致病猝死，已经产生了严重后果，其行为达到了"情节恶劣、后果严重"的程度。依照《刑事诉讼法》的有关规定，对于遗弃罪，受害人可以直接向法院提起诉讼，但是本案的受害人耿老太因年老体衰，直至去世也没有去法院控告不孝子。由于这起弃母事件的严重后果及恶劣影响，公安机关介入，立案侦查，移交检察院提起公诉，最后由人民法院审理、判决，整个案件的程序是符合《刑事诉讼法》的规定的。法院根据《刑法》第二百六十一条的规定"对于年老、年幼、患病或者其他没有独立生活能力的人，负有扶养义务而拒绝扶养，情节恶劣的，处五年以下有期徒刑、拘役或者管制"，认定寇某的行为构成遗弃罪，判处有期徒刑一年六个月，是于法有据的。

本案中，寇某并非耿老太唯一的赡养人，动迁款虽然由寇某保管，但这并不意味着只有寇某负有赡养的义务，耿老太的其他三个子女就没有赡养的义务。在寇某遗弃母亲的八十多天里，如果其他子女主动接回母亲，耿老太也不会郁郁而终。他们虽然没有被追究法律责任，但他们是有赡养的法定义务的，耿老太的去世，他们也是有责任的，他们也要受到道德的谴责，这是必须要明确的。

由于遗弃行为往往给被害人的生命、健康造成威胁，为舆论所不齿，也影响社会的安定和谐。因此，全社会都应当同遗弃行为作斗争，从而造就一个少有所养、老有所依的良好的社会风气，更好地维护妇女、儿童和老人的合法权益。

离婚损害赔偿

离婚损害赔偿是指夫妻一方有法定的过错导致婚姻关系破裂，离婚时无过错方要求有过错的一方承担民事赔偿责任的一种制度。离婚损害赔偿制度体现了当代民法的公平原则、保护弱者原则，具有救济和惩罚的双重功能，一方面可以使无过错方的实际财产损失得到弥补、精神伤害得到经济补偿和安慰、被损害的利益得到救济和恢复，另一方面又是对过错方侵害婚姻家庭关系的一种制裁。

《婚姻法》第四十六条对离婚损害赔偿制度作了明确规定："有下列情形之一，导致离婚的，无过错方有权请求损害赔偿：（一）重婚的；（二）有配偶者与他人同居的；（三）实施家庭暴力的；（四）虐待、遗弃家庭成员的。"

根据《婚姻法》的立法精神，离婚损害赔偿应符合以下要件：第一，一方行为具有违法性。夫妻一方实施了《婚姻法》所规定的破坏婚姻家庭关系的禁止性行为，包括重婚、有配偶者与他人同居、家庭暴力、虐待和遗弃家庭成员，且该行为是导致婚姻关系解体的主要原因。第二，行为人存在过错。即一方对自己实施的《婚姻法》第四十六条规定的行为存在主观上的故意。第三，有损害事实。承担民事责任，必须以损害事实的存在为前提。享有请求权的当事人必须具有人身损害、财产损害或精神损害，如因一方实施家庭暴力导致受害方身体受伤致残、支出医疗费，因一方重婚或与他人同居引起受害方精神焦虑、痛苦等。第四，违法行为与损害事实之间具有因果关系。即一方实施的重婚、与他人同居、家庭暴力、虐待和遗弃等行为，是导致婚姻关系解体和另一方人身、财产、精神受损害的直接原因，过错方对此须承担损害赔偿责任，否则，过错方不必承担责任。第五，请求权人无法定的过错。行使损害赔偿的请求权人不应当存在法律规定的重婚、与他人同居、家庭暴力、虐待和遗弃家庭成员等行为。如果与对方一样存在上述行为，按照最高人民法院《关于适用〈中华人民共和国婚姻法〉若干问题的解释（三）》第十七条"夫妻双方均有婚姻法第四十六条规定的过错情形，一方或者双方向对方提出离婚损害赔偿请求的，人民法院不予支持"，则不得要求离婚损害赔偿。

最高人民法院《关于适用〈中华人民共和国婚姻法〉若干问题的解释（一）》第二十八条明确规定了离婚损害赔偿的两种方式——物质损害赔偿和精神损害赔偿。涉及精神损害赔偿的，适用最高人民法院《关于确定民事侵权精神损害赔偿责任若干问题的解释》的有关规定，该司法解释没有规定精神损害赔偿具体的数额，但规定了确定赔偿数额的因素——侵权人的过错程度，侵害的手段、场合、行为方式等具体情节，侵权行为所造成的后果，侵权人的获利情况，侵权人承担责任的经济能力，受诉人民法院所在地平均生活水平等。

离婚损害赔偿只能由无过错方提起，而且只能在离婚诉讼时或离婚后一年内提起。在婚姻关系存续期间，当事人单独提起损害赔偿请求的，人民法院不予受理。无过错方作为原告的离婚案件，提起损害赔偿请求，必须在离婚诉讼的同时提出，如果离婚时未提起，离婚后不能再单独就损害赔偿提出请求。无过错方作为被告的离婚案件，被告可在同意离婚的同时提出损害赔偿请求；如果被告不同意离婚也不提起损害赔偿请求的，可以在离婚后一年内就此单独提起诉讼。无过错方作为被告的离婚案件，一审时被告未提出损害赔偿请求，二审期间提出的，法院应当进行调解，调解不成的，当事人可以在离婚后一年内另行起诉。

【案例】

离婚时能否要求过错方给予损害赔偿

许某是一位大学教授，有一个幸福美满的家庭，妻子郑某当年只身带着女儿，省吃俭用，全力以赴地支持许某读研、考博、完成了全部学业。现在许某功成名就，是教授、博士生导师，而郑某所在的工厂却倒闭了，郑某失去了工作。因为年龄大了，郑某也找不到合适的工作，闲来无事，就经常约朋友到家中打麻将，这让需要安静环境搞科研的许某很反感，夫妻关系渐渐疏远。在学校里，许某学识渊博，深受学生的好评。在许某所带的研究生中，有位年轻的女学生石某，非常敬佩许某的学识，从仰慕最后发展到以身相许。许某被突如其来的感情冲昏了头脑、迷失了方向，似乎找到了人生的第二春。许某与石某的行为很快被发现。郑某劝说丈夫以家庭和女儿为重，离开石某。但许某执迷不悟，他既不愿意离婚，又不愿意离开石某，幻想着"家中红旗不倒，外面彩旗飘飘"。对许某和郑某的婚姻状况，校园里众说纷纭。石某面对外来的压力、非议，逼迫许某离婚后和自己结婚。最后许某站在了石某一边，向法院提起离婚诉讼。念及曾经的恩爱，郑某不同意离婚，法院经过审理认为许某与郑某的夫妻感情并未完全破裂，因此判决不准离婚。此后，许某不再回家居住，与石某租房同居。两年后，许某以感情不和分居满两年为由再次起诉离婚。这次郑某同意离婚，但提出，许某与第三者石某同居导致离婚，具有明显的过错，要求许某与石某支付精神损害赔偿金5万元。许某认为，郑某天天在家打麻将，影响了双方的感情，他才移情石某的，郑某有过错在先，因此许某要求郑某支付精神损害赔偿金5万元。法院经调解无效，最后判决双方离婚，许某向郑某支付损害赔偿金3万元；因郑某没有工作，在分割共同财产时应予照顾，郑某分得夫妻共同财产的60%，许某分得40%。

【解读】

我国《婚姻法》特别注意保护婚姻关系中的弱势一方，其中一个重要表现就是赋予了离婚时的无过错方以损害赔偿请求权。本案例所涉及的问题主要有：夫妻一方有法定的过错，无过错方可否主张损害赔偿？无过错方可否向对婚姻关系解体有过错的第三者要求损害赔偿？关于损害赔偿的诉讼请求应该在什么情况下提出？离婚损害赔偿包括哪些内容？

在婚姻关系存续期间，因一方的过错导致婚姻破裂的，往往会给对方造成物质和精神的损害，尤其是精神上的损害常常是不可估量的。因此，受害方有权提出损害赔偿之诉，这样才能体现当代婚姻家庭法的公平原则和保护弱者原则。《婚姻法》第四十六条对离婚损害赔偿责任中的过错作了明确规定："有下列情形之一，导致离婚的，无过错方有权请求损害赔偿：（一）重婚的；（二）有配偶者与他人同居的；（三）实施家庭暴力的；（四）虐待、遗弃家庭成员的。"通过这一规定，可以看出损害赔偿请求权人应当是没有这些法定过错的一方。由于婚姻生活的复杂性，在共同生活期间，不可能存在绝对的无过错，只要一方不具有《婚姻法》第四十六条规定的过错，即可视为无过错方，就不影响其提出损害赔偿的权利。本案中，许某在婚姻关系存续期间与他人同居，属于《婚姻法》第四十六条所列举的过错的情形——"有配偶者与他人同居"，而郑某没有这些过错，其打麻将的行为虽然对夫妻关系的解体有一定的过错，但这一行为不属于法定的过错，因此郑某可以提出离婚损害赔偿的请求，而许某要求损害赔偿的主张则不能得到法院的支持。

最高人民法院《关于适用〈中华人民共和国婚姻法〉若干问题的解释（一）》第二十九条第一款规定："承担婚姻法第四十六条规定的损害赔偿责任的主体，为离婚诉讼当事人中无过错方的配偶。"该司法解释明确了离婚损害赔偿的义务主体只能是离婚当事人中的无过错方的配偶，即有过错的一方，第三者不是离婚损害赔偿责任的义务主体，无过错方不能向第三者索赔。所以郑某不能要求石某对其婚姻的解体承担赔偿责任，只能由许某进行赔偿。

《婚姻法》第四十六条规定的损害赔偿，应当以双方当事人离婚为发生的条件，因此最高人民法院《关于适用〈中华人民共和国婚姻法〉若干问题的解释（一）》第二十九条第二款、第三款规定："人民法院判决不准离婚的案件，对于当事人基于婚姻法第四十六条提出的损害赔偿请求，不予支持。在婚姻关系存续期间，当事人不起诉离婚而单独依据该条规定提起损害赔偿请求的，人民法院不予受理。"这表明我国现行法律不支持婚内赔偿，在婚姻关系存续期间，任何一方都不能要求对方给予损害赔偿。本案许某第一次提起离婚诉讼，由于郑某不同意离婚，法院认为双方的感情尚未完全破裂，作出了不准离婚的判决，在这种情况下，不发生损害赔偿问题，即使郑某提出赔偿请求，法院也不会支持。但是当许某第二次起诉离婚时，由于双方因感情不和分居满两年，符合《婚姻法》所规定的认定夫妻感情破裂的情形，因此法院依法判决二人离婚，在此基础之上，郑某提出离婚损害赔偿的要求，才能得到法院的支持。

因一方的过错而导致双方离婚并使无过错方受到了物质上的损害和精神上的损害，过错方应首先充分赔偿物质损害，再赔偿精神损害。物质损害赔偿以实际遭受的物质损失为限，包括直接的物质损失和间接的物质损失，如一方在重婚、与他人同居期间将财产赠与与其重婚、同居的第三人，导致无过错方的财产损失，一方实施家庭暴力、虐待、遗弃行为，导致无过错方身体受到伤害而花去的医疗费、误工费、护理费等。过错方实施的过错行为，还会给无过错方造成极大的精神损害。关于精神损害赔偿，参照最高人民法院《关于确定民事侵权精神损害赔偿责任若干问题的解释》的规定，其赔偿数额需根据侵权人过错程度，侵害手段、场合、行为方式、侵权后果，侵权人的获利情况，侵权人的经济能力和受诉法院所在地平均生活水平等多重因素来确定。本案中，许某在与郑某婚姻关系存续期间，与石某非法同居，违反了夫妻间应当互相忠实的义务，其行为侵害了郑某合法的婚姻权益，给郑某造成了精神上的伤害，法院在综合考虑精神损害赔偿因素的基础上，作出了许某赔偿郑某3万元的判决，是符合法律规定的。

需要指出的是，离婚损害赔偿制度同分割共同财产时应坚持照顾女方权益的原则没有矛盾。照顾女方权益原则，是由我国目前妇女的经济能力和男子仍有一定差距的国情决定的，是《宪法》关于保护妇女原则在《婚姻法》上的具体体现，因此不能因为分割夫妻共同财产时已经照顾了女方而代替离婚损害赔偿，也不能因为女方已经获得了损害赔偿就不再坚持照顾女方的原则从而减少其在夫妻共同财产中的应得份额。本案中，许某对婚姻关系的解体有过错，因此法院判令许某对郑某支付离婚损害赔偿金3万元，同时，在分割共同财产时，本着照顾女方的原则，对郑某适当地多分一些，使其获得了60%的夫妻共同财产。

04

离婚时一方侵占共同财产的可以少分、不分共同财产

现实生活中的夫妻关系是错综复杂的，在夫妻关系好的时候，双方的财产关系一般不会发生什么问题，一旦发生矛盾，到了离婚阶段时，有人就会千方百计地谋求多分一些财产，甚至不惜采用非法手段隐匿、转移夫妻共同财产或伪造债务侵占另一方的财产。

针对这种情况，《婚姻法》第四十七条规定："离婚时，一方隐藏、转移、变卖、毁损夫妻共同财产，或伪造债务企图侵占另一方财产的，分割夫妻共同财产时，对隐藏、转移、变卖、毁损夫妻共同财产或伪造债务的一方，可以少分或不分。离婚后，另一方发现有上述行为的，可以向人民法院提起诉讼，请求再次分割夫妻共同财产。人民法院对前款规定的妨害民事诉讼的行为，依照民事诉讼法的规定予以制裁。"

本条规定的违法行为所侵犯的对象是夫妻共同财产。夫妻共同财产从性质上说，属于共同共有。夫妻在婚姻关系存续期间，除约定和法定归个人的财产外，其他双方获得的或一方获得的收入，都归夫妻共有，夫妻双方对共同财产享有平等的所有权，双方均有占有、使用、收益和处分的权利，不受双方实

际收入状况的影响。在共有关系消灭之前，夫妻财产权利是一个整体，一般情况下只有在婚姻关系消灭（离婚或一方死亡）或双方有特别约定时，才能对共同财产进行分割。夫妻对共同所有的财产有平等的处理权。所谓平等的处理权，是指夫妻在处分共同财产时，应当平等协商，取得一致意见，任何一方不得违背另一方的意志擅自处理，特别是对重大的共有财产作处分时，如出卖、赠予等，更应征得对方的同意，否则就侵犯了另一方对共有财产的所有权。因此，离婚时隐藏、转移、变卖、毁损夫妻共同财产，或伪造债务企图侵占另一方财产的行为，是一种侵犯共同财产所有权的民事侵权行为。

隐藏是指采用欺骗的手段将一些本应属于夫妻共同所有的财产予以瞒报，不让对方发现，使对方无法获知财产的所在，从而无法控制，例如私房钱，大部分就是夫妻一方采用隐瞒手段隐藏的部分夫妻共同财产。转移是指将属于夫妻共同所有的财产私自移往他处，或将资金取出移往其他账户，脱离对方的掌握。变卖是指将共同财产折价出卖，所得归个人所有。毁损是指故意毁灭或者损坏共同财产，使之失去或者部分失去原有的价值。伪造债务是指制造内容虚假的债务凭证，包括合同、欠条等，以期用共同财产清偿该虚假债务，从而达到侵占所涉共同财产的目的。上述违法行为，在主观上只能是故意，不包括过失行为，因过失导致共同财产的毁损，不应适用本条的规定。

对隐藏、转移、变卖、毁损夫妻共同财产或伪造债务的一方，在分割夫妻共同财产时，可以少分或不分。这里所指的少分或者不分的夫妻共同财产主要是指被隐藏、转移、变卖、毁损的或者伪造债务侵占的那一部分共同财产，而不是夫妻共同财产的全部。对少分的具体份额或比例以及在何种情况下可以不分，法律并没有明确规定。而且《婚姻法》使用了"可以"，而不是"应当"，表明法院在处理离婚夫妻财产侵权案件时，可以使用该条规定的处理方式，也可以不用，法院可以根据违法行为的情节和案件的具体情况作出处理。

离婚后，无论是协议离婚之后，还是诉讼离婚案件已审理终结之后，一方又发现另一方有隐藏、转移、变卖、毁损或伪造债务的行为，均可以向人民法院起诉，请求对这一部分财产再次进行分割。在分割时，关于对隐藏、转移、变卖、毁损夫妻共同财产或伪造债务的一方可以少分或者不分的原则仍然适用。《婚姻法》在此实际上是设立了财产分割的追偿制度，以便有效地保护离婚中的善意方和弱势方的合法利益。权利人请求再次分割夫妻共同财产的诉讼时效是两年，从当事人发现之次日起计算，超过两年的，当事人再向法院起诉请求保护其权利的，人民法院不予保护。

为了保证民事诉讼程序的顺利进行，以及保护当事人的合法权利，《婚姻法》第四十七条第二款规定，对实施该条第一款规定的妨害民事诉讼的行为，人民法院依照《民事诉讼法》的规定予以制裁：对隐藏、转移、变卖、毁损已被查封、扣押的财产，或者已被清点并责令其保管的财产，转移已被冻结的财产的行为，人民法院可以根据情节轻重予以罚款、拘留；构成犯罪的，依法追究刑事责任。

 【案例】

离婚前丈夫隐匿财产，妻子找证据重分财产

大成与燕子曾是一对令人羡慕的夫妻。大成出生于偏远山村的贫困家庭，靠自己的努力，完成了大学学业，毕业后被分配到一家国有企业。燕子是大成的校友，经同学介绍相识并确立了恋爱关系。开始时燕子的父母坚决反对两个人在一起，但是拗不过脾气倔强的女儿，只好答应了这桩婚事。最终两个人走进了婚姻的殿堂。1999年，大成所在的企业进行改制，燕子支持大成下岗创业，两个人借了5万元钱作为大成的创业基金。凭借灵活的头脑，大成很快在商海中赚到了第一桶金，燕子看丈夫生意越来越忙，便辞职回家做了全职太太，照顾双方的老人和孩子，免除了大成的后顾之忧。

然而幸福的日子仅仅过了几年，大成在事业成功后便开始在外面花天酒地，经常夜不归宿，燕子为了孩子选择了默默忍受。2008年，燕子意外地发

现，大成在外面有了"二奶"，燕子终于忍无可忍，向大成提出离婚。大成痛快地答应了，并且说自己对不住燕子，大度地提出把家里所有的财产都归燕子。2008年7月，双方到婚姻登记机关办理了离婚手续，燕子分到了他们婚后购买和居住的一套房子，以及二人的银行存款10万元，因为大成说他这两年经营不好，以前赚的钱差不多都赔进去了，只剩这么多了。

离婚后，燕子的日子过得很拮据，10万元要给孩子留着上学用。为了改善经济状况，她去商场当了售货员。2010年3月10日，燕子偶遇大成的大学同学，那个同学看到燕子现在的样子很是吃惊，他以为燕子在离婚时应该分到了不少财产。从他那里，燕子得知大成在和她离婚前一年投资了一个上百万元的装潢公司，拥有大部分的股权。燕子觉得自己可能被大成骗了，便请律师到工商行政管理部门查看装潢公司的登记情况，但是股东中并没有大成的名字。

正在一筹莫展之际，机会来了，装潢公司的会计辞职不干了，现在迫切需要一名会计。燕子找到了自己一个做会计的同学，请她到装潢公司做"卧底"。燕子的同学答应了，到装潢公司应聘做了会计。利用工作的便利，燕子的同学搜集到了大成离婚前出资100万元的银行凭证，以及由另一名股东代为持有、登记为名誉股东的协议书。有了这些证据后，燕子于2010年12月向法院提起诉讼，要求对大成这家装潢公司的股权重新进行分割。大成在法庭上辩称，当初离婚时，双方已经就夫妻共同财产进行了分割，现在已经两年了，诉讼时效已过，燕子再次要求分割财产，没有法律依据，请求法院驳回其诉讼请求。

法院经审理后认为，夫妻在婚姻关系存续期间的出资款项以及生产经营的收益为夫妻共同所有，大成投资装潢公司的钱是夫妻共有财产，其在离婚时隐匿，燕子是在2010年3月10日才知道其权利受到了侵害，并未超过诉讼时效，现燕子请求再次分割共同财产，于法有据，应予以支持。由于双方对股权价值100万元达成一致意见，法院判决大成的股权归其个人所有，大成支付燕子财产补偿款60万元。

【解读】

这是一起夫妻登记离婚后共同财产纠纷案。

在实践中，有一些离婚的当事人为了达到多占共同财产的目的，会有预谋地提前将财产隐匿或转移，另一方当事人苦于没有证据而得不到法律的支持。但本案中的燕子却通过自己独特的方式，派出"卧底"到前夫投资的公司打工，获得了前夫隐瞒夫妻共有财产的证据，并将其告上法庭，从而要回了本应属于自己的巨额财产。燕子所依据的正是《婚姻法》第四十七条的规定："离婚时，一方隐藏、转移、变卖、毁损夫妻共同财产，或伪造债务企图侵占另一方财产的，分割夫妻共同财产时，对隐藏、转移、变卖、毁损夫妻共同财产或伪造债务的一方，可以少分或不分。离婚后，另一方发现有上述行为的，可以向人民法院提起诉讼，请求再次分割夫妻共同财产。人民法院对前款规定的妨害民事诉讼的行为，依照民事诉讼法的规定予以制裁。"这一规定表明，离婚时一方有侵占共同财产的行为，在分割这部分财产时，可能会少分或不分，而受害方即使离婚时没有发现对方的侵占财产的行为，离婚后仍有权进行追诉。

燕子和大成现在诉争的装潢公司100万元的出资款，系大成与燕子在婚姻关系存续期间所得的共同财产，在二人离婚时，大成并没有向燕子提出分割该部分财产，相反是极力掩盖，告诉燕子这几年经营失败，没挣到钱，他的行为应属隐藏夫妻共同财产。虽然离婚时隐瞒了下来，但并不意味着这笔财产无法再次分割。离婚后，燕子派出"卧底"取得了关键性的证据，向法院提起诉讼，请求分割大成隐匿的股权，由于证据充分，得到了法院的支持。法院根据大成隐藏共同财产的情节，判决大成只能分得所隐匿财产的40%，而燕子获得60%的财产，这是符合法律规定的。由于装潢公司是大成一手操持起来的，法院以价格补偿的方法分割公司的股权，由大成向燕子支付现金，使大成能够继续经营公司，有利于公司的经营和发展。

如果现实生活中受害方短期内无法获得对方侵占共同财产的有力证据，那么受害方最迟应当于何时提起诉讼呢？我国《民法通则》第一百三十五条规定："向人民法院请求保护民事权利的诉讼时效期间为二年，法律另有规定的除外"，第一百三十七条规定："诉讼时效期间从知道或者应当知道权利被侵害时起计算。但是，从权利被侵害之日起超过20年的，人民法院不予保护。有特殊情况的，人民法院可以延长诉讼时效期间。"最高人民法院《关于适用〈中华人民共和国婚姻法〉若干问题的解释（一）》第三十一条规定："当事人依据婚姻法第四十七条的规定向人民法院提起诉讼，请求再次分割夫妻共同财产的诉讼时效为两年，从当事人发现之次日起计算。"按照这些规定，离婚后受害方请求分割被侵占的共同财产的诉讼时效是两年，从受害方发现财产被侵占的次日开始计算。本案中，燕子与大成离婚虽然是在2008年7月，但她得知大成隐匿财产是在2010年3月10日，燕子要求重新分割这些财产的诉讼时效期间应当从2010年3月11日起算，直至2012年3月11日，也就是说燕子最迟应在2012年3月11日起诉。由于燕子是在2010年12月提起诉讼，诉讼时效尚未超过，对燕子的请求权法院应当予以支持。大成的诉讼时效已过的主张不能成立。

需要指出的是，如果发觉夫妻关系有破裂的危险，在将要起诉或已经起诉离婚时，发现另一方正在转移、变卖、毁损财产，可以向法院申请财产保全。如果不想牺牲婚姻家庭，但又不愿看到共同财产被对方故意减少和侵占，则可以依据最高人民法院《关于适用〈中华人民共和国婚姻法〉若干问题的解释（三）》第四条"婚姻关系存续期间，夫妻一方请求分割共同财产的，人民法院不予支持，但有下列重大理由且不损害债权人利益的除外：（一）一方有隐藏、转移、变卖、毁损、挥霍夫妻共同财产或者伪造夫妻共同债务等严重损害夫妻共同财产利益行为的；（二）一方负有法定扶养义务的人患重大疾病需要医治，另一方不同意支付相关医疗费用的"，在婚姻关系存续期间请求人民法院分割夫妻共同财产。该司法解释确立了婚内分割财产制度，在特殊情形下，在符合法定条件的情况下，弱势方不必等到婚姻破裂时，在婚内直接起诉要求分割共同财产，从而保护自己的财产不受损失，这对夫妻双方中的弱势一方起到了很好的保护作用，尤其是长年担任家庭主妇的女性面临被侵占共同财产的困境时，有了很好的救济渠道。

附　录

中华人民共和国婚姻法

（1980年9月10日第五届全国人民代表大会第三次会议通过
根据2001年4月28日第九届全国人民代表大会常务委员会第二十一次会议
《关于修改〈中华人民共和国婚姻法〉的决定》修正）

第一章　总则

第一条　本法是婚姻家庭关系的基本准则。

第二条　实行婚姻自由、一夫一妻、男女平等的婚姻制度。

保护妇女、儿童和老人的合法权益。

实行计划生育。

第三条　禁止包办、买卖婚姻和其他干涉婚姻自由的行为。禁止借婚姻索取财物。

禁止重婚。禁止有配偶者与他人同居。禁止家庭暴力。禁止家庭成员间的虐待和遗弃。

第四条　夫妻应当互相忠实，互相尊重；家庭成员间应当敬老爱幼，互相帮助，维护平等、和睦、文明的婚姻家庭关系。

第二章　结婚

第五条　结婚必须男女双方完全自愿，不许任何一方对他方加以强迫或任何第三者加以干涉。

第六条　结婚年龄，男不得早于二十二周岁，女不得早于二十周岁。晚婚晚育应予鼓励。

第七条　有下列情形之一的，禁止结婚：

（一）直系血亲和三代以内的旁系血亲；

（二）患有医学上认为不应当结婚的疾病。

第八条　要求结婚的男女双方必须亲自到婚姻登记机关进行结婚登记。符合本法规定的，予以登记，发给结婚证。取得结婚证，即确立夫妻关系。未办理结婚登记的，应当补办登记。

第九条　登记结婚后，根据男女双方约定，女方可以成为男方家庭的成员，男方可以成为女方家庭的成员。

第十条　有下列情形之一的，婚姻无效：

（一）重婚的；

（二）有禁止结婚的亲属关系的；

（三）婚前患有医学上认为不应当结婚的疾病，婚后尚未治愈的；

（四）未到法定婚龄的。

第十一条　因胁迫结婚的，受胁迫的一方可以向婚姻登记机关或人民法院请求撤销该婚姻。受胁迫的一方撤销婚姻的请求，应当自结婚登记之日起一年内提出。被非法限制人身自由的当事人请求撤销婚姻的，应当自恢复人身自由之日起一年内提出。

第十二条　无效或被撤销的婚姻，自始无效。当事人不具有夫妻的权利和义务。同居期间所得的财产，由当事人协议处理；协议不成时，由人民法院根据照顾无过错方的原则判决。对重婚导致的婚姻无效的财产处理，不得侵害合法婚姻当事人的财产权益。当事人所生的子女，适用本法有关父母子女的规定。

第三章　家庭关系

第十三条　夫妻在家庭中地位平等。

第十四条　夫妻双方都有各用自己姓名的权利。

第十五条　夫妻双方都有参加生产、工作、学习和社会活动的自由，一方不得对他方加以限制或干涉。

第十六条　夫妻双方都有实行计划生育的义务。

第十七条　夫妻在婚姻关系存续期间所得的下列财产，归夫妻共同所有：

（一）工资、奖金；

（二）生产、经营的收益；

（三）知识产权的收益；

（四）继承或赠与所得的财产，但本法第十八条第三项规定的除外；

（五）其他应当归共同所有的财产。

夫妻对共同所有的财产，有平等的处理权。

第十八条　有下列情形之一的，为夫妻一方的财产：

（一）一方的婚前财产；

（二）一方因身体受到伤害获得的医疗费、残疾人生活补助费等费用；

（三）遗嘱或赠与合同中确定只归夫或妻一方的财产；

（四）一方专用的生活用品；

（五）其他应当归一方的财产。

第十九条　夫妻可以约定婚姻关系存续期间所得的财产以及婚前财产归各自所有、共同所有或部分各自所有、部分共同所有。约定应当采用书面形式。没有约定或约定不明确的，适用本法第十七条、第十八条的规定。

夫妻对婚姻关系存续期间所得的财产以及婚前财产的约定，对双方具有约束力。

夫妻对婚姻关系存续期间所得的财产约定归各自所有的，夫或妻一方对外所负的债务，第三人知道该约定的，以夫或妻一方所有的财产清偿。

第二十条　夫妻有互相扶养的义务。

一方不履行扶养义务时，需要扶养的一方，有要求对方付给扶养费的权利。

第二十一条　父母对子女有抚养教育的义务；子女对父母有赡养扶助的义务。

父母不履行抚养义务时，未成年的或不能独立生活的子女，有要求父母付给抚养费的权利。

子女不履行赡养义务时，无劳动能力的或生活困难的父母，有要求子女付给赡养费的权利。

禁止溺婴、弃婴和其他残害婴儿的行为。

第二十二条　子女可以随父姓，可以随母姓。

第二十三条　父母有保护和教育未成年子女的权利和义务。在未成年子女对国家、集体或他人造成损害时，父母有承担民事责任的义务。

第二十四条　夫妻有相互继承遗产的权利。

父母和子女有相互继承遗产的权利。

第二十五条　非婚生子女享有与婚生子女同等的权利，任何人不得加以危害和歧视。

不直接抚养非婚生子女的生父或生母，应当负担子女的生活费和教育费，直至子女能独立生活为止。

第二十六条　国家保护合法的收养关系。养父母和养子女间的权利和义务，适用本法对父母子女关系的有关规定。

养子女和生父母间的权利和义务，因收养关系的成立而消除。

第二十七条　继父母与继子女间，不得虐待或歧视。

继父或继母和受其抚养教育的继子女间的权利和义务，适用本法对父母子女关系的有关规定。

第二十八条 有负担能力的祖父母、外祖父母，对于父母已经死亡或父母无力抚养的未成年的孙子女、外孙子女，有抚养的义务。有负担能力的孙子女、外孙子女，对于子女已经死亡或子女无力赡养的祖父母、外祖父母，有赡养的义务。

第二十九条 有负担能力的兄、姐，对于父母已经死亡或父母无力抚养的未成年的弟、妹，有扶养的义务。由兄、姐扶养长大的有负担能力的弟、妹，对于缺乏劳动能力又缺乏生活来源的兄、姐，有扶养的义务。

第三十条 子女应当尊重父母的婚姻权利，不得干涉父母再婚以及婚后的生活。子女对父母的赡养义务，不因父母的婚姻关系变化而终止。

第四章　离婚

第三十一条 男女双方自愿离婚的，准予离婚。双方必须到婚姻登记机关申请离婚。婚姻登记机关查明双方确实是自愿并对子女和财产问题已有适当处理时，发给离婚证。

第三十二条 男女一方要求离婚的，可由有关部门进行调解或直接向人民法院提出离婚诉讼。

人民法院审理离婚案件，应当进行调解；如感情确已破裂，调解无效，应准予离婚。

有下列情形之一，调解无效的，应准予离婚：

（一）重婚或有配偶者与他人同居的；

（二）实施家庭暴力或虐待、遗弃家庭成员的；

（三）有赌博、吸毒等恶习屡教不改的；

（四）因感情不和分居满二年的；

（五）其他导致夫妻感情破裂的情形。

一方被宣告失踪，另一方提出离婚诉讼的，应准予离婚。

第三十三条　现役军人的配偶要求离婚，须得军人同意，但军人一方有重大过错的除外。

第三十四条　女方在怀孕期间、分娩后一年内或中止妊娠后六个月内，男方不得提出离婚。女方提出离婚的，或人民法院认为确有必要受理男方离婚请求的，不在此限。

第三十五条　离婚后，男女双方自愿恢复夫妻关系的，必须到婚姻登记机关进行复婚登记。

第三十六条　父母与子女间的关系，不因父母离婚而消除。离婚后，子女无论由父或母直接抚养，仍是父母双方的子女。

离婚后，父母对于子女仍有抚养和教育的权利和义务。

离婚后，哺乳期内的子女，以随哺乳的母亲抚养为原则。哺乳期后的子女，如双方因抚养问题发生争执不能达成协议时，由人民法院根据子女的权益和双方的具体情况判决。

第三十七条　离婚后，一方抚养的子女，另一方应负担必要的生活费和教育费的一部或全部，负担费用的多少和期限的长短，由双方协议；协议不成时，由人民法院判决。

关于子女生活费和教育费的协议或判决，不妨碍子女在必要时向父母任何一方提出超过协议或判决原定数额的合理要求。

第三十八条　离婚后，不直接抚养子女的父或母，有探望子女的权利，另一方有协助的义务。

行使探望权利的方式、时间由当事人协议；协议不成时，由人民法院判决。

父或母探望子女，不利于子女身心健康的，由人民法院依法中止探望的权利；中止的事由消失后，应当恢复探望的权利。

第三十九条　离婚时，夫妻的共同财产由双方协议处理；协议不成时，由人民法院根据财产的具体情况，照顾子女和女方权益的原则判决。

夫或妻在家庭土地承包经营中享有的权益等，应当依法予以保护。

第四十条 夫妻书面约定婚姻关系存续期间所得的财产归各自所有，一方因抚育子女、照料老人、协助另一方工作等付出较多义务的，离婚时有权向另一方请求补偿，另一方应当予以补偿。

第四十一条 离婚时，原为夫妻共同生活所负的债务，应当共同偿还。共同财产不足清偿的，或财产归各自所有的，由双方协议清偿；协议不成时，由人民法院判决。

第四十二条 离婚时，如一方生活困难，另一方应从其住房等个人财产中给予适当帮助。具体办法由双方协议；协议不成时，由人民法院判决。

第五章 救助措施与法律责任

第四十三条 实施家庭暴力或虐待家庭成员，受害人有权提出请求，居民委员会、村民委员会以及所在单位应当予以劝阻、调解。

对正在实施的家庭暴力，受害人有权提出请求，居民委员会、村民委员会应当予以劝阻；公安机关应当予以制止。

实施家庭暴力或虐待家庭成员，受害人提出请求的，公安机关应当依照治安管理处罚的法律规定予以行政处罚。

第四十四条 对遗弃家庭成员，受害人有权提出请求，居民委员会、村民委员会以及所在单位应当予以劝阻、调解。

对遗弃家庭成员，受害人提出请求的，人民法院应当依法作出支付扶养费、抚养费、赡养费的判决。

第四十五条 对重婚的，对实施家庭暴力或虐待、遗弃家庭成员构成犯罪的，依法追究刑事责任。受害人可以依照刑事诉讼法的有关规定，向人民法院自诉；公安机关应当依法侦查，人民检察院应当依法提起公诉。

第四十六条　有下列情形之一，导致离婚的，无过错方有权请求损害赔偿：

（一）重婚的；

（二）有配偶者与他人同居的；

（三）实施家庭暴力的；

（四）虐待、遗弃家庭成员的。

第四十七条　离婚时，一方隐藏、转移、变卖、毁损夫妻共同财产，或伪造债务企图侵占另一方财产的，分割夫妻共同财产时，对隐藏、转移、变卖、毁损夫妻共同财产或伪造债务的一方，可以少分或不分。离婚后，另一方发现有上述行为的，可以向人民法院提起诉讼，请求再次分割夫妻共同财产。

人民法院对前款规定的妨害民事诉讼的行为，依照民事诉讼法的规定予以制裁。

第四十八条　对拒不执行有关扶养费、抚养费、赡养费、财产分割、遗产继承、探望子女等判决或裁定的，由人民法院依法强制执行。有关个人和单位应负协助执行的责任。

第四十九条　其他法律对有关婚姻家庭的违法行为和法律责任另有规定的，依照其规定。

第六章　附则

第五十条　民族自治地方的人民代表大会有权结合当地民族婚姻家庭的具体情况，制定变通规定。自治州、自治县制定的变通规定，报省、自治区、直辖市人民代表大会常务委员会批准后生效。自治区制定的变通规定，报全国人民代表大会常务委员会批准后生效。

第五十一条　本法自1981年1月1日起施行。

1950年5月1日颁行的《中华人民共和国婚姻法》，自本法施行之日起废止。

婚姻登记条例

（2003年7月30日国务院第16次常务会议通过
2003年8月8日中华人民共和国国务院令第387号公布
自2003年10月1日起施行）

第一章 总则

第一条 为了规范婚姻登记工作，保障婚姻自由、一夫一妻、男女平等的婚姻制度的实施，保护婚姻当事人的合法权益，根据《中华人民共和国婚姻法》（以下简称婚姻法），制定本条例。

第二条 内地居民办理婚姻登记的机关是县级人民政府民政部门或者乡（镇）人民政府，省、自治区、直辖市人民政府可以按照便民原则确定农村居民办理婚姻登记的具体机关。

中国公民同外国人，内地居民同香港特别行政区居民（以下简称香港居民）、澳门特别行政区居民（以下简称澳门居民）、台湾地区居民（以下简称台湾居民）、华侨办理婚姻登记的机关是省、自治区、直辖市人民政府民政部门或者省、自治区、直辖市人民政府民政部门确定的机关。

第三条 婚姻登记机关的婚姻登记员应当接受婚姻登记业务培训，经考核合格，方可从事婚姻登记工作。

婚姻登记机关办理婚姻登记，除按收费标准向当事人收取工本费外，不得收取其他费用或者附加其他义务。

第二章 结婚登记

第四条 内地居民结婚，男女双方应当共同到一方当事人常住户口所在地的婚姻登记机关办理结婚登记。

中国公民同外国人在中国内地结婚的，内地居民同香港居民、澳门居民、台湾居民、华侨在中国内地结婚的，男女双方应当共同到内地居民常住户口所在地的婚姻登记机关办理结婚登记。

第五条 办理结婚登记的内地居民应当出具下列证件和证明材料：

（一）本人的户口簿、身份证；

（二）本人无配偶以及与对方当事人没有直系血亲和三代以内旁系血亲关系的签字声明。

办理结婚登记的香港居民、澳门居民、台湾居民应当出具下列证件和证明材料：

（一）本人的有效通行证、身份证；

（二）经居住地公证机构公证的本人无配偶以及与对方当事人没有直系血亲和三代以内旁系血亲关系的声明。

办理结婚登记的华侨应当出具下列证件和证明材料：

（一）本人的有效护照；

（二）居住国公证机构或者有权机关出具的、经中华人民共和国驻该国使（领）馆认证的本人无配偶以及与对方当事人没有直系血亲和三代以内旁系血亲关系的证明，或者中华人民共和国驻该国使（领）馆出具的本人无配偶以及与对方当事人没有直系血亲和三代以内旁系血亲关系的证明。

办理结婚登记的外国人应当出具下列证件和证明材料：

（一）本人的有效护照或者其他有效的国际旅行证件；

（二）所在国公证机构或者有权机关出具的、经中华人民共和国驻该国使（领）馆认证或者该国驻华使（领）馆认证的本人无配偶的证明，或者所在国驻华使（领）馆出具的本人无配偶的证明。

第六条　办理结婚登记的当事人有下列情形之一的，婚姻登记机关不予登记：

（一）未到法定结婚年龄的；

（二）非双方自愿的；

（三）一方或者双方已有配偶的；

（四）属于直系血亲或者三代以内旁系血亲的；

（五）患有医学上认为不应当结婚的疾病的。

第七条　婚姻登记机关应当对结婚登记当事人出具的证件、证明材料进行审查并询问相关情况。对当事人符合结婚条件的，应当当场予以登记，发给结婚证；对当事人不符合结婚条件不予登记的，应当向当事人说明理由。

第八条　男女双方补办结婚登记的，适用本条例结婚登记的规定。

第九条　因胁迫结婚的，受胁迫的当事人依据婚姻法第十一条的规定向婚姻登记机关请求撤销其婚姻的，应当出具下列证明材料：

（一）本人的身份证、结婚证；

（二）能够证明受胁迫结婚的证明材料。

婚姻登记机关经审查认为受胁迫结婚的情况属实且不涉及子女抚养、财产及债务问题的，应当撤销该婚姻，宣告结婚证作废。

第三章　离婚登记

第十条　内地居民自愿离婚的，男女双方应当共同到一方当事人常住户口所在地的婚姻登记机关办理离婚登记。

中国公民同外国人在中国内地自愿离婚的，内地居民同香港居民、澳门居民、台湾居民、华侨在中国内地自愿离婚的，男女双方应当共同到内地居民常住户口所在地的婚姻登记机关办理离婚登记。

第十一条　办理离婚登记的内地居民应当出具下列证件和证明材料：

（一）本人的户口簿、身份证；

（二）本人的结婚证；

（三）双方当事人共同签署的离婚协议书。

办理离婚登记的香港居民、澳门居民、台湾居民、华侨、外国人除应当出具前款第（二）项、第（三）项规定的证件、证明材料外，香港居民、澳门居民、台湾居民还应当出具本人的有效通行证、身份证，华侨、外国人还应当出具本人的有效护照或者其他有效国际旅行证件。

离婚协议书应当载明双方当事人自愿离婚的意思表示以及对子女抚养、财产及债务处理等事项协商一致的意见。

第十二条　办理离婚登记的当事人有下列情形之一的，婚姻登记机关不予受理：

（一）未达成离婚协议的；

（二）属于无民事行为能力人或者限制民事行为能力人的；

（三）其结婚登记不是在中国内地办理的。

第十三条　婚姻登记机关应当对离婚登记当事人出具的证件、证明材料进行审查并询问相关情况。对当事人确属自愿离婚，并已对子女抚养、财产、债务等问题达成一致处理意见的，应当当场予以登记，发给离婚证。

第十四条　离婚的男女双方自愿恢复夫妻关系的，应当到婚姻登记机关办理复婚登记。复婚登记适用本条例结婚登记的规定。

第四章　婚姻登记档案和婚姻登记证

第十五条　婚姻登记机关应当建立婚姻登记档案。婚姻登记档案应当长期保管。具体管理办法由国务院民政部门会同国家档案管理部门规定。

第十六条　婚姻登记机关收到人民法院宣告婚姻无效或者撤销婚姻的判决书副本后，应当将该判决书副本收入当事人的婚姻登记档案。

第十七条　结婚证、离婚证遗失或者损毁的，当事人可以持户口簿、身份证向原办理婚姻登记的机关或者一方当事人常住户口所在地的婚姻登记机关申请补领。婚姻登记机关对当事人的婚姻登记档案进行查证，确认属实的，应当为当事人补发结婚证、离婚证。

第五章　罚则

第十八条　婚姻登记机关及其婚姻登记员有下列行为之一的，对直接负责的主管人员和其他直接责任人员依法给予行政处分：

（一）为不符合婚姻登记条件的当事人办理婚姻登记的；

（二）玩忽职守造成婚姻登记档案损失的；

（三）办理婚姻登记或者补发结婚证、离婚证超过收费标准收取费用的。

违反前款第（三）项规定收取的费用，应当退还当事人。

第六章　附则

第十九条　中华人民共和国驻外使（领）馆可以依照本条例的有关规定，为男女双方均居住于驻在国的中国公民办理婚姻登记。

第二十条　本条例规定的婚姻登记证由国务院民政部门规定式样并监制。

第二十一条　当事人办理婚姻登记或者补领结婚证、离婚证应当交纳工本费。工本费的收费标准由国务院价格主管部门会同国务院财政部门规定并公布。

第二十二条　本条例自2003年10月1日起施行。1994年1月12日国务院批准、1994年2月1日民政部发布的《婚姻登记管理条例》同时废止。

最高人民法院关于适用《中华人民共和国婚姻法》若干问题的解释（一）

（2001年12月24日最高人民法院审判委员会第1202次会议通过

2001年12月25日最高人民法院公告公布

自2001年12月27日起施行

法释[2001]30号）

为了正确审理婚姻家庭纠纷案件，根据《中华人民共和国婚姻法》（以下简称婚姻法）、《中华人民共和国民事诉讼法》等法律的规定，对人民法院适用婚姻法的有关问题作出如下解释：

第一条　婚姻法第三条、第三十二条、第四十三条、第四十五条、第四十六条所称的"家庭暴力"，是指行为人以殴打、捆绑、残害、强行限制人身自由或者其他手段，给其家庭成员的身体、精神等方面造成一定伤害后果的行为。持续性、经常性的家庭暴力，构成虐待。

第二条　婚姻法第三条、第三十二条、第四十六条规定的"有配偶者与他人同居"的情形，是指有配偶者与婚外异性，不以夫妻名义，持续、稳定地共同居住。

第三条　当事人仅以婚姻法第四条为依据提起诉讼的，人民法院不予受理；已经受理的，裁定驳回起诉。

第四条　男女双方根据婚姻法第八条规定补办结婚登记的，婚姻关系的效力从双方均符合婚姻法所规定的结婚的实质要件时起算。

第五条　未按婚姻法第八条规定办理结婚登记而以夫妻名义共同生活的男女，起诉到人民法院要求离婚的，应当区别对待：

（一）1994年2月1日民政部《婚姻登记管理条例》公布实施以前，男女双方已经符合结婚实质要件的，按事实婚姻处理。

（二）1994年2月1日民政部《婚姻登记管理条例》公布实施以后，男女双方符合结婚实质要件的，人民法院应当告知其在案件受理前补办结婚登记；未补办结婚登记的，按解除同居关系处理。

第六条　未按婚姻法第八条规定办理结婚登记而以夫妻名义共同生活的男女，一方死亡，另一方以配偶身份主张享有继承权的，按照本解释第五条的原则处理。

第七条　有权依据婚姻法第十条规定向人民法院就已办理结婚登记的婚姻申请宣告婚姻无效的主体，包括婚姻当事人及利害关系人。利害关系人包括：

（一）以重婚为由申请宣告婚姻无效的，为当事人的近亲属及基层组织。

（二）以未到法定婚龄为由申请宣告婚姻无效的，为未达法定婚龄者的近亲属。

（三）以有禁止结婚的亲属关系为由申请宣告婚姻无效的，为当事人的近亲属。

（四）以婚前患有医学上认为不应当结婚的疾病，婚后尚未治愈为由申请宣告婚姻无效的，为与患病者共同生活的近亲属。

第八条　当事人依据婚姻法第十条规定向人民法院申请宣告婚姻无效的，申请时，法定的无效婚姻情形已经消失的，人民法院不予支持。

第九条　人民法院审理宣告婚姻无效案件，对婚姻效力的审理不适用调解，应当依法作出判决；有关婚姻效力的判决一经作出，即发生法律效力。

涉及财产分割和子女抚养的，可以调解。调解达成协议的，另行制作调解书。对财产分割和子女抚养问题的判决不服的，当事人可以上诉。

第十条　婚姻法第十一条所称的"胁迫"，是指行为人以给另一方当事人或者其近亲属的生命、身体健康、名誉、财产等方面造成损害为要挟，迫使另一方当事人违背真实意愿结婚的情况。

因受胁迫而请求撤销婚姻的，只能是受胁迫一方的婚姻关系当事人本人。

第十一条　人民法院审理婚姻当事人因受胁迫而请求撤销婚姻的案件，应当适用简易程序或者普通程序。

第十二条　婚姻法第十一条规定的"一年"，不适用诉讼时效中止、中断或者延长的规定。

第十三条　婚姻法第十二条所规定的自始无效，是指无效或者可撤销婚姻在依法被宣告无效或被撤销时，才确定该婚姻自始不受法律保护。

第十四条　人民法院根据当事人的申请，依法宣告婚姻无效或者撤销婚姻的，应当收缴双方的结婚证书并将生效的判决书寄送当地婚姻登记管理机关。

第十五条　被宣告无效或被撤销的婚姻，当事人同居期间所得的财产，按共同共有处理。但有证据证明为当事人一方所有的除外。

第十六条　人民法院审理重婚导致的无效婚姻案件时，涉及财产处理的，应当准许合法婚姻当事人作为有独立请求权的第三人参加诉讼。

第十七条　婚姻法第十七条关于"夫或妻对夫妻共同所有的财产，有平等的处理权"的规定，应当理解为：

（一）夫或妻在处理夫妻共同财产上的权利是平等的。因日常生活需要而处理夫妻共同财产的，任何一方均有权决定。

（二）夫或妻非因日常生活需要对夫妻共同财产做重要处理决定，夫妻双方应当平等协商，取得一致意见。他人有理由相信其为夫妻双方共同意思表示的，另一方不得以不同意或不知道为由对抗善意第三人。

第十八条　婚姻法第十九条所称"第三人知道该约定的"，夫妻一方对此负有举证责任。

第十九条　婚姻法第十八条规定为夫妻一方的所有的财产，不因婚姻关系的延续而转化为夫妻共同财产。但当事人另有约定的除外。

第二十条　婚姻法第二十一条规定的"不能独立生活的子女"，是指尚在校接受高中及其以下学历教育，或者丧失或未完全丧失劳动能力等非因主观原因而无法维持正常生活的成年子女。

第二十一条　婚姻法第二十一条所称"抚养费"，包括子女生活费、教育费、医疗费等费用。

第二十二条　人民法院审理离婚案件，符合第三十二条第二款规定"应准予离婚"情形的，不应当因当事人有过错而判决不准离婚。

第二十三条　婚姻法第三十三条所称的"军人一方有重大过错"，可以依据婚姻法第三十二条第二款前三项规定及军人有其他重大过错导致夫妻感情破裂的情形予以判断。

第二十四条　人民法院作出的生效的离婚判决中未涉及探望权，当事人就探望权问题单独提起诉讼的，人民法院应予受理。

第二十五条　当事人在履行生效判决、裁定或者调解书的过程中，请求中止行使探望权的，人民法院在征询双方当事人意见后，认为需要中止行使探望权的，依法作出裁定。中止探望的情形消失后，人民法院应当根据当事人的申请通知其恢复探望权的行使。

第二十六条　未成年子女、直接抚养子女的父或母及其他对未成年子女负担抚养、教育义务的法定监护人，有权向人民法院提出中止探望权的请求。

第二十七条　婚姻法第四十二条所称"一方生活困难"，是指依靠个人财产和离婚时分得的财产无法维持当地基本生活水平。

一方离婚后没有住处的，属于生活困难。

离婚时，一方以个人财产中的住房对生活困难者进行帮助的形式，可以是房屋的居住权或者房屋的所有权。

第二十八条　婚姻法第四十六条规定的"损害赔偿"，包括物质损害赔偿和精神损害赔偿。涉及精神损害赔偿的，适用最高人民法院《关于确定民事侵权精神损害赔偿责任若干问题的解释》的有关规定。

第二十九条　承担婚姻法第四十六条规定的损害赔偿责任的主体，为离婚诉讼当事人中无过错方的配偶。

人民法院判决不准离婚的案件，对于当事人基于婚姻法第四十六条提出的损害赔偿请求，不予支持。

在婚姻关系存续期间，当事人不起诉离婚而单独依据该条规定提起损害赔偿请求的，人民法院不予受理。

第三十条　人民法院受理离婚案件时，应当将婚姻法第四十六条等规定中当事人的有关权利义务，书面告知当事人。在适用婚姻法第四十六条时，应当区分以下不同情况：

（一）符合婚姻法第四十六条规定的无过错方作为原告基于该条规定向人民法院提起损害赔偿请求的，必须在离婚诉讼的同时提出。

（二）符合婚姻法第四十六条规定的无过错方作为被告的离婚诉讼案件，如果被告不同意离婚也不基于该条规定提起损害赔偿请求的，可以在离婚后一年内就此单独提起诉讼。

（三）无过错方作为被告的离婚诉讼案件，一审时被告未基于婚姻法第四十六条规定提出损害赔偿请求，二审期间提出的，人民法院应当进行调解，调解不成的，告知当事人在离婚后一年内另行起诉。

第三十一条　当事人依据婚姻法第四十七条的规定向人民法院提起诉讼，请求再次分割夫妻共同财产的诉讼时效为两年，从当事人发现之次日起计算。

第三十二条　婚姻法第四十八条关于对拒不执行有关探望子女等判决和裁定的，由人民法院依法强制执行的规定，是指对拒不履行协助另一方行使探望权的有关个人和单位采取拘留、罚款等强制措施，不能对子女的人身、探望行为进行强制执行。

第三十三条　婚姻法修改后正在审理的一、二审婚姻家庭纠纷案件，一律适用修改后的婚姻法。此前最高人民法院作出的相关司法解释如与本解释相抵触，以本解释为准。

第三十四条　本解释自公布之日起施行。

最高人民法院关于适用《中华人民共和国婚姻法》若干问题的解释（二）

（2003年12月4日由最高人民法院审判委员会第1299次会议通过

2003年12月25日最高人民法院公告公布

自2004年4月1日起施行

法释[2003]19号）

为正确审理婚姻家庭纠纷案件，根据《中华人民共和国婚姻法》(以下简称婚姻法)、《中华人民共和国民事诉讼法》等相关法律规定，对人民法院适用婚姻法的有关问题作出如下解释：

第一条　当事人起诉请求解除同居关系的，人民法院不予受理。但当事人请求解除的同居关系，属于婚姻法第三条、第三十二条、第四十六条规定的"有配偶者与他人同居"的，人民法院应当受理并依法予以解除。

当事人因同居期间财产分割或者子女抚养纠纷提起诉讼的，人民法院应当受理。

第二条　人民法院受理申请宣告婚姻无效案件后，经审查确属无效婚姻的，应当依法作出宣告婚姻无效的判决。原告申请撤诉的，不予准许。

第三条　人民法院受理离婚案件后，经审查确属无效婚姻的，应当将婚姻无效的情形告知当事人，并依法作出宣告婚姻无效的判决。

第四条　人民法院审理无效婚姻案件，涉及财产分割和子女抚养的，应当对婚姻效力的认定和其他纠纷的处理分别制作裁判文书。

第五条　夫妻一方或者双方死亡后一年内，生存一方或者利害关系人依据婚姻法第十条的规定申请宣告婚姻无效的，人民法院应当受理。

第六条 利害关系人依据婚姻法第十条的规定，申请人民法院宣告婚姻无效的，利害关系人为申请人，婚姻关系当事人双方为被申请人。

夫妻一方死亡的，生存一方为被申请人。

夫妻双方均已死亡的，不列被申请人。

第七条 人民法院就同一婚姻关系分别受理了离婚和申请宣告婚姻无效案件的，对于离婚案件的审理，应当待申请宣告婚姻无效案件作出判决后进行。

前款所指的婚姻关系被宣告无效后，涉及财产分割和子女抚养的，应当继续审理。

第八条 离婚协议中关于财产分割的条款或者当事人因离婚就财产分割达成的协议，对男女双方具有法律约束力。

当事人因履行上述财产分割协议发生纠纷提起诉讼的，人民法院应当受理。

第九条 男女双方协议离婚后一年内就财产分割问题反悔，请求变更或者撤销财产分割协议的，人民法院应当受理。

人民法院审理后，未发现订立财产分割协议时存在欺诈、胁迫等情形的，应当依法驳回当事人的诉讼请求。

第十条 当事人请求返还按照习俗给付的彩礼的，如果查明属于以下情形，人民法院应当予以支持：

（一）双方未办理结婚登记手续的；

（二）双方办理结婚登记手续但确未共同生活的；

（三）婚前给付并导致给付人生活困难的。

适用前款第（二）、（三）项的规定，应当以双方离婚为条件。

第十一条 婚姻关系存续期间，下列财产属于婚姻法第十七条规定的"其他应当归共同所有的财产"：

（一）一方以个人财产投资取得的收益；

（二）男女双方实际取得或者应当取得的住房补贴、住房公积金；

（三）男女双方实际取得或者应当取得的养老保险金、破产安置补偿费。

第十二条　婚姻法第十七条第三项规定的"知识产权的收益"，是指婚姻关系存续期间，实际取得或者已经明确可以取得的财产性收益。

第十三条　军人的伤亡保险金、伤残补助金、医药生活补助费属于个人财产。

第十四条　人民法院审理离婚案件，涉及分割发放到军人名下的复员费、自主择业费等一次性费用的，以夫妻婚姻关系存续年限乘以年平均值，所得数额为夫妻共同财产。

前款所称年平均值，是指将发放到军人名下的上述费用总额按具体年限均分得出的数额。其具体年限为人均寿命七十岁与军人入伍时实际年龄的差额。

第十五条　夫妻双方分割共同财产中的股票、债券、投资基金份额等有价证券以及未上市股份有限公司股份时，协商不成或者按市价分配有困难的，人民法院可以根据数量按比例分配。

第十六条　人民法院审理离婚案件，涉及分割夫妻共同财产中以一方名义在有限责任公司的出资额，另一方不是该公司股东的，按以下情形分别处理：

（一）夫妻双方协商一致将出资额部分或者全部转让给该股东的配偶，过半数股东同意、其他股东明确表示放弃优先购买权的，该股东的配偶可以成为该公司股东；

（二）夫妻双方就出资额转让份额和转让价格等事项协商一致后，过半数股东不同意转让，但愿意以同等价格购买该出资额的，人民法院可以对转让出资所得财产进行分割。过半数股东不同意转让，也不愿意以同等价格购买该出资额的，视为其同意转让，该股东的配偶可以成为该公司股东。

用于证明前款规定的过半数股东同意的证据，可以是股东会决议，也可以是当事人通过其他合法途径取得的股东的书面声明材料。

第十七条　人民法院审理离婚案件，涉及分割夫妻共同财产中以一方名义在合伙企业中的出资，另一方不是该企业合伙人的，当夫妻双方协商一致，将其合伙企业中的财产份额全部或者部分转让给对方时，按以下情形分别处理：

（一）其他合伙人一致同意的，该配偶依法取得合伙人地位；

（二）其他合伙人不同意转让，在同等条件下行使优先受让权的，可以对转让所得的财产进行分割；

（三）其他合伙人不同意转让，也不行使优先受让权，但同意该合伙人退伙或者退还部分财产份额的，可以对退还的财产进行分割；

（四）其他合伙人既不同意转让，也不行使优先受让权，又不同意该合伙人退伙或者退还部分财产份额的，视为全体合伙人同意转让，该配偶依法取得合伙人地位。

第十八条　夫妻以一方名义投资设立独资企业的，人民法院分割夫妻在该独资企业中的共同财产时，应当按照以下情形分别处理：

（一）一方主张经营该企业的，对企业资产进行评估后，由取得企业一方给予另一方相应的补偿；

（二）双方均主张经营该企业的，在双方竞价基础上，由取得企业的一方给予另一方相应的补偿；

（三）双方均不愿意经营该企业的，按照《中华人民共和国个人独资企业法》等有关规定办理。

第十九条　由一方婚前承租、婚后用共同财产购买的房屋，房屋权属证书登记在一方名下的，应当认定为夫妻共同财产。

第二十条　双方对夫妻共同财产中的房屋价值及归属无法达成协议时，人民法院按以下情形分别处理：

（一）双方均主张房屋所有权并且同意竞价取得的，应当准许；

（二）一方主张房屋所有权的，由评估机构按市场价格对房屋作出评估，取得房屋所有权的一方应当给予另一方相应的补偿；

（三）双方均不主张房屋所有权的，根据当事人的申请拍卖房屋，就所得价款进行分割。

第二十一条　离婚时双方对尚未取得所有权或者尚未取得完全所有权的房屋有争议且协商不成的，人民法院不宜判决房屋所有权的归属，应当根据实际情况判决由当事人使用。

当事人就前款规定的房屋取得完全所有权后，有争议的，可以另行向人民法院提起诉讼。

第二十二条　当事人结婚前，父母为双方购置房屋出资的，该出资应当认定为对自己子女的个人赠与，但父母明确表示赠与双方的除外。

当事人结婚后，父母为双方购置房屋出资的，该出资应当认定为对夫妻双方的赠与，但父母明确表示赠与一方的除外。

第二十三条　债权人就一方婚前所负个人债务向债务人的配偶主张权利的，人民法院不予支持。但债权人能够证明所负债务用于婚后家庭共同生活的除外。

第二十四条　债权人就婚姻关系存续期间夫妻一方以个人名义所负债务主张权利的，应当按夫妻共同债务处理。但夫妻一方能够证明债权人与债务人明确约定为个人债务，或者能够证明属于婚姻法第十九条第三款规定情形的除外。

第二十五条　当事人的离婚协议或者人民法院的判决书、裁定书、调解书已经对夫妻财产分割问题作出处理的，债权人仍有权就夫妻共同债务向男女双方主张权利。

一方就共同债务承担连带清偿责任后，基于离婚协议或者人民法院的法律文书向另一方主张追偿的，人民法院应当支持。

第二十六条　夫或妻一方死亡的，生存一方应当对婚姻关系存续期间的共同债务承担连带清偿责任。

第二十七条　当事人在婚姻登记机关办理离婚登记手续后，以婚姻法第四十六条规定为由向人民法院提出损害赔偿请求的，人民法院应当受理。但当事人在协议离婚时已经明确表示放弃该项请求，或者在办理离婚登记手续一年后提出的，不予支持。

第二十八条　夫妻一方申请对配偶的个人财产或者夫妻共同财产采取保全措施的，人民法院可以在采取保全措施可能造成损失的范围内，根据实际情况，确定合理的财产担保数额。

第二十九条　本解释自2004年4月1日起施行。

本解释施行后，人民法院新受理的一审婚姻家庭纠纷案件，适用本解释。

本解释施行后，此前最高人民法院作出的相关司法解释与本解释相抵触的，以本解释为准。

最高人民法院关于适用《中华人民共和国婚姻法》若干问题的解释（三）

（2011年7月4日最高人民法院审判委员会第1525次会议通过

2011年8月9号最高人民法院公告公布

自2011年8月13日起施行

法释[2011]18号）

为正确审理婚姻家庭纠纷案件，根据《中华人民共和国婚姻法》、《中华人民共和国民事诉讼法》等相关法律规定，对人民法院适用婚姻法的有关问题作出如下解释：

第一条　当事人以婚姻法第十条规定以外的情形申请宣告婚姻无效的，人民法院应当判决驳回当事人的申请。

当事人以结婚登记程序存在瑕疵为由提起民事诉讼，主张撤销结婚登记的，告知其可以依法申请行政复议或者提起行政诉讼。

第二条　夫妻一方向人民法院起诉请求确认亲子关系不存在，并已提供必要证据予以证明，另一方没有相反证据又拒绝做亲子鉴定的，人民法院可以推定请求确认亲子关系不存在一方的主张成立。

当事人一方起诉请求确认亲子关系，并提供必要证据予以证明，另一方没有相反证据又拒绝做亲子鉴定的，人民法院可以推定请求确认亲子关系一方的主张成立。

第三条　婚姻关系存续期间，父母双方或者一方拒不履行抚养子女义务，未成年或者不能独立生活的子女请求支付抚养费的，人民法院应予支持。

第四条　婚姻关系存续期间，夫妻一方请求分割共同财产的，人民法院不予支持，但有下列重大理由且不损害债权人利益的除外：

（一）一方有隐藏、转移、变卖、毁损、挥霍夫妻共同财产或者伪造夫妻共同债务等严重损害夫妻共同财产利益行为的；

（二）一方负有法定扶养义务的人患重大疾病需要医治，另一方不同意支付相关医疗费用的。

第五条　夫妻一方个人财产在婚后产生的收益，除孳息和自然增值外，应认定为夫妻共同财产。

第六条　婚前或者婚姻关系存续期间，当事人约定将一方所有的房产赠与另一方，赠与方在赠与房产变更登记之前撤销赠与，另一方请求判令继续履行的，人民法院可以按照合同法第一百八十六条的规定处理。

第七条　婚后由一方父母出资为子女购买的不动产，产权登记在出资人子女名下的，可按照婚姻法第十八条第（三）项的规定，视为只对自己子女一方的赠与，该不动产应认定为夫妻一方的个人财产。

由双方父母出资购买的不动产，产权登记在一方子女名下的，该不动产可认定为双方按照各自父母的出资份额按份共有，但当事人另有约定的除外。

第八条　无民事行为能力人的配偶有虐待、遗弃等严重损害无民事行为能力一方的人身权利或者财产权益行为，其他有监护资格的人可以依照特别程序要求变更监护关系；变更后的监护人代理无民事行为能力一方提起离婚诉讼的，人民法院应予受理。

第九条　夫以妻擅自中止妊娠侵犯其生育权为由请求损害赔偿的，人民法院不予支持；夫妻双方因是否生育发生纠纷，致使感情确已破裂，一方请求离婚的，人民法院经调解无效，应依照婚姻法第三十二条第三款第（五）项的规定处理。

第十条　夫妻一方婚前签订不动产买卖合同，以个人财产支付首付款并在银行贷款，婚后用夫妻共同财产还贷，不动产登记于首付款支付方名下的，离婚时该不动产由双方协议处理。

依前款规定不能达成协议的，人民法院可以判决该不动产归产权登记一方，尚未归还的贷款为产权登记一方的个人债务。双方婚后共同还贷支付的款项及其相对应财产增值部分，离婚时应根据婚姻法第三十九条第一款规定的原则，由产权登记一方对另一方进行补偿。

第十一条　一方未经另一方同意出售夫妻共同共有的房屋，第三人善意购买、支付合理对价并办理产权登记手续，另一方主张追回该房屋的，人民法院不予支持。

夫妻一方擅自处分共同共有的房屋造成另一方损失，离婚时另一方请求赔偿损失的，人民法院应予支持。

第十二条　婚姻关系存续期间，双方用夫妻共同财产出资购买以一方父母名义参加房改的房屋，产权登记在一方父母名下，离婚时另一方主张按照夫妻共同财产对该房屋进行分割的，人民法院不予支持。购买该房屋时的出资，可以作为债权处理。

第十三条　离婚时夫妻一方尚未退休、不符合领取养老保险金条件，另一方请求按照夫妻共同财产分割养老保险金的，人民法院不予支持；婚后以夫妻共同财产缴付养老保险费，离婚时一方主张将养老金账户中婚姻关系存续期间个人实际缴付部分作为夫妻共同财产分割的，人民法院应予支持。

第十四条　当事人达成的以登记离婚或者到人民法院协议离婚为条件的

财产分割协议，如果双方协议离婚未成，一方在离婚诉讼中反悔的，人民法院应当认定该财产分割协议没有生效，并根据实际情况依法对夫妻共同财产进行分割。

第十五条　婚姻关系存续期间，夫妻一方作为继承人依法可以继承的遗产，在继承人之间尚未实际分割，起诉离婚时另一方请求分割的，人民法院应当告知当事人在继承人之间实际分割遗产后另行起诉。

第十六条　夫妻之间订立借款协议，以夫妻共同财产出借给一方从事个人经营活动或用于其他个人事务的，应视为双方约定处分夫妻共同财产的行为，离婚时可按照借款协议的约定处理。

第十七条　夫妻双方均有婚姻法第四十六条规定的过错情形，一方或者双方向对方提出离婚损害赔偿请求的，人民法院不予支持。

第十八条　离婚后，一方以尚有夫妻共同财产未处理为由向人民法院起诉请求分割的，经审查该财产确属离婚时未涉及的夫妻共同财产，人民法院应当依法予以分割。

第十九条　本解释施行后，最高人民法院此前作出的相关司法解释与本解释相抵触的，以本解释为准。

参考文献

杨大文、龙翼飞、夏吟兰主编：《婚姻家庭法学》，中国人民大学出版社2013年3月第3版。

张祖明主编：《中国婚姻家庭法教程》，华东理工大学出版社2011年版。

夏吟兰主编：《婚姻家庭法前沿：聚焦司法解释》，社会科学文献出版社2010年版。

陈苇著：《中国婚姻家庭法立法研究》，群众出版社2010年版。

陶毅主编：《婚姻家庭法》，高等教育出版社2006年版。

巫昌祯主编：《婚姻家庭法新论》，中国政法大学出版社2002年版。

张桂龙、张沫著：《新编婚姻法》，九州出版社2001年版。

奚晓明、杜万华主编：《中华人民共和国婚姻法案典》，人民法院出版社2014年版。

李静编著：《最新中华人民共和国婚姻法配套解读与实例》，法律出版社2014年5月版。

刘辉著：《婚姻家庭纠纷及法律操作指引》，法律出版社2013年版。

杨立新主编：《最高人民法院婚姻法司法解释（三）理解与运用》，中国法制出版社2011年版。

单国军主编：《婚姻法司法解释理解与运用·典型案例裁判理由》，中国法制出版社2010年版。

李显冬主编：《婚姻法案例重述》，中国政法大学出版社2008年版。

陶毅主编：《婚姻家庭法案例分析》，高等教育出版社2008年版。

王国平编著：《婚姻家庭法案例选评》，对外经济贸易大学出版社2008年版。

贾明军、王常栋编著：《现代婚姻家庭经典案例》，上海交通大学出版社2008年版。

吴国平、张影主编：《婚姻家庭法原理与实务》，中国政法大学出版社2009年版。

常素巧等编著：《婚姻家庭法实施中的疑难问题》，中国人民公安大学出版社2009年版。

法规应用研究中心编：《婚姻家庭法一本通》，中国法制出版社2011年版。

法律出版社法规中心编：《中华人民共和国婚姻法案例解读本》，法律出版社2009年版。

中国法制出版社编：《中华人民共和国婚姻法：案例应用版》，中国法制出版社2009年版。

王金玲主编：《新婚姻法案例知识读本》，经济管理出版社2001年版。

后 记

婚姻家庭法是关系到每个人切身利益的重要法律，但现实生活中很多人并不了解我国的婚姻法，不知道婚姻法是怎样规定的，甚至还有曲解婚姻法的。本书作为山东省社科普及重点项目的成果，选取了婚姻家庭方面的典型、精练案件将婚姻家庭法与民众的生活进行对接，通过以案说法、以法评案的方式阐释婚姻法的立法精神和法律、法规及司法解释的内容，帮助读者解疑释惑、解决实际问题。同时，本书还可以成为高校法学专业课程"婚姻家庭法"的配套案例分析教材，帮助学生开阔视野、完善知识结构，增强分析和处理婚姻家庭关系中人身与财产权益纠纷的能力。

我们衷心地希望本书能够为公民提高法律意识、运用法律武器维护自己婚姻家庭的合法权益、维护社会和谐稳定尽绵薄之力。

本书在写作过程中参阅了若干著作和网站资料，得到了中国社会科学出版社的大力帮助，谨此致谢！

由于著者水平有限，书中难免存在错误和不足，敬请读者批评、指正。

齐鲁工业大学文法学院

王 欣

2015年4月